EDUCAÇÃO A DISTÂNCIA:
DEMOCRACIA E UTOPIA NA SOCIEDADE DO CONHECIMENTO

JOY NUNES DA SILVA BARROS

EDUCAÇÃO A DISTÂNCIA:
DEMOCRACIA E UTOPIA NA SOCIEDADE DO CONHECIMENTO

Capa	DPG Editora
Coordenação	Ana Carolina Freitas
Copidesque	Simone Ligabo
Diagramação	DPG Editora
Revisão	Cristiane Rufeisen Scanavini, Edimara Lisboa e Isabel Petronilha Costa

Dados Internacionais de Catalogação na Publicação (CIP)
(Câmara Brasileira do Livro, SP, Brasil)

Barros, Joy Nunes da Silva
    Educação a distância: Democracia e utopia na sociedade do conhecimento/Joy Nunes da Silva Barros. – Campinas, SP: Papirus, 2015.

Bibliografia.
ISBN 978-85-449-0084-0

1. Democracia 2. Educação a distância 3. Sociedade do conhecimento 4. Tecnologia 5. Utopia I. Título.

15-03385   CDD-371.3

Índice para catálogo sistemático:

1. Democracia: Sociedade do conhecimento:
    Educação a distância   371.3

1ª Edição – 2015

Exceto no caso de citações, a grafia deste livro está atualizada segundo o Acordo Ortográfico da Língua Portuguesa adotado no Brasil a partir de 2009.

Proibida a reprodução total ou parcial da obra de acordo com a lei 9.610/98.
Editora afiliada à Associação Brasileira dos Direitos Reprográficos (ABDR).

DIREITOS RESERVADOS PARA A LÍNGUA PORTUGUESA:
© M.R. Cornacchia Livraria e Editora Ltda. – Papirus Editora
R. Dr. Gabriel Penteado, 253 – CEP 13041-305 – Vila João Jorge
Fone/fax: (19) 3790-1300 – Campinas – São Paulo – Brasil
E-mail: editora@papirus.com.br – www.papirus.com.br

SUMÁRIO

INTRODUÇÃO 7

1. O ESTATUTO DE LEGITIMAÇÃO DA EDUCAÇÃO
   A DISTÂNCIA VIA INTERNET COMO PROCESSO
   DE DEMOCRATIZAÇÃO 19

2. O DISCURSO DE LEGITIMAÇÃO DA EaD NO
   INTERIOR DA SOCIEDADE DO CONHECIMENTO:
   TECNOLOGIA, UTOPIA E RISCO 65

3. SOCIEDADE DO CONHECIMENTO, DEMOCRACIA
   E A NOVA ESTRUTURA DO CAPITALISMO 97

4. O PAPEL DA CRÍTICA À EDUCAÇÃO TRADICIONAL
   NO ESTATUTO DE LEGITIMAÇÃO DA SOCIEDADE
   DO CONHECIMENTO 147

5. A EDUCAÇÃO A DISTÂNCIA VIA INTERNET COMO
   "O NOVO PARADIGMA EDUCACIONAL" 175

EPÍLOGO: UTOPIA E POLÍTICA 235

REFERÊNCIAS BIBLIOGRÁFICAS 251

INTRODUÇÃO

A Nova Atlântida

A ilha de Bensalém – cujo nome parece indicar em árabe "a filha da salvação" – situa-se, conforme o relato, em algum ponto próximo do continente americano, ao norte do Peru. É nessa ilha que, segundo a narrativa fabulosa de Francis Bacon (1997a), uma tripulação de náufragos conheceu, quando rumava ao Oriente, e por obra de um acaso gerado por condições climáticas adversas, a cidade de Nova Atlântida. Salvos da morte certa pelos habitantes, pois vagavam a esmo pelos mares e já sem provisões, os náufragos recebem a hospitalidade dos moradores de Bensalém e logo percebem a superioridade do modo de vida dos habitantes da ilha em relação aos costumes europeus.

Bacon descreve uma sociedade harmoniosa, em que todas as coisas ocorrem de maneira que seus habitantes vivam sempre felizes e prósperos. No entanto, diferentemente de outras narrativas sobre cidades imaginárias produzidas nos séculos XVI e XVII, esse autor não se preocupa em detalhar as instituições sociais de Nova Atlântida, mas em mostrar que sua prosperidade se assenta prioritariamente nos intensos trabalhos de uma única instituição: a Casa de Salomão.

A Casa de Salomão é um grande laboratório no qual homens de ciência realizam ininterruptamente experimentações, para o avanço do conhecimento a fim de controlar os fenômenos naturais em prol do bem-estar do homem. Suas investigações possibilitaram a produção de várias coisas maravilhosas, como o remédio que curou os náufragos que estavam doentes, como as máquinas voadoras e outras para viajar nas águas submarinas, assim como uma organização social em que imperam as virtudes cívicas e religiosas.

Os cidadãos de Nova Atlântida são pessoas de espírito disciplinado, cooperativas e generosas. Naquela sociedade, a tradição e a manutenção dos costumes herdados dos antigos são desvalorizadas em prol de uma atitude voltada eminentemente para o futuro. Lá, o passado é válido à medida que seja subsídio para o conhecimento do presente, mas a prosperidade e a felicidade atuais ancoram-se sempre no tempo futuro. Para os atlantes, o porvir será sempre melhor do que o passado, porquanto representa o aumento cada vez maior do domínio da natureza pelo homem.

Como a harmonia estabelecida no presente depende da prospecção de que a ordem futura seja sempre melhor, há a necessidade de que os mais jovens superem continuamente em saberes os mais velhos. Esse elemento da narrativa remete a uma questão estruturante no pensamento de Francis Bacon, pois o fator que conduz à constante melhoria das condições de vida dos homens na Terra é a transmissão dos conhecimentos entre gerações, desde que cada uma deixe para a geração posterior um legado maior do que o recebido.

Pelo fato de a Nova Atlântida ser uma sociedade pautada no contínuo avanço do conhecimento, não lhe é uma questão o controle rígido dos dogmas religiosos pelo Estado. Além disso, o contato com outras culturas é parte importante do seu ordenamento social. Os atlantes enviam navegantes disfarçados, denominados "mercadores da luz", em embarcações portando bandeiras de outras nações, para tomar contato com outros povos, para conhecer e absorver os avanços técnicos e científicos por eles produzidos. Dessa maneira, os conhecimentos desenvolvidos por todos os povos do mundo poderão ser incluídos nas pesquisas realizadas na Casa de Salomão, propiciando a melhoria contínua daquela sociedade.

Analogamente às fronteiras do mundo que naquele momento se alargavam com as grandes navegações, para Bacon não deve haver limites à produção, à aquisição e à classificação dos saberes. Todo e qualquer conhecimento pode ser considerado válido, desde que possa converter-se em utilidade.

Um dos elementos centrais para o avanço do conhecimento que se deixa perceber nessa utopia é a estrutura hierárquica do seu instituto de pesquisas. Embora a configuração social de Bensalém possa ser caracterizada como uma tecnocracia, e os pesquisadores sejam aqueles que ocupam o lugar de maior proeminência, a ordenação da Casa de Salomão tem um caráter eminentemente democrático: as tarefas necessárias para os procedimentos que conduzem aos avanços técnicos e científicos são distribuídas igualitariamente. Não há distinção entre os sexos, e todos os trabalhadores são considerados iguais em importância, podendo expressar suas opiniões sobre o andamento das pesquisas. Compreendendo a especificidade do método científico que então se instituía, Bacon faz com que, na Casa de Salomão, a ciência nunca seja obra individual, mas uma criação coletiva, produção de um intenso trabalho grupal.

A estrutura utópica da narrativa baconiana marcará profundamente o que virá a ser a modernidade, ocupando papel de destaque no estatuto de legitimação da nova ordem que naquele momento se impunha. Nova Atlântida foi o veículo pelo qual suas ideias acerca do desenvolvimento científico se tornaram conhecidas pelo público letrado em geral e que posteriormente acabou por se tornar a plataforma de defesa para a criação das duas primeiras academias científicas no século XVII: a inglesa Royal Society e a francesa Académie des Sciences (Oliveira 2002, p. 51).

Entre os elementos fundamentais da obra de Bacon há a ferrenha contraposição à antiga ordem medieval e à autoridade do passado sobre o presente. O que torna possível o aprimoramento do gênero humano é a produção de conhecimentos úteis para a transformação do mundo.

Bacon considera que, em seu tempo, existe ainda uma estagnação do conhecimento. Seria possível a existência de melhores condições de vida para todos os homens se o uso da inteligência humana não tivesse se desviado do caminho correto por conta dos longos séculos de reverência aos autores da Antiguidade, levada a cabo ainda em seus tempos pelo predomínio da escolástica. Em várias passagens de sua obra, Bacon faz incisivas críticas ao pensamento de Aristóteles, útil somente, segundo ele, para disputas estéreis em torno de controvérsias que não conduzem a obras proveitosas. No entanto, o Estagirita não é o único culpado pela perda do homem de si mesmo; toda a herança da tradição greco-romana também o é. Malgrado diferenças específicas em seus posicionamentos, são participantes no mesmo erro autores distintos como Platão, Galeno, Cícero, Tomás de Aquino e Duns Scott, pois concentraram seus esforços intelectuais em disputas de ordem metafísica, travando imensas batalhas em torno de fantasmas e sombras.

A Novíssima Atlântida

Em nosso presente, quando cada vez mais é demandado dos processos educativos o estabelecimento de condições de melhoria social e de aumento das qualificações dos indivíduos para a ordem produtiva, a educação atinge materialmente um novo estatuto: nunca tantos indivíduos tiveram acesso à aprendizagem institucionalizada em nível mundial. Mais do que isso, desde o começo do século XXI o educar-se vem se convertendo em um imperativo de nossa época. O indivíduo não educado formalmente está cada vez mais excluído das possibilidades de integração na sociedade e no mercado de trabalho.

Em atenção a essa necessidade social, vem se expandindo a denominada educação a distância (EaD), possibilitada agora pelos avanços das novas tecnologias da informação e comunicação (TICs), especialmente a internet. Essa modalidade se estabelece como um tipo de formação pedagógica que elimina as barreiras de tempo e espaço que antes mantiveram muitos indivíduos afastados dos meios institucionalizados de ensino. À medida que as tecnologias telemáticas se expandem, possibilitando a existência de cada vez mais cursos não presenciais, geram-se mais possibilidades de formação para um maior número de pessoas, sendo a EaD via internet hoje frequentemente qualificada como uma forma de democratização do ensino: o aumento da oferta de vagas e cursos corresponde a um recrudescimento democrático, desde que haja a inclusão daqueles que antes se viam impossibilitados de acessar um direito básico.

No entanto, a validade social da EaD via internet é fundamentada também pela atribuição de uma qualidade moral superior detida por ela em relação à educação tradicional. Na determinação de sua validade, não há apenas sua especificidade técnica, mas também uma virtude política: ela deve ser causadora de relações mais igualitárias entre os homens; portanto, veículo para maior justiça social. Dessa maneira, subjaz, ainda que implicitamente, na expansão dessa modalidade educacional, certa ideia de que ela ocorre como um processo democratizante, e "democratizante" é índice de sua validade e legitimidade moral, que ultrapassa o aspecto quantitativo do aumento de oferta de vagas.

Com base nessa afirmação, o objetivo específico deste texto é a análise do atual discurso de legitimação da EaD como forma de democratização. Mais do que avaliar se sua expansão é ou não factualmente um tipo de democratização, posto que, para isso, seria necessária certa concepção anterior de democracia que possibilitasse essa avaliação, tento aqui analisar o atrelamento que constantemente é feito entre "democracia" e recrudescimento da EaD via internet.

Para tanto, no Capítulo 1, busco mostrar que a relação entre os verbos "expandir" e "democratizar" não é imediata, nem do ponto de vista lógico nem do ponto de vista histórico, devendo, assim, ser problematizada para um maior esclarecimento do fenômeno em questão. Intento mostrar que o fato de a incorporação da EaD via internet apresentar-se como um aumento do acesso à educação não significa automaticamente que ela seja um processo de democratização. No entanto, o entendimento de que essa expansão seja um tipo de democratização tende a conferir um estatuto de validade para esses processos de formação que ultrapassam sua especificidade técnica. Sendo assim, a primeira questão a nortear este texto é a seguinte:

- Quais são as condições de possibilidade da proposição segundo a qual o aumento da EaD é um tipo de democratização?

Em complementaridade a esse intento, ainda no Capítulo 1, é estabelecido um debate com parte da literatura crítica acerca desse fenômeno, com o propósito de mapear o que hoje é produzido nos meios acadêmicos brasileiros em contraposição à expansão da EaD via internet. Embora esse mapeamento não se pretenda exaustivo, tento demonstrar que, em grande medida, tanto da parte de defensores quanto da parte de detratores, existe, nos debates acerca dessa modalidade educacional, a cristalização de certos conceitos, tais como "educação", "democracia" e "qualidade na educação", tomando-os como relativos a entidades fixas, a despeito das dinâmicas histórica e social que lhes outorgam significado. Dessa maneira, há um problema de definição dos termos recorrentes nos debates a respeito dessa modalidade educacional.

Com base no entendimento de que é certo contexto histórico e social, necessariamente contingente, que pode esclarecer a alegada relação entre EaD e expansão democrática, empreendo, no Capítulo 2, uma aproximação entre esse fenômeno e o momento histórico em que hoje ele se insere: uma suposta nova configuração social que se expande com o desenvolvimento das novas TICs – a chamada sociedade do conhecimento.

Agora, a discursividade acerca da sociedade do conhecimento expande-se por várias áreas das ciências educacionais – filosofia, sociologia, didática, pedagogia de modo geral etc. –, aparecendo em documentos oficiais tanto brasileiros quanto de organizações transnacionais, como a Organização das Nações Unidas para a Educação, a Ciência e a Cultura (Unesco) e a Organização para a Cooperação e Desenvolvimento Econômico (OCDE), com o objetivo de determinar o dever-ser da educação no presente. Ainda que essa discursividade possa ser compreendida por vários prismas, tomo-a eminentemente como um problema relativo ao campo dos estudos sobre a educação.

Alguns elementos são notoriamente perceptíveis no discurso a respeito da sociedade do conhecimento. Ele incorpora a antiga fé iluminista na educação como promotora da melhoria do gênero humano, em uma relação intrínseca entre o aperfeiçoamento educacional dos homens e o seu aprimoramento moral. E é nesse contexto que se estabelece o atrelamento constantemente feito entre a expansão da EaD e a ideia de democratização.

Os discursos dos defensores da sociedade do conhecimento assinalam um novo tempo, melhor do que os anteriores, quando os indivíduos serão mais livres e esclarecidos. Esse construto da atual sociedade tecnológica se apresenta como a promessa de um futuro no qual os homens esclarecidos por meio da educação e conectados pela rede mundial de computadores serão capazes de estabelecer formas mais democráticas de convivência. Por essa razão, no Capítulo 2, chamo a sociedade do conhecimento de utopia de nossos tempos. Com isso, não pretendo advogar acerca da irrealidade contida na estipulação de que ela esteja se constituindo, mas demonstrar que, na ordem de legitimação do tempo presente, existe ainda uma narrativa da condução ao melhor, agora firmada nos avanços da democracia e da técnica.

Além disso, também é possível compreender a sociedade do conhecimento como a expressão de uma nova fase do capitalismo, na qual cada vez mais a produção de valor econômico se torna menos dependente do trabalho físico. No Capítulo 3, estabeleço uma conexão entre o papel da educação e essa nova estrutura do sistema econômico. Minha intenção é demonstrar que a expansão da educação de modo geral, e da EaD em particular, encontra correspondência com um período em que cada vez mais as capacidades cognitivas e afetivas dos indivíduos são consideradas ativos econômicos, ou espécies de *commodities*, na nova economia globalizada.

Nesse processo, vem ocorrendo a atual ressignificação de dois dos conceitos centrais da economia clássica: "capital" e "trabalho". Antes compreendidos pela ciência econômica, tanto por marxistas quanto por liberais, como referentes a duas instâncias distintas, agora são amalgamados no conceito de "capital humano". Tal reestruturação repercute acentuadamente no campo educacional, pois, nesse contexto, a educação aparece como forma de investimento para ganhos individuais futuros e também como estratégia de Estados em prol do "crescimento econômico". Disso decorre que o acesso à educação passa a pertencer concomitantemente ao campo dos direitos e ao da economia.

Uma vez que a educação seja agora compreendida como ativo econômico, ela assume a forma "mercadoria", porém com um estatuto diferente daquele da produção material, posto que, em sua determinação, seu "valor de uso" e seu "valor de troca" não sejam indissociáveis. No entanto, como mercadoria altamente valorizada, torna-se um negócio em cada vez maior expansão na sociedade conectada pela rede mundial de computadores. No Capítulo 3, uso como demonstrativo dessa tendência a *startup* denominada Khan Academy, o fenômeno de maior expressão mundial da EaD.

Dessa maneira, pode-se compreender a expansão da EaD em um duplo aspecto: como uma promessa de uma sociedade mais livre e esclarecida e como a expressão de um novo momento do capitalismo, que, por converter a totalidade da vida humana em possível fonte de valor econômico, se demonstra como fenômeno totalizador da existência. Essa dupla característica contida na estipulação de uma sociedade do conhecimento norteia todo o desenvolvimento do texto, pois é, pela pretensão de pensá-la por meio do par antitético "emancipação/dominação", que aqui busco refletir sobre o estatuto de validade da EaD via internet como processo de democratização.

Há, na metodologia desenvolvida neste texto, ao menos dois movimentos constantes:

1) O mapeamento de certa discursividade que sustenta a legitimidade da EaD via internet no tempo atual que tem como ponto de referência a asseveração da existência de uma sociedade do conhecimento em formação. Pretendo, com isso, tornar mais evidentes os termos contidos nessa discursividade,

estabelecendo uma correlação entre o desenvolvimento da tecnologia e seus impactos econômicos, políticos e sociais.

2) Como caminho interpretativo, busco encadear dialeticamente esses fenômenos, visando compreendê-los sobre a dupla especificação mencionada anteriormente. O par "emancipação/ dominação" não se refere, porém, propriamente à concretude do fenômeno em voga, mas designa perspectivas por meio das quais as tendências incutidas no presente podem ser observadas. Dessa maneira, mais do que buscar avaliar qual será a síntese que delas emergirá, busco pensar as contradições presentes nessa nova ordem. Nesse processo, ao longo do texto, certas repetições de ideias anteriormente expostas ocorrem. Mesmo sem querer abusar da paciência do leitor, a retomada de colocações antes feitas torna-se necessária com o intento de realocá-las de perspectivas outras em momentos diferentes da reflexão.

Se factualmente há ou haverá uma sociedade do conhecimento, e quais serão suas especificidades caso venha a existir, não é a questão central deste texto. Interessa aqui o modo pelo qual a asseveração do surgimento da sociedade do conhecimento legitima a expansão da EaD como uma expansão democrática em nosso presente. Nesse sentido, analiso, no Capítulo 4, mais detidamente de que forma o estatuto de validade da EaD se apresenta como a superação dos ditames da educação presencial, incorporando a crítica acerca dos processos educativos conforme se estabeleceram historicamente.

Com base no pensamento de Amos Comênio (1954), retomo certa estrutura argumentativa, presente no início da modernidade, que encontra analogia com a crítica à educação tradicional que hoje é elemento inerente à legitimação da EaD. Entretanto, a incorporação dessa crítica na nova sociedade tecnológica faz com que agora a questão da democratização da educação ultrapasse seu campo específico, pois a questão política coaduna-se com o problema epistemológico do que pode ser considerado "conhecimento" na sociedade do conhecimento.

A ampliação do que pode ser entendido por conhecimento conduz ao questionamento ontológico da hierarquia do ser. Em outros termos, a verticalidade do estatuto do ser, presente na cultura ocidental ao menos desde Platão e Aristóteles, estabelecera alguns saberes como mais nobres do que outros. Agora essa verticalidade é substituída por certa horizontalidade em um momento em que se apregoa que todo tipo de conhecimento pode ser igualmente válido. Nessa direção, existe um esvanecimento do vínculo entre conhecimento e verdade como anteriormente se constituíra, o que pode ser expresso como um dos sintomas daquilo que Lyotard (2002) caracterizou como "a condição pós-moderna", da qual trato nesse capítulo.

No Capítulo 4, discuto ainda como atualmente as novas determinações do presente e a incorporação da crítica à educação tradicional no discurso de legitimação da sociedade do conhecimento alteram a função da escola: ela deixa de ser a transmissora de conteúdos reconhecidos como socialmente válidos e estabelecidos pela tradição e assume a função de desenvolver capacidades cognitivas, o que conduz a uma alteração do estatuto dos professores. Trata-se de um fenômeno que se reflete nas concepções da educação via internet.

O Capítulo 5 concentra-se na recorrente afirmação, constante em vários documentos oficiais brasileiros que tratam da EaD e a regulamentam, de que a educação via internet é "o novo paradigma educacional". Nesse capítulo, o objetivo é correlacionar essa afirmação com um novo modelo explicativo da realidade que se erige e expande sua influência nos últimos tempos. Embora, como se afirma no Capítulo 4, o estatuto de legitimação da sociedade do conhecimento incorpore a crítica à ordem hierárquica estabelecida na cultura ocidental, há agora um novo modelo ontológico totalizador: a "rede".

Esse modelo é atualmente usado para a descrição das correlações entre os fenômenos em vários campos do saber: na psicologia, na biologia, na economia, no discurso acerca da administração empresarial etc. Agora, a "sociedade do conhecimento" e a nova ontologia da "rede" aparecem como pares indissociáveis na legitimação de um novo ordenamento social. Nesse sentido, não é objetivo deste estudo apontar se a EaD via internet é ou não um novo paradigma educacional, mas verificar como a afirmação de que ela o seja se converte em certa normatividade para as atividades educacionais. No entanto, se a legitimação da EaD via internet hoje incorpora a crítica à educação presencial, com seu modelo disciplinar, são criadas agora, nos ambientes virtuais de aprendizagem, outras e mais eficientes formas de controle em um momento em que toda forma de conhecimento se torna válida.

Dessa maneira, a sociedade do conhecimento como discurso a partir do qual se criam normatividades para a educação no tempo atual, em especial para a EaD via internet, está repleta de contradições, que são, em grande medida, as mesmas do tempo atual. Entretanto, um elemento ainda permanece constante: a antiga aposta na educação como promotora de melhores condições de vida para os homens.

Tal qual na ilha de Bensalém, o índice de legitimação da nova ordem incorpora a negação da estrutura hierárquica que fundamentou o ordenamento anterior. Nessa direção, é parte integrante e essencial ao estatuto de legitimação da EaD via internet a crítica à pedagogia tradicional que fora produzida ao longo do período moderno. Esse direcionamento encontra na utopia de Francis Bacon (1997a) uma de suas mais explícitas representações.

Pela perspectiva aqui traçada, a Nova Atlântida fora o prenúncio da sociedade do conhecimento, mas esta é a exacerbação e a radicalização dos princípios constantes na utopia baconiana. A ilha imaginária do filósofo inglês é um lugar que não é propriamente um lugar, mas um espaço de compilação, geração, aglutinação, transformação de todos os saberes existentes, assim como de ininterrupta criação de outros saberes. É uma máquina classificatória capaz de absorver todos os conhecimentos de todos os povos e, no limite, de todos os homens. Em Bensalém, a acumulação e a conversão dos conhecimentos em utilidade referem-se ao expediente determinante do seu presente, que se legitima com base em um futuro que sempre se anuncia como um melhoramento perpétuo em relação ao passado.

Por fim, intento uma reflexão sobre a utopia e o papel da política como elementos trans-históricos dos desenvolvimentos da dinâmica social. Recusando a frequente asseveração, hoje em voga, do fim das utopias no tempo hodierno, busco tomar a capacidade de projeção de realidades diferentes como característica indissociável do humano. Ao tratar a sociedade do conhecimento como uma utopia, ressalto a importância da ação política ainda mais em uma ordem tecnológica que se demonstra cada vez mais totalizadora, pois parece ser esse o ponto em que o questionamento acerca da EaD via internet como processo de democratização assume seu aspecto mais rico para a reflexão sobre o presente.

1
O ESTATUTO DE LEGITIMAÇÃO DA EDUCAÇÃO A DISTÂNCIA VIA INTERNET COMO PROCESSO DE DEMOCRATIZAÇÃO

Delimitação do problema entre educação a distância e democratização

Nos últimos anos, é notória, no Brasil, a expansão do acesso à educação em todos os níveis. O atraso educacional em nosso país, comparativamente a outros países, acrescido às atuais determinações econômicas em um mundo altamente competitivo, vem intensificando a necessidade de profissionais qualificados para diversas áreas, em especial de professores para educação básica, com o objetivo de preparar indivíduos para as novas necessidades do mercado de trabalho.[1] Seguindo uma

---

1. Segundo os dados do Censo da Educação Superior, divulgado pelo Ministério da Educação em 17 de setembro de 2013: "Entre 2011 e 2012, as matrículas avançaram 12,2% nos cursos a distância e 3,1% nos presenciais. Com esse crescimento,

tendência mundial, uma das soluções adotadas para a aceleração desse processo é a utilização das novas tecnologias da informação e comunicação (TICs), notadamente a internet, para a expansão de cursos de educação a distância (EaD), que é definida pelo Estado brasileiro como:

> (...) modalidade educacional na qual a mediação didático-pedagógica nos processos de ensino e aprendizagem ocorre com a utilização de meios e tecnologias de informação e comunicação, com estudantes e professores desenvolvendo atividades educativas em lugares diversos. (Brasil 2005a)

Nos meios acadêmicos e na sociedade de modo geral, há uma recorrente discussão a respeito da atual proliferação dos cursos via internet no Brasil, com uma grande quantidade de trabalhos nos vários campos das ciências da educação que mantêm tanto atitudes encomiásticas em relação às suas possíveis benesses como posicionamentos mais receosos ou mesmo radicalmente contrários. Entre aqueles que veem com otimismo essa expansão, ressalta-se a condição de democratização e aceleração dos processos de ensino que a EaD promove. Na literatura que sustenta posição contrária, muitos artigos e livros publicados nos últimos anos abordam a questão por diferentes vieses, como interesses econômicos envolvidos na expansão da oferta da EaD, motivações mercadológicas de instituições particulares de ensino, menor qualidade da formação promovida por esse meio – traduzível na afirmação, que será tratada mais adiante, de que os alunos aprenderão menos do que na educação presencial – e crescimento do número desses cursos como resultado de políticas impostas por instituições transnacionais, como o Banco Mundial.

---

a modalidade a distância já representa mais de 15% do total de matrículas em graduação. Dos estudantes que optaram pela modalidade a distância, 72% estão matriculados em universidades. Os centros universitários detêm 23%. A maioria dos matriculados no ensino superior a distância (40,4%) cursa licenciatura. Os que optaram por bacharelados são 32,3% e por tecnólogos, 27,3%" (Inep 2013).

Apesar das várias posições divergentes entre si, cabe ressaltar que o fenômeno está em processo de desenvolvimento, não sendo possível, no momento, substantivá-lo numa forma única: há várias modalidades de cursos – *e-learning*, *m-learning*, *b-learning*, aprendizagem aberta, educação virtual etc. – e formas mistas – que comportam concepções diversas acerca de como essa oferta educacional deve ser levada a cabo. Da mesma maneira, não há um consenso absoluto em relação à extensão que a EaD deve ocupar na totalidade do processo educativo, entre muitas outras questões. Ademais, muito possivelmente, no futuro haverá ainda outras concepções diferentes, litigantes ou complementares, a respeito do que deve ser educação a distância, tal como ocorre com a educação entendida em sentido geral.

Aqui, com o propósito de realocar a questão em uma perspectiva mais ampla, coloco em debate a relação entre o aumento dos cursos via internet e o processo de democratização do ensino, de modo que se estabeleça uma reflexão sobre a recorrente afirmação que hoje legitima o recrudescimento da EaD ligando-o à ideia de democracia.

Essa modalidade educacional se constitui como objeto privilegiado de análise para a compreensão das transformações que ocorrem com o surgimento da nova ordem tecnológica da informação e da comunicação que vem impactando diretamente várias esferas da vida social. No que tange ao aspecto político, as novas TICs alteram de forma contundente as relações de poder nas sociedades, comprometendo, ou mesmo ressignificando, o próprio campo da política. Neste momento, quando estão em crise várias das instituições historicamente estabelecidas que sustentam e efetivam o sistema democrático, a própria noção de "democracia" passa por um processo de transformação. Disso decorre que subjaz à questão de que a EaD é ou não um processo democratizante o problema do estatuto do que vem a ser democracia no tempo presente.

Nessa direção, primeiramente tentarei demonstrar quais condições possibilitam hoje denominar esse fenômeno processo de democratização no interior de sua especificidade no caso brasileiro. Posteriormente, buscarei expor alguns elementos que indicam que o que está aqui em questão escapa à especificidade própria do fenômeno. Procuro, com isso, coadunar algumas partes envolvidas nesse processo, ensejando propor uma perspectiva de interpretação das atuais relações entre educação, tecnologia e democracia no tempo presente.

Educação, democracia e expansão

Quanto à compreensão da expansão da EaD como processo de democratização no Brasil, cabe notar que, obviamente, qualquer reflexão acerca do papel da educação na sociedade não pode prescindir de abordar seu caráter eminentemente político. Os processos educacionais não são redutíveis a simples técnicas de transmissão de conhecimentos ou de formação de competências, sem que seja levada em conta a finalidade da produção de certa subjetividade que é estabelecida como meta por determinado direcionamento educacional. Destarte, um sistema democrático, por exemplo, deverá formar determinado tipo de indivíduo para o convívio democrático, aquilo que comumente se denomina "cidadão" – ainda que, na maioria das vezes, seja esse um termo "vago e encantatório" (Dubet 2011, p. 289) –, ao passo que o sistema educacional de outro regime político tomará outro direcionamento.

Malgrado a simplicidade desse enunciado, a determinação da extensão de sua validade não é tão simples. Isso se deve ao fato de que tanto um processo educacional como um regime político não são objetos passíveis de exclusiva determinação empírica, mas conjuntos de posturas e práticas que são avaliados de certa maneira a partir de certa ideia de um dever-ser da organização política, de certa concepção de justiça, de certa ideia de "vida boa".

Melhor explicando: (a) dizer que a expansão da EaD via internet é *uma* democratização é atribuir-lhe um valor, e mais do que isso, um valor que, em nossa sociedade, porquanto se considera democrática, tende a ser visto como positivo, (b) a validade dessa atribuição é dependente de certos pressupostos que necessitam ser mais bem verificados, e (c) isso se deve ao fato de que um termo como "democracia" é antes de tudo uma ideia e não uma coisa e, assim, precisa ser definido para sua melhor compreensão.

Primeiramente, é necessário esclarecer que aqui não se adotará nem a via relativista nem algum tipo de essencialismo para uma proposta de definição dos termos em tela. Ou seja: se, por um lado, não se toma que as definições podem ser simplesmente – como no caminho proposto pelos nominalistas medievais – termos estocásticos, isto é, que, por princípio, qualquer coisa possa ser denominada "educação" ou "democracia",[2] por outro, não se considera, também, que os termos se refiram a essências que correspondam a certa estrutura real e inalterável dos objetos. Ambos os caminhos encontram inconvenientes:

- O caminho da "definição aleatória" desconsidera que as convenções linguísticas, ainda que convenções, encontram correspondência com a realidade concreta da vida dos indivíduos.

- O segundo caminho, que parte da concepção aristotélica de "definição real", ao substantivar aquilo que existe por convenção, acaba por advogar em prol de uma "verdade" essencial dos objetos.

Pelo segundo caminho, seria possível dizer, por exemplo, que a democratização proposta pela EaD é uma "falsa democratização", pois parte de uma falsa ideia de "democracia", ou que essa modalidade, *per se*, é uma falsa forma de educação. Relativamente a essa via do pensamento, é nela que boa parte dos atuais críticos da educação via internet hoje se apoiam, com maior ou menor consciência do fato, e um dos intentos

---

2. Ockham (1973, p. 358) afirma que os universais expressos pelas definições não correspondem a coisas reais, mas a certas ficções que somente encontram realidade na alma. No entanto, como demonstra Dusek (2009, p. 43), essa concepção pode levar a problemas embaraçantes, como no caso do personagem de Lewis Carroll, Humpty Dumpty, que, ao usar as palavras a seu bel-prazer, com a intenção de mostrar que era ele que mandava e não as palavras, abandonava toda possibilidade de sensatez.

deste texto é buscar colocar em questão esse viés interpretativo para uma tentativa de compreensão mais ampla do fenômeno.

Rejeitando essas duas formas de definição, pode-se buscar a determinação do objeto em questão por meio de uma "definição sumarizante". Nos termos de Dusek (2009, p. 45): "Esse tipo de definição conserva o significado comum central da palavra. (...) Ela tenta aguçar as fronteiras de aplicação da palavra descrevendo o âmbito de aplicação e pontos de corte". Assim, deve haver ao menos alguns elementos mínimos em certa ação para ser denominada educativa ou democrática, com os quais todos, ou ao menos a maioria dos indivíduos, estejam de acordo, embora deva-se levar em consideração que esse acordo constantemente apresente rupturas, descontinuidades, sobreposições e contradições. Entrementes, há de se notar, também, que, se a determinação das extensões dos campos de abrangência dos termos "educação" e "democracia" se constitui como problema semântico, ela ao fundo desvela outra questão que é, maiormente, de natureza política.

Conquanto a expansão dos cursos a distância via internet no Brasil se justifique pelas necessidades de uma nova estrutura produtiva mundial, consta frequentemente, nos vários discursos que a legitimam, a asserção de que o atual aumento de vagas por esse meio corresponde a um aumento da democracia no país. Na imprensa, em propagandas comerciais de instituições de ensino, em trabalhos acadêmicos, hoje é muito comum o uso do termo "democratização" em referência ao crescimento do número dos cursos de EaD. Em concordância com esse posicionamento, o Estado brasileiro, em 2001, no Plano Nacional de Educação (PNE), reconhece a EaD como um importante instrumento, no que tange à educação, para o avanço democrático no país:

> No processo de universalização e *democratização* do ensino, especialmente no Brasil, onde os déficits educativos e as desigualdades regionais são tão elevados, os desafios educacionais existentes podem ter, na educação a distância, um meio auxiliar de indiscutível eficácia. Além do mais, os programas educativos podem desempenhar um papel inestimável no desenvolvimento cultural da população em geral. (Brasil 2001; grifo nosso)

Nessa mesma direção, no *site* de sua representação no Brasil, a Organização das Nações Unidas para a Educação, a Ciência e a Cultura (2013; grifo nosso) correlaciona a expansão dos cursos de EaD à democratização:

> A Unesco no Brasil conta com a permanente parceria das Cátedras Unesco em Educação a Distância em várias universidades brasileiras, que utilizam as TICs para promover a *democratização* do acesso ao conhecimento no país.

Ainda pode servir como exemplo a afirmação constante no *site* da Secretaria da Educação a Distância (SEaD) sobre o projeto do governo federal denominado Universidade Virtual Pública do Brasil (UniRede). Na apresentação de seu histórico, lê-se:

> A UniRede foi um consórcio interuniversitário criado em dezembro de 1999 com o nome de Universidade Virtual Pública do Brasil. Seu lema foi dar início a uma luta por uma política de estado visando à *democratização* do acesso ao ensino superior público, gratuito e de qualidade e o processo colaborativo na produção de materiais didáticos e na oferta nacional de cursos de graduação e pós-graduação. (Secretaria da Educação a Distância 2014; grifo nosso)

Na apresentação do programa de EaD da Universidade Federal de São Carlos (UFSCar), consta o seguinte:

> A educação a distância vem crescendo rapidamente em todo o mundo. Incentivados pelas possibilidades decorrentes das novas Tecnologias da Informação e das Comunicações – TICs e por sua inserção em todos os processos produtivos, cada vez mais cidadãos e instituições veem nessa forma de educação um meio de *democratizar* o acesso ao conhecimento e de expandir oportunidades de trabalho e aprendizagem ao longo da vida. (Secretaria Geral de Educação a Distância da Universidade Federal de São Carlos 2014; grifo nosso)

Muitos outros exemplos poderiam ser aqui citados. Todos mantêm em comum uma valoração positiva da educação via internet com base na positividade da democracia, posto que a primeira seja uma forma de expansão da segunda.

Ora, dizer que a EaD democratiza o ensino, a cultura, o acesso ao conhecimento, a educação de qualidade, a aprendizagem etc. é estabelecer uma relação entre essa modalidade educacional e esse regime político, posto que à primeira seja atribuído um caráter democratizante. Assim sendo, o aumento quantitativo da EaD corresponde a um aumento qualitativo da democracia no país. Faz-se necessário notar que a tal afirmação parece subjazer um pressuposto: o de que existe uma ligação intrínseca entre educação e democracia; do que se segue que da expansão de uma decorre a expansão da outra. No entanto, existem alguns pontos que devem ser levados em consideração nessa afirmativa.

Se, por um lado, é possível alegar que tenha existido uma relação entre "democracia" e "educação", desde que aquela surgira entre os gregos, não se pode afirmar que tenha havido a mesma relação, tal e qual, entre "educação" e "democracia", ou seja, não sendo termos sempre inerentemente correlacionados, não há uma relação biunívoca entre eles. Embora qualquer Estado tido como democrático deva ter no investimento em educação uma de suas características fundamentais, visto que em nenhum outro regime ela se demonstre tão cogente, a afirmação da existência de uma ligação necessária entre esses dois fenômenos não se sustenta nem do ponto de vista histórico, nem do lógico.

Da perspectiva histórica, é notório que não existe tal atrelamento, pois, por várias vezes, ocorreu justamente o contrário: sistemas educacionais estiveram a serviço de regimes totalitários, de governos abertamente contrários ao que comumente se entende por ideal democrático. A educação pode ser uma importante ferramenta de coesão social usada contrariamente ao que se entende por democracia. Segundo José Sérgio Fonseca de Carvalho (2004, p. 333):

> (...) o acesso universal à escola e mesmo a relativa equidade na distribuição dos bens culturais que com ela identificamos não

garantem um compromisso da escola com a "cultura da democracia". Basta lembrar, por exemplo, escolas de países como a antiga República Democrática Alemã, que, apesar de terem logrado a universalização do acesso e dos bens culturais, parecem não ter tido na cultura dos valores democráticos um de seus objetivos.

Ainda existem Estados que podem ser considerados bem-sucedidos no que concerne aos níveis de aprendizagem de seus estudantes – como algumas províncias da China, ou mesmo Cuba – e que, concomitantemente, não mantêm certas práticas relacionadas com o que, de modo geral, se compreende por democracia: como a consideração de que é um expediente necessário a esse regime que os indivíduos possam escolher seus governantes ou que devam ter assegurado o direito de livre expressão.

Compreendendo que, nos regimes democráticos, deva haver a existência de um processo de formação dos indivíduos para o que se denomina "cidadania", disso não decorre que toda educação seja democrática. Isso, por sua vez, não significa, também, que a EaD via internet não possa ser democrática ou democratizante, mas que do fato de ela ser uma modalidade educacional não se segue que seja naturalmente democrática, dado que não exista uma relação de sinonímia entre esses dois termos do ponto de vista histórico ou lógico.

Se não se pode afirmar que essa relação da perspectiva histórica seja *necessariamente* verdadeira, é possível sopesar que seja *contingentemente* verdadeira. Pode-se considerar que, mediante alguns aspectos advindos de certo desenvolvimento histórico, o estabelecimento dessa relação seja válido em certa realidade específica. Essa alternativa é mais fecunda para a compreensão da condição de possibilidade dessa ligação em um país atrasado do ponto de vista educacional. Com respeito a esse fenômeno no Brasil, aglutinam-se, na defesa dessa perspectiva, o aspecto histórico-econômico do país e certa noção de "justiça".

Entretanto, antes do exame das contingências que podem sustentar a afirmação aqui em pauta, deve-se verificar questão anterior: O que significa dizer que a expansão de uma coisa qualquer é um processo de democratização? Que utilizações da linguagem possibilitam a expressão "democratizar algo"? Ou, nos termos de Wittgenstein (1991), quais os usos e em quais jogos de linguagem esse termo se insere?

É importante notar, como já mencionado anteriormente, que o termo "democracia" não se refere a um objeto dado, mas a uma ideia que se faz acerca do que seja democrático. Dessa maneira, existe um conjunto de práticas que são denominadas democráticas e que podem despertar divergências a respeito do estatuto de seu significado político. Como exemplo, pode-se citar o direito de voto concedido aos analfabetos, que pode ser avaliado como autenticamente democrático ou não, mediante o entendimento que se tenha dos limites da participação política legítima. É possível considerar que a inclusão de todos nos processos decisórios dos assuntos que tocam toda comunidade seja uma real expressão da democracia e que aqueles que, pelas adversidades de sua condição social, não tiveram acesso à alfabetização nem por isso devam ser excluídos dos processos decisórios em uma sociedade democrática. Entretanto, é plausível, também, pensar que a inserção nas decisões coletivas de indivíduos que não têm possibilidade de compreensão mais ampla dos processos nos quais estão inseridos é, no limite, antidemocrática, pois a democracia envolve a capacidade de participação consciente. Note-se que, nesse exemplo, existem envolvidos dois aspectos que também estão no problema sobre o caráter democratizante da EaD: o quantitativo e o qualitativo.

Apesar das várias dificuldades de acordo que possa haver a respeito do que seja ou não democrático, a asseveração dessa característica a algo é, de modo geral, a consideração da positividade daquilo que é assim denominado. "Ser democrático", em nossa sociedade, converteu-se em índice de validade que denota uma qualidade positiva do ponto de vista moral que é atribuída a alguma coisa ou a alguém.

O mesmo ocorre com o termo derivado "democratização": quando algo que se expande quantitativamente é tido como bom, afirma-se que acontece um processo de democratização. Dessa maneira, o aumento da oferta de casas populares a preços acessíveis às populações de baixa renda pode ser considerado uma democratização da habitação, ou uma maior capacidade de atendimento nos hospitais públicos pode ser chamada de democratização da saúde. Entretanto, não se denominam democratizações da doença ou da falta de habitação, salvo de modo irônico, o aumento do número de casos de certa epidemia ou o crescimento da quantidade de moradores de rua, posto que sejam considerados fenômenos negativos.

Democratização liga-se à expansão, mas o sentido de "expansão" não abarca imediatamente o sentido de "democratização". No entanto, os sentidos de "expansão" e de "democratização" tornam-se equivalentes com relação à oferta de algumas possibilidades ou serviços que são compreendidos como constitutivos do rol dos direitos, civis, políticos, sociais ou humanos. Primeiramente, uma expansão deve estar ligada a um aumento da possibilidade de acesso, de modo que, se o acesso à saúde é compreendido como um dos direitos fundamentais, sua expansão é compreendida como um tipo de democratização e assim por diante. Em casos tais, "democratização" e "expansão" tornam-se termos intercambiáveis, embora não o sejam necessariamente.

Educação, direitos e justiça

A afirmação de que a EaD via internet constitui importante auxiliar no processo de democratização do ensino corresponde à consideração de que o recrudescimento dessa modalidade educacional está ligado à expansão do acesso a um direito, pois, porquanto a educação é um direito, é algo que se conforma, ou deve se conformar, a certa compreensão de "justiça". Por essa perspectiva, a expansão da educação via internet é democrática, pois justa, tendo em vista que um dos mais fortes sustentáculos da ideia moderna de democracia é a compreensão de que esse é um regime melhor do que outros, visto que busca constantemente maior justiça social. Disso decorre que, entendendo que "democrático" é um índice valorativo de "bom", a expansão da EaD é boa, por tornar possível um aumento de acesso que também é justo; logo, democrático e bom. Por extensão, ser contrário ou mesmo reticente a esse fenômeno é ser, de certo modo, contrário à democracia; portanto, mau. Uma das consequências dessa acepção é que a utilização do termo "democracia" pode prestar-se facilmente ao serviço da propaganda.

Retomemos as questões apresentadas na seção anterior: se não existe, do ponto de vista histórico, a possibilidade de afirmação de uma ligação necessária entre "educação" e "democracia", pode-se afirmar, com base em uma ideia de distribuição de justiça, que certa *contingência* histórica atribui validade a essa ligação.

Hoje, no Brasil, quais são os argumentos que estabelecem esse atrelamento? Em vários contextos, a ligação entre a expansão da educação via internet e a democratização, *grosso modo*, justifica-se tanto pelo aspecto quantitativo quanto pelas facilidades e pelas potencialidades promovidas pelas novas TICs. Basicamente, o aumento dos cursos de EaD é agregado a um avanço democrático no país por meio de três linhas argumentativas, que fazem referência a certa concepção do que seja justo que é assimilada nesse regime político. A seguir, apresentam-se, de forma sucinta, as três linhas argumentativas:

- *Proporcionalidade*: Pelo fato de essa modalidade educacional aumentar a oferta de vagas, acaba por propiciar o ingresso no ensino superior das populações mais pobres. Segundo Comarella (2009, p. 62):

> (...) a EaD permite um aproveitamento amplo da capacidade e utilização dos recursos. Com o mesmo orçamento é possível oferecer educação a uma quantidade maior de estudantes, e desta forma o alcance da EaD também aumenta. A EaD também tem a flexibilidade de ofertar uma turma de um determinado curso em uma cidade e depois em outra cidade, sem alterar muito o custo. O material didático elaborado pode ser reaproveitado e o sistema de tutoria ajustado, assim as despesas para a elaboração do material didático já não existirão, e o custo para a manutenção do curso não terá grandes modificações.

Propiciando um melhor aproveitamento de recursos técnicos e financeiros, essa modalidade possibilita um maior acesso: (a) em instituições particulares, que podem oferecer cursos mais baratos, mais acessíveis, portanto, à grande parcela da população; (b) em instituições públicas e gratuitas, que podem criar mais vagas, permitindo mais chances de ingresso a um maior número de pessoas. Além desse aumento de oferta, o aluno de um curso EaD via internet não tem gastos de locomoção, o que torna possível que indivíduos afastados dos grandes centros que, em princípio, estariam impossibilitados de dar continuidade a seus estudos tenham acesso à educação superior. Assim, o aumento quantitativo da oferta, somado à diminuição dos custos para os estudantes, faz com que a educação possa ser distribuída de modo mais equitativo entre a população de modo geral. A ampliação da proporcionalidade quantitativa corresponde qualitativamente a uma maior justiça no que se refere à inclusão dos indivíduos em uma sociedade democrática.

- *Flexibilidade*: Não precisando deslocar-se até um lugar físico para cumprir horas de estudo, os estudantes podem realizar suas tarefas escolares da maneira que lhes for mais conveniente, na comodidade de seu lar ou em um polo de acesso mais próximo. Assim, a EaD torna mais maleáveis as exigências de horários impostas pelos cursos tradicionais e permite que aqueles que têm que trabalhar enquanto cumprem seus estudos se organizem de modo que cumpram suas atividades estudantis quando lhes for mais adequado. Ao flexibilizar as determinações de tempo e espaço, a EaD via internet configura-se como uma forma mais justa de oferta educacional, pois não somente a camada mais privilegiada da população pode dispor de condições de acesso aos estudos. Conforme Litto (2010, p. 53):

    Por ser geralmente assíncrona, a participação do curso pode se dar segundo os critérios de conveniência de cada aluno, que pode escolher horários e grau de interatividade e de participação. A existência de quatro fusos horários no Brasil não representa um problema para cursos assíncronos. O conceito de "semestre" também pode desaparecer, se a instituição quiser, permitindo que um curso se inicie quando houver, por exemplo, trinta matriculados, formando uma nova turma. Esse curso pode, assim, atender alunos de qualquer parte do Brasil e do mundo, começando novas turmas várias vezes ao ano.

- *Inserção ao meio*: Ao mesmo tempo que a expansão dos cursos via internet democratiza o acesso à educação, pelos motivos anteriormente apontados, também promove a *inclusão digital*, possibilitando que aqueles que antes não tinham acesso à internet tenham contato com essa tecnologia por meio da implantação de telecentros públicos com essa finalidade ou mesmo em *lan houses* pagas. Ou seja, para além dos conteúdos transmitidos por essa modalidade educacional, o contato com o meio pelo qual eles são transmitidos já é, em si mesmo, um elemento de democratização. Porquanto a internet está se configurando como o "tecido de nossas vidas" (Castells 2007, p. 15), o meio pelo qual cada vez mais pessoas mantêm relações com outras, executam transações comerciais, trabalham, se informam, estudam, se divertem etc., a inserção dos que estão, por sua condição econômica e social, excluídos do contato com os novos meios telemáticos converte-se em elemento promotor de justiça. Assim, a expansão da EaD, visto que seja elemento integrador às novas tecnologias, é também a efetiva possibilidade de ampliação dos horizontes culturais dos indivíduos e de mais condições de qualificação em um mercado de trabalho que se torna cada vez mais dependente das novas TICs.

O aumento do número de pessoas incluídas nos processos educacionais, a flexibilidade relativa ao local e ao tempo de estudo e o próprio acesso às novas TICs convergem, por essa perspectiva, para um desenvolvimento democrático. Essa afirmação se ampara na compreensão de que, uma vez que o acesso aos processos educacionais é uma necessidade colocada pela ordem democrática, nas condições específicas impostas pelas condições brasileiras, a expansão dos cursos via internet representa a satisfação de uma necessidade de justiça social, dado que a educação seja um direito. Tal satisfação se torna materialmente possível por tratar-se de uma modalidade de oferta educacional mais acessível. A EaD, desse ponto de vista, é considerada elemento promotor de reparação das notórias desigualdades históricas no Brasil, ao mesmo tempo que é disseminadora de cultura e conhecimento, e, como modalidade educacional que é, expediente útil na formação da cidadania; portanto, democratizante.

De qual concepção de "justiça" deriva, nesse caso, a ideia da educação como direito? Um dos pontos centrais da ideia moderna de justiça social é que ela mantém sempre certa relação com a igualdade, mas a equidade que os direitos devem promover estabelece-se não como uma distribuição absolutamente igualitária de *status* e bens materiais, visto que se admite que a sociedade não deve estar pautada em um ideal de igualdade absoluta entre os homens: a sociedade será justa desde que ofereça possibilidades a todos para que desenvolvam suas potencialidades, habilitando-os à aquisição de maior *status* e bens materiais.

Está implicada certa ideia de liberdade no argumento da democratização de algo, dado que a negação de um direito resulta na impossibilidade de um indivíduo, ou grupo de indivíduos, realizar ou atingir algo que legitimamente deveria estar a seu alcance. O economista Amartya Sen (2010), que ocupou a presidência do Banco Mundial nos anos 1990, tendo grande influência nos programas de distribuição de renda nos países subdesenvolvidos, representa essa linha de raciocínio: o problema da pobreza estabelece-se como uma privação de liberdade. O desenvolvimento social, em termos econômicos, constitui-se como o aumento do leque de possibilidades de desenvolvimento individual encontrado em determinada sociedade. A educação, assim como a saúde, é um direito, pois proporciona possibilidades de aumento de renda, portanto, de afastamento da pobreza, e, por consequência, o aumento do grau de liberdade dos indivíduos por meio da diminuição da desigualdade social:

Embora seja importante distinguir conceitualmente a noção de pobreza como inadequação de capacidade da noção de pobreza como baixo nível de renda, essas duas perspectivas não podem deixar de estar vinculadas, uma vez que a renda é um meio importantíssimo de obter capacidades. E, como maiores capacidades para viver sua vida tenderiam, em geral, a aumentar o potencial de uma pessoa para ser mais produtiva e auferir renda mais elevada, também esperaríamos uma relação na qual um aumento de capacidade conduzisse a um maior poder de auferir renda, e não o inverso.

Esta última relação pode ser particularmente importante para a eliminação da pobreza de renda. Não ocorre apenas que, digamos, melhor educação básica e serviços de saúde elevem diretamente a qualidade de vida; esses dois fatores também aumentam o potencial de a pessoa auferir renda e assim livrar-se da pobreza medida pela renda. Quanto mais inclusivo for o alcance da educação básica e dos serviços de saúde, maior será a probabilidade de que mesmo os potencialmente pobres tenham uma chance maior de superar a penúria. (*Ibidem*, pp. 123-124)

Não é à toa que os programas de distribuição de renda promovidos pelos Estados, tais como o brasileiro Bolsa Família, agregam os benefícios oferecidos às populações carentes ao estímulo para que as famílias aumentem o grau educacional de seus filhos. Nessa direção, a educação é concebida como um direito que ultrapassa sua especificidade e se insere em outros campos de direitos, adquirindo, assim, um *status* especial, pois trata-se elemento determinante de mediação de acesso a outros direitos. Flávia Schilling (2012, p. 47), ao assinalar a questão da amplitude da concepção da educação como direito, pergunta: "Como pensar a educação como um direito? Direito em si, subsídio para outros direitos? Suporte de outros direitos? Base para a constituição do direito ao trabalho, a participação política, a expressão e organização?".

Porquanto o acesso à educação pode ser pensado não contraditoriamente em todos esses diferentes aspectos, sua expansão é compreendida como um direito fundamental e necessário ao regime democrático. A educação é vista, concomitantemente, como promotora de igualdade de oportunidades e de aumento do grau de liberdade individual, pois aquela possibilita maior obtenção de renda dos indivíduos, além de tornar possível que estes se habilitem para a participação nos processos decisórios em um regime democrático. Nesse sentido, a expansão das instituições de ensino encontra justificativa na ideia de um incremento da justiça social ao mesmo tempo que contribui para o aperfeiçoamento moral da sociedade. Schilling (*ibidem*, p. 61), ao referir-se ao processo histórico do aumento do número de escolas, chama atenção para o fato de que, embora existam controvérsias acerca de qual direcionamento educacional deve ser tomado como guia para os sistemas educacionais, permanece certa relação entre educação e justiça na legitimação da ampliação dos sistemas:

> A educação, materializada na escola, tem uma história. Nessa história, percebemos claramente o lugar que a instituição ocupa em nossa sociedade e a disputa pelo sentido desse lugar tão central e importante. A disputa pelo sentido da educação e pelo significado do papel central que a escola ocupa pode ser resumida do seguinte modo: a escola é, por momentos, vista como a instituição que construirá a democracia, potencializará os talentos existentes. A escola é promotora de justiça.

Por essa perspectiva e estendendo essa concepção aos cursos via internet, a expansão da EaD assume a característica de ser o prolongamento da condição da educação institucionalizada como promotora de justiça social. Resguardando a virtude democratizante de ser distribuidora de justiça que é própria à instituição escolar presencial, potencializa essa virtude rompendo com as determinações de tempo, espaço e custo que condicionam a escola tradicional. Assim, a expansão da EaD via internet apresenta, de acordo com essa linha de raciocínio, uma relação de extensão, adaptação e ruptura relativamente à escola presencial. Ao referir-se à EaD, afirma Kenski (2004, p. 97), em sua acentuada defesa dessa modalidade educacional:

> Ao possibilitar que o homem se desenvolva tendo em vista os novos modos de ser na sociedade contemporânea, a nova lógica que orienta

as atividades de ensino na instituição coloca-o olhando para si mesmo e para seus anseios pessoais e coletivos. Identifica-o na sua absoluta humanidade, devolvida paradoxalmente por meio de suas inter-relações com as mais novas tecnologias eletrônicas de comunicação e de informação. Garante-lhe os espaços por onde pode iniciar sua busca, em direção ao ideal educativo da formação integral como ser humano, em todas as suas dimensões.

Um ser humano preocupado em diminuir as desigualdades sociais e oferecer iguais possibilidades de acesso ao ensino de qualidade a todos, caminhando para a formação de um novo cidadão para um novo mundo.

Assim, se, do ponto de vista objetivo, a EaD torna possível uma melhor distribuição na capacidade de obtenção de renda dos indivíduos, do ponto de vista subjetivo, conforme espera Kenski (2004), pode produzir nos indivíduos as qualidades morais necessárias para que, olhando para si mesmos e para a coletividade e identificando-se com sua absoluta humanidade, estejam preocupados com a redução das desigualdades sociais e com o oferecimento de possibilidades mais igualitárias a todos.

Se a expansão da EaD poderá ou não convergir para esse objetivo, como prevê a autora, é, por enquanto, uma questão em aberto. Pelo exposto anteriormente, se isso vier a acontecer, poder-se-á dizer no futuro que essa modalidade educacional incrementou a democracia. Ou seja, somente por um juízo *a posteriori* se poderá avaliar com correção se ocorreu ou não uma melhor distribuição de direitos e se foram formados indivíduos para uma convivência mais igualitária. Mas, considerando-se a imponderabilidade do devir histórico, isso não é avaliável neste momento: como dito antes, pelo fato de a EaD ser uma modalidade educacional, não se pode afirmar que ela seja democrática ou democratizante, já que não existe nenhuma relação necessária entre o fato de vir a existir uma maior expansão dessa modalidade de educação e a produção social de indivíduos preocupados em diminuir as desigualdades sociais.

Educação, democracia e infoexclusão

Mais importante neste momento do que a especulação acerca do que a EaD poderá gerar no futuro é o fato de que se pode perceber que consta uma similaridade nos discursos que ligam sua expansão à democracia. Nos três argumentos anteriormente citados – *proporcionalidade*, *flexibilidade* e *inserção ao meio* –, existem dois elementos recorrentes que, mesmo sendo diversos entre si, são complementares, pois referem-se à especificidade de um país até agora periférico na ordem mundial e marcado por profundas desigualdades de renda e acesso aos direitos básicos. Esses dois elementos (descritos a seguir) estão subjacentes à compreensão da EaD como *um* fator de democratização no caso brasileiro:

- *A não universalização da educação*: É possível afirmar que o recrudescimento dos cursos via internet é um avanço democrático, considerando-se que o processo de escolarização em todos os graus de ensino ainda não atingiu de modo satisfatório todas as pessoas no país. O atraso brasileiro, comparativamente a países mais desenvolvidos em relação ao atendimento educacional de sua população, sustém que o aumento quantitativo corresponde a um avanço democrático.

- *A desigualdade social da população*: É pelo fato de que foram as classes economicamente mais privilegiadas que historicamente tiveram condições de ascensão aos cursos superiores, e à educação de modo geral, que a possibilidade de inserção de indivíduos das populações mais pobres é considerada democrática. Essa mesma condição respalda o argumento do *acesso ao meio*.

Portanto, compreendendo-se que a educação é um expediente necessário à democracia, disso decorre que, uma vez que ela não tenha sido universalizada anteriormente no Brasil, a expansão da EaD seja considerada *um* processo de democratização. Assim, com base na existência de um vínculo entre "educação" e "democracia" como um dos critérios para a definição de um país como mais ou menos democrático, a expansão da EaD é considerada um processo de democratização, porquanto o Brasil não é democrático em sentido pleno. Dessa forma, a desigualdade social brasileira estabelece-se como termo negativo a partir do qual a EaD se perfaz como elemento positivo expresso na afirmação de que é um processo democratizante.

Então, o atrelamento aqui em questão se fundamenta em uma contingência histórica, ou seja, não faria sentido a mesma afirmação, nos termos anteriormente expostos, se respaldada em outra realidade social. Mas, na especificidade brasileira, a EaD acaba por assumir um duplo aspecto democratizante: se, por um lado, é uma solução para a histórica negação do direito de acesso à educação (conforme os argumentos da *proporcionalidade* e *flexibilidade*), por outro, ela traz a capacidade de deter a chamada "infoexclusão" (conforme o argumento da *inserção ao meio*).

Com relação a esse fenômeno, Castells (2007, p. 287), em seu livro *A galáxia internet*, classifica a infoexclusão como um dos maiores obstáculos atuais ao estabelecimento de maior igualdade social em nível global:

> A centralidade da Internet em muitas áreas da atividade social, econômica e política converte-se em marginalidade para aqueles que não têm ou possuem um acesso limitado à Rede, assim como para aqueles que não são capazes de tirar partido dela. Por isso, não devemos estranhar em absoluto que a previsão do potencial da Internet como meio para conseguir a liberdade, a produtividade e a comunicação venha acompanhada de uma denúncia da infoexclusão, induzida pela desigualdade, na Internet.

Argumenta Castells que, com o gradativo aumento da importância das TICs nos sistemas econômicos globais, a infoexclusão tendencialmente fará aumentar as disparidades entre ricos e pobres de maneira cada vez mais acentuada. Castells (*ibidem*, p. 307) enumera oito motivos pelos quais a infoexclusão assume um aspecto "dramático" no que tange à desigualdade de indivíduos e nações em um mundo em que a internet se constitui como "epicentro do novo modelo sócio-técnico de organização" econômica e social:

1) Devido ao dinamismo e à competitividade da nova economia, aqueles que se encontram desconectados deixam, simplesmente, de ter valor no sistema global de produção.

2) A educação, a ciência e a tecnologia são hoje as fontes fundamentais de criação de valor, e a rede é atualmente instrumento determinante para a circulação mais equitativa dos recursos educativos.

3) Em um mundo onde os fluxos financeiros são extremamente voláteis, em que constantemente ocorrem crises que levam a retiradas de recursos do capital financeiro das nações menos desenvolvidas, muitas pessoas são desvalorizadas e arremessadas "para os becos de sobrevivência da economia informal" (*ibidem*, p. 309).

4) Os processos tecnológicos de produção eliminam a agricultura tradicional e, por isso, geram o êxodo de pessoas impossibilitadas de ganhar seus sustentos nas zonas rurais.

5) O velho sistema de relações de trabalho vem sendo cada vez mais fragilizado pelo enfraquecimento dos Estados nacionais ante a livre circulação de capitais.

6) A impossibilidade de um grande número de pessoas de participar da nova economia gera novas formas de crime, agora possibilitadas pela internet. Tal fato faz surgir uma "economia criminal global" (*ibidem*, p. 310) que causa a desestabilização das sociedades e corrompe e desorganiza os Estados.

7) Nesse quadro, os governos, com uma margem de ação cada vez menor, passam por crises de legitimidade generalizada.

8) Tal crise acaba por gerar o banditismo em grande escala e faz estalar guerras civis.

A descrição muito sumarizada da argumentação de Castells (2007) aqui exposta conduz à consideração da relação entre tecnologia e democracia a um patamar que ultrapassa a especificidade do problema em questão. No entanto, reconduz à relação entre a expansão da EaD via internet e a democratização, em outro nível.

Ainda de acordo com a catastrófica análise de Castells (2007), em um mundo em que o fator econômico e as relações sociais se tornam cada vez mais dependentes e influenciados pelas interligações efetuadas pela rede mundial de computadores, o argumento da *inserção ao meio* constitui-se como elemento fundamental para a existência de justiça social. Da perspectiva dos Estados nacionais, não existe a possibilidade de realização plena dos direitos com a existência da pobreza. Mas a redução do número de pobres está atrelada à capacidade de determinado país de gerar riqueza, o que hoje se torna inviável, conforme o sociólogo espanhol, sem a conexão com a rede mundial de computadores, em um mundo cada vez mais sujeito às volatilidades dos fluxos globais de capital financeiro. Assim, a expansão do acesso à rede mundial de computadores deixa de ser uma alternativa entre outras, pois converte-se em um "destino" (Feenberg s.d.c) a ser seguido sob pena da possibilidade da total imersão no caos social.

No entanto, quando o avanço tecnológico passa a constituir elemento fundamental da nova ordem produtiva global, indivíduos sem qualificação para as novas condições econômicas tornam-se capital improdutivo e desvalorizado. Nessa direção, Castells (2007, pp. 299-300) vê como o grande problema da infoexclusão a falta de acesso dos indivíduos à educação:

> Se existe uma ideia partilhada sobre as consequências sociais do crescente acesso à informação é a de que a educação e a aprendizagem ao longo da vida constituem ferramentas essenciais para o êxito no trabalho e o desenvolvimento pessoal. (...) Além disso, a aprendizagem baseada na Internet não depende unicamente da perícia tecnológica: altera-se o tipo de educação necessária, tanto para trabalhar na Internet como para desenvolver a capacidade de aprendizagem numa economia e numa sociedade baseada na Rede.

O fundamental é trocar o conceito de aprender pelo de aprender a aprender, já que a maior parte da informação se encontra *on-line*, e do que realmente se necessita é de habilidade para decidir o que queremos procurar, como obtê-lo, como processá-lo e como utilizá-lo para a tarefa que despoletou a procura dessa informação.

Quando se realocam os três argumentos anteriormente expostos no contexto da infoexclusão na nova ordem econômica global e suas implicações políticas, como apresentado por Castells (*ibidem*), eles assumem outra estatura:

- O argumento da proporcionalidade refere-se à concepção de uma população tornada ativo fixo de capital. Num quadro em que, "pela primeira vez na história, a mente humana é uma força direta de produção, não apenas um elemento decisivo nos sistema produtivo" (*ibidem*, p. 68), o impedimento da possibilidade de acesso aos meios educacionais por parte da população implica a perda de mentes potencialmente produtivas. Todavia, em um ambiente de extrema competitividade, as nações menos capacitadas no que tange aos níveis educacionais são mais frágeis e expostas a crises econômicas, geradoras de pobreza, portanto, de impossibilidade de garantia de manutenção de direitos básicos, o que conduz à instabilidade política e ao aumento da marginalidade.

- O argumento da flexibilidade coaduna-se com um mundo onde os horários e as relações de trabalho se tornam cada vez mais voláteis. Porquanto é possível agora adaptar o tempo de estudo sem as determinações dos horários rígidos estabelecidos pelos cursos presenciais, os indivíduos podem educar-se a qualquer momento. Mais do que isso, em uma sociedade em que cada vez mais as informações são necessárias para a produção de valor, elas estão, ao menos em princípio, disponíveis a um toque na tecla do computador: "aprender por toda vida" refere-se a um momento em que todo e qualquer momento da existência individual passa a ser potencialmente educativo. Assim, tem tanto a dimensão de que, ao longo da quantidade de anos vividos, o indivíduo deverá continuar a ser educado como a de que, para todo e qualquer momento desses anos, é recomendável que se esteja educando.

Tendo em vista que, nos próximos tempos, ao que tudo indica, cada vez mais os mercados de trabalho demandarão dos indivíduos maiores capacidades cognitivas e familiaridade com as novas TICs, a EaD via internet aparece como elemento de democratização, em um determinado modelo de sociedade assentado na volatilidade do capital financeiro e de integração global dos mercados.

Dado que a sociedade brasileira seja desigual, a ameaça que ora se impõe é que se verá um aumento exponencial da desigualdade já existente por conta da não inserção dos indivíduos nos processos educativos. Por essa perspectiva, a democratização que pode ser promovida pela educação via internet estabelece-se por uma negatividade, posto que exista a possibilidade de uma situação pior do que a presente. Segundo Belloni (2002, p. 124):

> Por que é urgente integrar as TIC nos processos educacionais? A razão mais geral e a mais importante de todas é também óbvia: porque elas já estão presentes e influentes em todas as esferas da vida social, cabendo à escola, especialmente à escola pública, atuar no sentido de compensar as terríveis desigualdades sociais e regionais que o acesso desigual a estas máquinas está gerando.

Dessa maneira, pelo cenário esboçado, a não expansão do acesso à internet para a totalidade da população constitui-se como uma distopia de nossos tempos. Entretanto, há uma relação de complementaridade no argumento da *inserção ao meio* entre os acessos às novas TICs e o acesso à educação que se coaduna na compreensão de que a EaD contribui para a expansão do acesso aos direitos. Considerando que o não acesso aos novos meios de comunicação implica, segundo a previsão de Castells

(2007), a desvalorização dos indivíduos em um mercado produtivo calcado nessas tecnologias, é necessário o desenvolvimento dos processos educativos para que essa inserção se demonstre válida não apenas como o acesso a mais um bem de consumo.[3] Ainda que nos próximos anos cada vez mais os aparelhos eletrônicos como computadores e celulares com acesso à internet, assim como os serviços de banda larga, tendam a ser mais baratos, é preciso que os indivíduos sejam dotados de conhecimento formal para que esse acesso se constitua como elemento de promoção de direitos. Dessa forma, educação e acesso à tecnologia confluem para o estabelecimento de um tipo de cidadania que se define pelo acesso ao conhecimento. Segundo Gonçalves (2011, p. 46):

> A exclusão digital cultural, relacionada ao nível educacional, que se confunde também com características das exclusões históricas, sociais e econômicas, tem no seu reconhecimento um desdobramento mais pernicioso do que a ausência da educação formal. É a constatação de que o pouco é muito, de que o pouco do mundo aberto a possibilidades é negado. É a exclusão digital do pobre e do miserável, que, para além do econômico, do histórico e do social, está frente a um mundo fechado de possibilidades. A exclusão digital relacionada à educação é um problema social e não tecnológico. Se o contexto educacional, formal e informal, exclui, interdita e afasta a compreensão da complexidade das relações sociais, não há como se atribuir à tecnologia a condição de resgate do que se perdeu anteriormente. A tecnologia pressupõe conhecimentos histórica e culturalmente acumulados, que devem ser distribuídos dentro de um contexto social. Se o contexto for de contínua exclusão dos meios

---

3. Conforme dados divulgados pelo Instituto Brasileiro de Opinião Pública e Estatística (Ibope), em outubro de 2013, o Brasil apresenta 105 milhões de pessoas com acesso à internet (cerca de 53% da população total), considerando o acesso em qualquer ambiente – domicílios, trabalho, *lan houses*, escolas, bibliotecas, espaços públicos –, número que apresenta um crescimento de 3% relativamente ao trimestre imediatamente anterior. Quando considerados somente os acessos em domicílio e no trabalho, o número é de 79,5 milhões de brasileiros (cerca de 40% da população total), representando um aumento de 3,6% em relação ao segundo trimestre do mesmo ano.

tecnológicos e de sua complexidade, não há modo de se distribuir o conhecimento sobre eles entre todos. Assim, não há como se incluir aquele que não conhece ou não tem ideia do que seja computador, pois tal instrumento lhe é indiferente e irrelevante.

O contexto hodierno reitera o argumento da EaD via internet como forma de democratização, entendida como inclusão. No entanto, nada garante que o aumento do nível educacional da população *per se* contribuirá de fato para a criação de uma sociedade mais democrática, assim como nada garante que a expansão do acesso às novas TICs carregue em si inerentemente a possibilidade do aprimoramento do convívio democrático.

Embora possa ser suficientemente razoável considerar que a EaD via internet é potencialmente democratizante, tal consideração não exclui a hipótese contrária. Ainda permanece a questão de saber se as novas tecnologias portam em si a negação da possibilidade da democracia, entendida para além da expansão do acesso aos meios materiais. Se assim o for, o recrudescimento do acesso à educação por meio da internet vai se constituir como uma democratização, que, ao final, impedirá a existência da democracia, no sentido do estabelecimento de valores tidos como democráticos.

Em atenção a essa questão, o que se encontra em causa é o que pode ser entendido como "democracia" num tempo em que a internet se torna o "tecido de nossas vidas", segundo a expressão de Castells (2007), uma perspectiva mais promissora para pensar a expansão da EaD como "processo de democratização".

O problema da crítica da expansão da EaD como democratização

Como visto, ainda a respeito da especificidade da expansão da EaD no Brasil, é possível verificar que as condições de validade da afirmação de que esse processo é uma forma de democratização advêm do contexto histórico específico em que ela ocorre, pois é a desigualdade social seu fundamento. "Democratização" é entendida como disponibilização de maior oferta de vagas, residindo nessa ponderação que o aumento da abrangência do processo educacional corresponde a um expediente válido, levadas em conta as condições de exclusão das populações mais pobres. Nesse sentido, a possibilidade de inclusão gerada pela educação a distância via internet relaciona-se com o fator quantitativo da distribuição mais justa de direitos.

Entretanto, ainda no interesse dessa questão, é necessário distinguir o que pode ser assim especificado em relação ao aspecto quantitativo e o que concerne ao aspecto qualitativo, desde que essas duas esferas avaliativas não sejam jamais absolutamente independentes entre si. Para além da expansão da oferta de vagas, há outra perspectiva pela qual se pode problematizar a afirmação de que o gradativo aumento da educação via internet é um processo de democratização ou um "verdadeiro" processo de democratização.

Se a EaD via internet torna possível que mais indivíduos possam ser incluídos no grupo dos que têm acesso aos níveis mais elevados da educação formal, assim como entre os que têm contato com os novos meios telemáticos, essa caracterização deixa intocado outro problema que aqui não foi suficientemente tratado até o momento: a questão qualitativa da educação promovida por esse meio no que se refere às possibilidades de democratização.

Como já mencionado, o fato de a EaD ser uma modalidade educacional não significa que ela seja inerentemente democratizante. No entanto, seria possível afirmar o inverso? Ou seja, ela é naturalmente antidemocrática no que concerne à produção de subjetividades necessárias ao estabelecimento de uma sociedade democrática?

Neste momento, deparamos certamente com um problema de outra ordem, pois o que está em pauta é a consideração do que pode ser chamado de "educação para a democracia", pois, se a expansão da EaD via internet pode estar ligada à democracia, essa ligação somente pode existir como representante e propagadora de certos ideais que se coadunam com o que, de modo geral, se entende como pertencente ao regime democrático. Carvalho (2004) denomina *cultura da democracia* o conjunto desses ideais. Em seu entendimento, para a avaliação de um processo de democratização pela educação, o fator quantitativo do aumento da oferta educacional deve relacionar-se com o fator qualitativo do desenvolvimento de certas virtudes morais. Na dinâmica do processo escolar, agregado aos conteúdos curriculares que permeiam os desenvolvimentos das atividades educacionais, deve constar a promoção desses valores:

> Assim, um dos grandes desafios que implica a democratização do acesso à escola é o de buscar meios pelos quais a educação escolar, através do ensino de grandes tradições intelectuais, práticas e morais, possa cultivar valores como a igualdade, a tolerância, a não violência, a solidariedade, enfim, modos de vida que tenham na democracia política e social o maior de seus compromissos. (*Ibidem*, p. 333).

Aceitando o conjunto dos valores expostos por Carvalho como a *cultura da democracia*, a questão que se segue é a de pensar se a EaD pode, factualmente, formar tais características morais. Ou existiria algum problema na própria tecnologia que a determina que seja impeditivo para a formação de sujeitos que ostentem essa cultura? Essa é uma questão de difícil resposta, pois, como já dito, caberá ao futuro demonstrar quais os vínculos que serão mantidos entre educação, democracia e as novas TICs. Mas, se dada a imponderabilidade do porvir não é possível arriscar juízos peremptórios, essa pergunta enviada ao futuro repercute na consideração do que seja o tempo presente.

A essa questão agrega-se ainda outra: relativamente à obtenção de conhecimento formal por parte do alunado, comparativamente à educação tradicional, a EaD via internet pode educar tão eficientemente quanto aquela? Pode essa modalidade promover o ensino das "grandes tradições intelectuais, práticas e morais", nos termos de Carvalho, necessário à *cultura da democracia*? Pois, se é uma necessidade cada vez mais notória a formação dos indivíduos que possam compreender um mundo que se torna cada vez mais complexo, o desenvolvimento dos cursos via internet seria suficiente para cumprir esse objetivo? Para boa parte da crítica que analisa esse fenômeno, a resposta é negativa.[4]

Cabe aqui notar que muito do que é produzido hoje na literatura crítica em relação ao aumento da oferta dos cursos a distância se centra na questão da qualidade precária dessa modalidade educacional. Desse ponto de vista, o que estaria sendo disponibilizado aos estudantes pela EaD seria uma formação qualitativamente inferior à oferecida pela modalidade tradicional. Tal preocupação, demonstrando-se fundamentada, constituirá um obstáculo à democracia: será um tipo de formação educacional insuficiente para as necessidades advindas do estabelecimento de uma sociedade efetivamente democrática, assim como será insuficiente para um mercado de trabalho que tende a se tornar cada vez mais competitivo. Disso pode decorrer que certa camada da população permaneça em atividades de menor remuneração financeira e, no limite, que a sociedade brasileira não se encontre à altura das necessidades impostas pela nova ordem econômica. Conforme Mendes (2010, pp. 9-10):

> Há com a EaD um evidente barateamento da educação no Brasil. Para o setor privado estão criadas as condições para aumentar o lucro auferido pelas empresas educacionais. No setor público, esse tipo de oferta, ao adotar o discurso da "democratização" do ensino, se constitui como mecanismo importante de legitimação política para os grupos que protagonizaram a elaboração dessas políticas na medida em que milhares de pessoas passam a alcançar o ensino superior.
> Diferentemente de um objeto que mal produzido pode ser substituído ou trocado, no caso da educação, o acesso a um ensino precário será sentido na vida social e não será nefasto apenas para o sujeito que a ele teve acesso, mas a toda a sociedade.

Se o nível de aprendizado dos estudantes da EaD for quantitativamente menor do que o daqueles que tiverem acesso às salas de aula presenciais,

---

4. Nessa direção, ver Freitas (2007), Pesce (2007), Patto (2013) e Silva Jr. e Martins (2013).

a expansão da educação a distância acabará por criar um *deficit* qualitativo que impossibilitará a constituição de uma sociedade mais justa, devido, basicamente, a dois motivos, um de ordem econômica e outro de natureza política:

- Os profissionais formados por esse meio deterão conhecimentos insuficientes para se qualificar a postos mais altos no mercado de trabalho. Por isso, permanecerão nas posições mais baixas do estrato social, o que inviabilizará o princípio de distribuição igualitária de oportunidades.
- A ausência do contato presencial com outros indivíduos constituirá um impedimento para a formação da intersubjetividade necessária ao estabelecimento de valores democráticos.

É possível que essas afirmações venham a se demonstrar verdadeiras. Todavia, ocorrem atualmente, em algumas pesquisas que investigam as consequências do aumento dos cursos a distância via internet no Brasil, alguns problemas que necessitam ser mais bem pontuados para uma tentativa de compreensão mais ampla do fenômeno: a substantivação do termo "qualidade" e uma concepção determinística da tecnologia. A seguir abordarei o primeiro deles.

O problema da "qualidade" em educação

Em 1992, José Mário Pires Azanha, ao tratar da questão das pesquisas brasileiras sobre educação, elaborou o conceito *abstracionismo pedagógico* para caracterizar grande parte da investigação acadêmica realizada no país. Segundo Azanha (1992, p. 42), embora seja notório que, necessariamente, toda pesquisa científica ou filosófica somente possa ser realizada com base em certos princípios teóricos – ideias e noções gerais –, existe sempre o perigo de tomar as teorias "para efetuar operações 'formais' de classificações de 'fatos' da realidade como se essas operações constituíssem explicações". Ou seja, há a possibilidade de considerar certo princípio teórico não como um instrumento pelo qual seja possível interpretar a realidade, mas como a própria expressão da realidade, de modo que a segunda se coadune com o primeiro, não o contrário. Segundo o autor, uma das grandes deficiências que se apresentam à pesquisa científica, especialmente nas áreas históricas ou sociais, é assumir princípios extremamente genéricos para avaliar, *a priori*, situações específicas, que somente poderiam ser averiguadas empiricamente.

No âmbito próprio da pesquisa educacional, Azanha (*ibidem*, p. 55; grifos nossos) exemplifica essa tendência pela determinação de um dos objetos fundamentais para essa área de pesquisa – o de "escola":

> Também uma escola é uma escola, a escola brasileira é escola brasileira, porém, a escola pública ou privada situada numa favela da periferia de São Paulo é distinta de outras escolas, públicas ou privadas, em condições socioeconômicas diferentes, ainda que todas se situem no Brasil, na mesma época.
> É claro que podemos falar apropriadamente de "educação em geral" ou de "escola em geral", no sentido de determinação de elementos comuns ao processo educativo em diferentes épocas e sociedades. Porém, essas abstrações, essenciais ao trabalho teórico, não são suficientes para elucidar-nos sobre situações educacionais concretas historicamente situadas. Enfim, a indispensável orientação teórica geral para estudo da educação brasileira (ou outra) é simples ponto de partida, condição prévia, *e não pode dispensar o próprio estudo*.

Estendendo essa noção ao caso aqui em questão: perante a nova realidade que se vem colocando com a expansão da EaD via internet, é necessário que tentemos estabelecer alguns princípios normativos que tornem possível apreender esse fenômeno em sua amplitude – sendo esse mesmo o esforço deste texto. No entanto, deve ficar claro que a educação a distância via internet não pode ser resumida a uma forma única, pois existe hoje, ante várias possibilidades, uma grande incerteza sobre qual modelo se estabelecerá no futuro ou mesmo se haverá um modelo *standard*. A redução de todas as experiências que podem ser realizadas no campo da educação via internet pela simples referência ao fato de serem realizadas por um mesmo meio é a não consideração da abrangência do fenômeno e de suas possibilidades.

Apesar dessa consideração, resta ainda a questão de saber se, mesmo entre a variedade de projetos possíveis de cursos via internet, seria próprio a toda e qualquer formação promovida por esse meio uma deficiência constitutiva comparativamente aos cursos presenciais. Ou seja, seria presumível que do fato de um curso ser realizado pela internet decorra necessariamente que seja inferior a um curso presencial? Trata-se de uma questão de vital importância no que se refere à democratização da educação pela EaD, pois, se advier que essa seja uma modalidade educacional inferior à tradicional, a ser oferecida às populações mais pobres, será uma expressão da desigualdade social ratificada pela educação. Disso se segue que o princípio de que a educação é um direito que propicia o acesso a outros direitos, como indicado por Schilling (2012), em prol de uma maior igualdade social, torna-se comprometido em sua base.

Colocando a questão em termos gerais: qual pode ser o estatuto de qualidade da formação oferecida pela educação a distância? É tema fundamental para as políticas públicas, sendo uma das grandes demandas sociais da atualidade da democracia brasileira: a necessidade do oferecimento de uma "educação de qualidade" para a população de modo geral.

Mas o que pode ser entendido por "qualidade na educação"? Essa questão pode ser analisada por várias dimensões, porém há nela incutida outra, de vital importância, que é, sobretudo, de natureza conceitual. O estabelecimento de uma definição do termo "qualidade" é muito problemático, pois deve-se ponderar que "qualidade" é, antes de tudo, o nome de uma relação, não de uma coisa. Essa relação deve ocorrer entre dois ou mais elementos, a partir dos quais possam ser estabelecidas certas características concernentes aos fenômenos ou aos entes nela envolvidos. Por exemplo, a qualidade de ser "único" somente pode existir pela consideração da não existência de outros entes ou fenômenos semelhantes numa certa relação, em que está aquele que é assim designado.

Desde que o termo foi conceitualizado por Aristóteles (1985), "qualidade" não é concebida como algo que tenha ser em si. Assim, o Estagirita não a denomina um *ser*, mas uma *categoria* do ser, ou seja, um modo do ser. "Qualidade", tal como "quantidade", é uma determinação da coisa a partir de certas relações com outras coisas ou de relações de outras relações entre coisas:

> (...) é possível que alguém diga que "grande" e "pequeno", "muito" e "pouco" são contrários. Estes são, entretanto, mais propriamente falando *termos de relação*, e sendo assim, as coisas não são em si mesmas e isoladamente grandes ou pequenas: só o são por comparação. Assim, dizemos que uma colina é *pequena*, que um grão de milho é *grande*, mas na verdade queremos dizer *maior* ou *menor* do que coisas semelhantes do gênero, pois nos referimos a algum padrão externo. Se tais termos fossem usados *absolutamente*, jamais deveríamos chamar uma colina de pequena, como jamais deveríamos chamar um grão de milho de grande. Assim, do mesmo modo, é permissível que digamos que um povoado tem *muitos* habitantes, e que uma cidade como Atenas apenas *poucos*, embora a população desta última seja muito maior; ou dizemos que uma casa *contém muitos* [indivíduos] ao passo que aqueles no teatro são *poucos*, ainda que esses superem muito em número aqueles outros. Enquanto "dois côvados de comprimento", "três côvados de comprimento" e [expressões] semelhantes, portanto, significam quantidade, *grande, pequeno* e [palavras] similares não significam quantidade, mas relação, envolvendo algum padrão externo ou algo que está acima delas. É óbvio que estes últimos termos são relativos. (*Ibidem*, pp. 51-52)

Para Aristóteles (*ibidem*, p. 60), "qualidade" é definida como aquilo "em virtude de que as coisas são, de algum modo, qualificadas". É por um padrão exterior àquilo que é designado que se pode qualificá-lo de tal ou tal modo. Por exemplo, o conhecimento "é definido por referência a alguma coisa que lhe é distinta, uma vez que o conhecimento é conhecimento de alguma coisa" (*ibidem*, p. 67). Nesse sentido, pode haver conhecimento maior ou menor de gramática, mas algo não pode ser mais ou menos gramática, considerando que esta nunca é gramática de alguma coisa (*ibidem*). Entretanto, a qualidade do conhecimento sobre algo é definida a partir do seu objeto, por exemplo, a "gramática" em relação ao "conhecimento de gramática", sendo isso o que torna possível julgar que *a* tem um maior conhecimento do que *b* em certa situação.

Dessa maneira, se aplicarmos a especificação aristotélica no caso aqui em questão, somente se pode adjetivar "educação" como "de qualidade" a partir de certo padrão que seja exterior ao próprio processo educativo considerado em si mesmo. Entretanto, a consignação de um padrão para "qualidade" sempre está sujeita às determinações históricas e sociais que condicionam certo fenômeno, além de certos valores que norteiam a consideração daquele que avalia. Dessa forma, as ideias acerca do que pode ser "qualidade da educação" são tão variadas e contingentes que é extremamente difícil dizer que exista uma regra instituinte válida para todas as situações possíveis. Todavia, deve-se notar que, no uso corrente de nossa linguagem, ser "de qualidade" designa certa virtude daquilo que é assim caracterizado, e "não ter qualidade" é a ausência dessa virtude ou a detenção de características contrárias a ela. Deve-se perceber, também, que dizer "certa escola é de qualidade" tem outro estatuto do que dizer "certa escola é de tijolos", posto que, como já mencionado, "qualidade" não é o nome de uma coisa.

Eis um grande problema para pensar as relações de igualdade no que tange à educação. Primeiro: não é possível afirmar que todos os estabelecimentos e todas as formas de ensino sejam eficazes para todas as situações. Segundo: sendo um ponto pacífico a ideia de que o papel dos processos educacionais é a transmissão e a formação de conhecimentos, quais conhecimentos devem ser valorizados como legítimos para a asseveração de que determinado processo educativo é "de qualidade"? Disso decorrem duas dificuldades distintas de avaliação de certo processo educacional:

- Sendo o objetivo dos processos educativos que os indivíduos tenham conhecimento de certo conteúdo, por exemplo, gramática, pode-se afirmar que um processo é melhor do que outro desde que os indivíduos apresentem mais conhecimento dessa matéria em um deles. Essa constatação, porém, somente poderá assumir validade se consideradas as condições em que os processos educacionais se desenvolvem, posto que não se parta de uma condição de absoluta igualdade entre os indivíduos em uma sociedade desigual. Destarte, não é possível usar o mesmo padrão avaliativo para processos educacionais emersos em realidades sociais diferentes, pois aqui a noção de "qualidade" se relaciona com as noções de "possibilidade" e "circunstância": "qualidade" também corresponde, assim, ao que é possível em certa situação.

- Até que grau se pode determinar que certo conhecimento seja válido para a designação de processo educativo como "de qualidade"? Tal processo envolveria, por exemplo, de modo necessário, o conhecimento de gramática? Se um processo educacional é avaliado de um referencial externo a ele, o problema de saber quais conteúdos devem ser desenvolvidos nas atividades pedagógicas é sempre dependente de determinadas especificações históricas e contingentes. Existe, dessa maneira, na noção de "qualidade", certa referência à "utilidade" de determinado conhecimento, tendo em vista certo objetivo que se ostente como finalidade do processo educativo. Se o objetivo de um processo é a formação da *cultura da democracia*, o que deve ser ensinado exatamente? Se o objetivo for a qualificação para certo mercado de trabalho, tem-se o mesmo problema, considerando-se as profundas alterações que ocorrem em uma sociedade dinâmica tal qual a nossa em sua atualidade.

Se não se pode afirmar, como no exemplo de Azanha (1992), que a realidade concreta de uma escola pública na periferia de São Paulo seja igual à de uma escola particular acessível às populações das classes privilegiadas, não se pode afirmar, também, que seja possível avaliar as duas pelos mesmos padrões de qualidade. Nesse caso, correr-se-ia o risco de tomar uma abstração como padrão avaliativo absoluto, sem considerar a realidade concreta de cada caso específico. No entanto, esse último raciocínio conduz ao risco do não estabelecimento de um padrão que possibilite uma maior igualdade social entre os alunados de classes sociais diferentes.

Mantendo-se a noção de que a educação deva ser democratizante, no sentido de ampliação do leque de direitos que sustentam certa relação com a igualdade, as várias situações específicas devem ser ponderadas, objetivando a existência de relações mais igualitárias na sociedade em um determinado contexto histórico e social. Ao se tomar "qualidade da educação" como uma noção cristalizada, perde-se a referência para a compreensão da dinâmica própria da sociedade que deve direcionar o desenvolvimento da atividade educacional, essencializando-se numa forma única uma atividade que inerentemente encontra seu sentido na contingência do desenvolvimento social e que é, devido a isso, multiforme.

Relativamente à expansão da EaD, como já mencionado, muito da crítica que hoje se efetiva sobre essa modalidade educacional se pauta em ideias preconcebidas do dever-ser das atividades educativas. É notório que, conquanto seja esse um fenômeno novo, muito do que se escreve atualmente acerca de sua expansão no Brasil adota elementos recorrentes em outros momentos históricos, quando houve aumento da expansão da oferta no sistema educacional. Carvalho[5] (2004, pp. 327-328), ao comentar as críticas relativas às políticas de aumento do acesso à educação que ocorreram na história do Estado de São Paulo no século XX, chama a atenção para este ponto:

> É inegável que, embora não tenham ainda quarenta anos, as medidas que visaram promover o acesso universal ao ensino fundamental

---

5. Embora o artigo de Carvalho se refira a uma situação específica, própria à história da expansão da educação básica, e não à totalidade dos processos educacionais em todos os níveis, aqui utilizo sua percepção acerca das críticas feitas à expansão das séries iniciais no Brasil em um sentido mais amplo, visando, com isso, salientar certa estrutura discursiva que parece permanecer nas objeções ao recrudescimento do acesso à educação no país.

de oito anos (antigo primeiro grau) geram hoje pouca ou nenhuma polêmica. A noção de que o acesso a esse segmento da educação escolar é um direito público cuja fruição não pode ser impedida por qualquer tipo de exame seletivo, como os de admissão até então vigentes já está bastante consolidada. A polêmica que então mobilizou a comunidade educacional e a opinião pública parece ter se deslocado para outras esferas, notadamente para as políticas públicas voltadas para a regularização do fluxo e a redução da evasão escolar – por exemplo, a progressão continuada e o estabelecimento dos ciclos. Curiosamente, entretanto, os argumentos contrários a essas políticas lançam mão de expressões e conceitos muito próximos – às vezes idênticos – aos então arrolados como críticas à democratização do acesso ao ginásio: o caráter "falsamente democrático" das medidas adotadas, a queda na "qualidade de ensino", a necessidade de uma "preparação prévia" tanto da infra-estrutura como do corpo docente das escolas para fazer face aos novos desafios oriundos da mudança dos alunos, etc.

Passada uma década dessa observação, podemos encontrar ainda, em muitos trabalhos acadêmicos, a repetição da mesma estrutura argumentativa relativamente ao recrudescimento da EaD: a ligação entre o aumento da oferta de vagas nos sistemas educacionais e a queda da "qualidade" da educação.

Nessa direção, Arce (2010, p. 86), professora do Departamento de Educação da UFSCar, considera que a expansão do processo educacional promovido pela EaD, em si mesmo, pode constituir um problema para a educação institucionalizada, pois tende a converter-se em um decréscimo qualitativo da formação oferecida aos estudantes:

> Em busca de atingir o maior número possível de jovens brasileiros com diplomas universitários, corre-se o sério risco de repetir-se o desastre que assombra as escolas públicas brasileiras. Que catástrofe seria essa? Pela primeira vez em sua história, o Brasil conseguiu ter 97% das crianças dentro da escola. Entretanto, este estar na escola, em uma era dita como digital, trouxe uma demanda nova para a própria instituição. Se antes se lutava pelo acesso à leitura, à escrita e ao conhecimento acumulado pela humanidade por meio

da escola, hoje esta batalha trava-se no interior da própria escola, ou seja, embora 97% de nossas crianças estejam frequentando o cotidiano das instituições educacionais, o conhecimento apresenta-se rarefeito. Para referendar esta questão, basta olharmos os exames nacionais aplicados ao ensino fundamental, reveladores da fragilidade do acesso ao conhecimento presente nas escolas. Assim, colocar os alunos dentro do ensino superior pode repetir o que já presenciamos no ensino fundamental. O acesso transmuta-se no "cavalo de Troia" que cavalga para destruir o sistema educacional em seus pilares, a partir do cotidiano das universidades e escolas.

Para essa autora, o maior número de estudantes no ensino superior converte-se em um perigo para a qualidade da educação formal. Como base para tal afirmação, toma as chamadas "avaliações externas" da educação básica que demonstram que a maior inclusão de alunos nas redes de ensino se converteu em um expediente que ruma para destruir "o sistema educacional em seus pilares". Embora as denominadas avaliações externas somente tenham sido adotadas no Brasil a partir de 1995,[6] quando já se tem a quase totalidade de "nossas crianças" matriculadas, elas são usadas em comparação com uma situação de atendimento educacional anterior à sua existência: não se pode afirmar que essas avaliações indicam que atualmente o conhecimento nas escolas se demonstra mais "rarefeito" do que em um período anterior, dado que anteriormente tais avaliações não existiam.

Outro ponto a ser notado é que, apesar de o artigo ter sido escrito em 2010, a autora não levou em consideração que a avaliação externa oficial do ensino superior no Brasil, o Exame Nacional de Desempenho de Estudantes (Enade), tem demonstrado desde 2005 que os alunos dos cursos matriculados em cursos não presenciais tiveram notas iguais ou superiores em relação aos cursos presenciais nesse exame (*O Estado de S. Paulo* 2009). Certamente, pode-se recusar que as avaliações externas sejam padrões legítimos para o ajuizamento da qualidade dos sistemas

---

6. Para uma discussão mais abrangente sobre a implantação de políticas de avaliação de larga escala na educação brasileira, ver Werle (2011).

educacionais, mas, uma vez admitidas como expedientes válidos, deve-se levá-las em consideração para o julgamento de uma dada situação.

No momento, com base nos dados disponíveis, a asseveração de que os alunos vão "aprender menos" pela modalidade via internet, comparativamente à presencial, demonstra-se inválida. Tomando como referencial da qualidade de certo processo educativo a capacidade de os estudantes fazerem testes avaliativos com correção, evidentemente se pode demonstrar que alguns alunos tiveram um aproveitamento menor dos conteúdos pedagógicos em determinado curso a distância do que outros que tiveram educação presencial. A recíproca, porém, também pode ser verdadeira. Mas há de se notar que, uma vez que se adote esse padrão como expediente válido, julgar que um curso seja inferior pelo fato de ser realizado de modo não presencial em relação a outro que o seja se constitui não mais uma questão conceitual, mas empírica.[7]

Outro exemplo é o artigo intitulado "Educação a distância, desconstrução e alteridade", de Nilson Dinis (2010). O também professor da UFSCar parte, nesse texto, de uma detida análise de *A farmácia de Platão*, de Jacques Derrida, em que o filósofo argelino investiga a crítica platônica à palavra escrita no diálogo *Fedro*. Por essa via, Dinis destaca o papel da presença daquele que fala nos processos de ensino e aprendizagem. Ao realocar a argumentação derridiana para o caso específico da qualidade da formação promovida pela EaD, Dinis (*ibidem*, p. 129) diagnostica os perigos contidos na ausência do professor presencial como coordenador das atividades pedagógicas nos processos educacionais:

> A modalidade de EaD, liberta da presença viva da palavra do docente que dá ao *logos* sua legitimidade com a presença viva de seu autor, pode fazer com que o ensinamento do docente seja interpretado erroneamente pelo aluno receptor. Não há nenhuma garantia de que determinado conteúdo foi aprendido ou de que foi aprendido no modo

---

7. Agradeço ao professor José Sérgio Fonseca de Carvalho por ter me mostrado essa perspectiva.

de endereçamento esperado pelo professor, pelo currículo ou pela escola. Além disso, a ausência da voz presente do docente produziria um ensimesmamento do sujeito, que se apropriaria livremente dos conteúdos formativos e sem o "controle de qualidade" da presença viva do docente e sem o diálogo com outros sujeitos estudantes que pudessem levá-lo à construção de um pensamento "mais crítico", ou, ainda, levaria a educação a perder justamente a construção do sentido de alteridade que só se dá na relação direta com o outro, seja o professor, sejam os outros estudantes aprendizes.

Cabe aqui considerar, como bem sabem os professores ou mesmo qualquer um que já tenha tentado ensinar algo a alguém, que, mesmo na educação presencial, não se tem jamais a garantia de que o aprendiz interpretará "corretamente" aquilo que ouve. Também não parece legítimo sopesar que a existência na sala de aula do "controle de qualidade" da voz do docente, ou a possibilidade de diálogo com outros alunos aprendizes, seja, em si, condição necessária ou suficiente para a construção de um "pensamento mais crítico" do estudante. É possível que existam todas essas condições, como de fato ocorre na maioria dos casos, e não haver nem a segurança de que os conteúdos serão plenamente assimilados, nem de que se produzirá tal pensamento. Disso decorre que o "controle de qualidade" da voz do docente possivelmente não seja tão eficaz quanto se gostaria. Portanto, do fato de que a EaD não conte com a presença física de outros indivíduos no momento em que o estudante exerce a maioria de suas atividades pedagógicas não dimana que essa seja uma situação pior do que a da aula presencial, pelos padrões estabelecidos por Dinis (2010), nem o contrário.

Todavia, ainda no interesse dessa questão, faz sentido o questionamento acerca de a EaD via internet conduzir necessariamente à perda do sentido de alteridade, necessária para o estabelecimento de uma cultura da democracia. Se essa hipótese, como elaborada por Dinis (2010), demonstrar-se correta, a democratização proposta pela EaD converter-se-á no contrário da democracia, dado por suposto que esta seja pautada no reconhecimento do outro como portador de direitos.

Para tal consideração, é necessário que, primeiro, a totalidade dos processos educativos seja convertida em EaD. Segundo, que não haja outras formas de relacionamento entre as pessoas além do que ocorre por meio dos processos de aprendizagem institucionalizados. Terceiro, que, de fato, a educação via internet impeça que os indivíduos estabeleçam relações entre si, por tratar-se de uma tecnologia que inviabilize o contato pessoal. Quarto, que o tipo de relação que se tenha com a internet, assim como os conteúdos a serem aplicados nos cursos, se conduza de modo que impeça a formação de subjetividades capazes de reconhecer a alteridade.

Certamente, o surgimento da internet é um dos mais importantes fenômenos do tempo atual, pois ela reconfigura, em grande medida, as relações sociais. Deve-se avaliar, porém, com certo cuidado seu impacto nos processos educativos no que se refere à qualidade da educação.

Não é nenhuma novidade o recebimento de informações por meios eletrônicos: já somos formados e informados por tecnologias de comunicação a distância e em massa desde a popularização do rádio – para não ir muito longe –, e parece ser impossível atualmente pensar nossa vida social sem fazer referência aos conteúdos transmitidos pelo cinema, pela televisão ou pela própria internet. Mesmo se não enquadrarmos a escrita na mesma categoria que os modos de comunicação surgidos nos últimos séculos, o nosso mundo já é há algum tempo o do não espacialmente próximo, e muito daquilo que somos, que sabemos ou pensamos saber nos vem por meio de sons, textos ou imagens divulgados pela *mídia* eletrônica.

Em seu livro de 1964, *Os meios de comunicação como extensões do homem*, McLuhan (1971, pp. 13-14) demonstrava sua preocupação com os possíveis perigos trazidos pela inserção cada vez maior da televisão e seu impacto nos processos educacionais:

> Mais atrás fizemos referência ao fenômeno dos estudantes desistentes, que simplesmente abandonam a escola: esta situação vai piorar muito mais, devido à frustração dos estudantes em relação à sua participação no processo de ensino. Esta situação se refere também ao problema da "criança culturalmente retardada". Esta criança

existe não somente nas favelas: o seu número aumenta também nos subúrbios, nos núcleos familiares de razoável nível econômico. A criança culturalmente retardada é a criança-televisão. A televisão propiciou um ambiente de baixa orientação visual e alta participação, o que torna muito mais difícil a sua adaptação ao nosso sistema de ensino. Uma das soluções seria elevar o nível visual da TV, a fim de possibilitar a um jovem estudante o acesso ao velho mundo visual da sala de aula e da classe. Valeria a pena tentá-lo – como expediente temporário.

Passadas cinco décadas da afirmação de McLuhan, e com o extensivo aumento do alcance da televisão nas sociedades atuais, não é possível afirmar, apesar dos avanços tecnológicos, que o nível visual da televisão foi alterado para a forma prescrita pelo autor, nem que houve um aumento da evasão escolar nos últimos anos devido a ela, nem que as gerações surgidas nesse período constituíram "crianças culturalmente retardadas". Seguramente não é o caso de negar que o surgimento da televisão tenha trazido notáveis consequências à atividade educacional. Tedesco (1998, p. 40) aponta para o fato de que a televisão causou dois impactos fundamentais no modo pelo qual se instituíram os processos educativos:

- No que se refere à sequencialidade do acesso ao conhecimento, uma vez que a televisão põe "em circulação a mesma informação para todo mundo, independentemente da idade".
- Pelo fato de que, com a disponibilização de conteúdos por ela oferecidos, se difunde a ideia de que "não é preciso ser adulto para ter acesso aos novos conhecimentos nem para operar os novos meios", solapando, assim, a hierarquia entre professor e aluno.

Entretanto, apesar dessas considerações sobre a televisão e a atividade educativa, pertencemos já há algum tempo a um período em que a existência de ao menos um aparelho televisivo em cada lar não constitui para nós uma ameaça ao processo educacional, pelo menos não como pensava McLuhan (1971). Sua existência acabou por ser mais um fator a ser levado em consideração. Caso aceitemos o contrário, isso implicaria desconfiarmos de nossa própria capacidade cognitiva, pelo fato de cada um de nós, em um momento ou em outro, ser hoje um espectador televisivo.

Dessa maneira, não se pode afirmar, nem negar, ao menos neste momento, que o problema relativo ao surgimento da internet e do modelo de educação a distância dela advindo situe-se na questão de que o processo de aprendizagem será por ela prejudicado, no sentido de menor apreensão de conteúdos pelos estudantes. Essa questão refere-se mais aos desenvolvimentos futuros que a educação e esse meio terão, embora seguramente não se possa recusar que as novas TICs tragam notáveis consequências aos processos educacionais. Trata-se, pois, de duas questões diferentes: uma refere-se ao sentido que a educação tem no tempo atual; a outra diz respeito à eficiência de certa modalidade educacional em transmitir conhecimentos e em desenvolver competências. Com referência a isso, demonstra-se prudente evitar preconcepções acerca de como os processos educativos podem e devem ser efetivados.

Sabe-se que o modelo escolar que se estabeleceu, a partir da ideia de certa estrutura física, certa distribuição espacial dos lugares, horários fixos para as atividades a serem desenvolvidas e um professor que, com base em um currículo preestabelecido, transmite conhecimentos aos alunos, também foi criado histórica e contingentemente. Assim, a compreensão da especificidade da EaD não pode estar restrita a um entendimento de que ela se afasta de um "modelo correto" do que seja a atividade educacional em si mesma. O risco do abstracionismo pedagógico, como percebido por Azanha (1992), é tomar uma ideia como a expressão da realidade relativamente a algo que só pode ser constatado empiricamente.

Sibilia (2012, p. 195) relata a seguinte experiência:

Algo assim também foi constatado por Cristina Corea, a partir de sua própria experiência num seminário de pós-graduação efetuado nas duas modalidades, que ela mesma coordenou. "O presencial era supervalorizado em relação ao virtual", concluiu a professora, embora sua hipótese inicial tivesse sido que "a presença, o fato de compartilhar um espaço e um tempo instituídos, outorgava à situação pedagógica uma espessura, uma envergadura e algumas qualidades que o virtual não tinha". Contrariamente a esse preconceito ainda comum, porém, descobriu-se que "a modalidade virtual permite uma sustentação do vínculo pedagógico que hoje a modalidade presencial não tem". Isso em vários sentidos, inclusive no mais básico de todos: nos cursos universitários, os grupos presenciais costumam se encontrar uma ou duas vezes por semana, enquanto a interação *on-line* é muito mais frequente, pois a ubiquidade do dispositivo permite que cada um se conecte quando está em condições de participar, o que nem sempre acontece nas salas de aula comuns. Portanto, essa flexibilidade pode constituir "uma grande vantagem com relação à institucionalidade da aprendizagem presencial, que fixa um horário e um lugar, uma distância real que é preciso percorrer". Constata-se, assim, algo inesperado: dadas as transformações ocorridas na subjetividade dos estudantes – e dos professores – no contato crescente com as ferramentas digitais, a fluidez das possibilidades de conexão pode ser mais proveitosa para o aprendizado que a rigidez do confinamento.

Existem vários fatores envolvidos na questão do que pode ser considerado "qualidade na educação". Um deles, fundamental, é que certo processo educacional deve adequar-se a certo tipo de indivíduo. No relato de Sibilia (2012), percebe-se que a EaD via internet se demonstrou mais conforme a um tipo de alunado que já mantém muitas de suas relações sociais e com o mundo por meio da internet.

O meio técnico não cria somente novas maneiras de relacionamento entre o sujeito e o mundo, mas também o próprio sujeito que, por meio dele, se relaciona com o mundo. Dessa forma, possivelmente a EaD via internet seja mais eficaz em certo tipo de relação em que se alteraram as condições de percepção e convívio por meio da tecnologia.

Em um curso de EaD, o relacionamento entre professor e alunos e destes entre si é dependente dos recursos tecnológicos disponibilizados por seus *design* e aplicativos: fóruns, *broadcasts*, videoconferências etc. Mediante essa estrutura, pode haver factualmente maior contato entre os indivíduos do que em um curso de estrutura presencial, mais acompanhamento das atividades por parte dos docentes ou tutores, assim como maior interação entre os estudantes. No entanto, esse contato refere-se a um modo outro de convivência. Valente (2003, p. 31) denomina-o um "estar junto virtual" nos cursos de EaD:

> O "estar junto virtual" envolve múltiplas interações no sentido de acompanhar e assessorar constantemente o aprendiz para poder entender o que ele faz e, assim, propor desafios que o auxiliem a atribuir significado ao que está desenvolvendo. Essas interações criam meios para o aprendiz aplicar, transformar e buscar outras informações e, assim, construir novos conhecimentos.

Se assim é, a extensão do impacto da EaD via internet como modalidade educacional não pode ser reduzida à sua eficiência de veículo transmissor de conteúdos escolares considerada em si mesma, independentemente dos sujeitos que estão em formação. Deve-se ter em conta uma nova modalidade de convivência entre as pessoas por meio desses cursos, diferente daquela estabelecida na educação tradicional, conquanto aquela mantenha ainda referência a esta, posto que os cursos mediados pela internet ainda sejam tipos de práticas escolares.

Ultrapassando essa consideração: o que se encontra em causa, assim, relativamente ao estatuto da EaD como processo de democratização é o estatuto que pode ter a democracia no tempo atual, mas esta, por sua vez, se relaciona ainda com outra pergunta:

- Que tipo de subjetividade se estabelece com a expansão das novas TICs e uma ressignificação dos processos educacionais?

Embora seja essa uma questão que supera em muito as possibilidades da presente reflexão, é possível examinar algumas tendências incutidas no tempo atual. Uma delas, talvez a mais notória no bojo dos discursos acerca da educação que ora se estabelecem, é a que advoga que hoje esteja em constituição um novo ordenamento social, no qual os processos educativos, no que se refere ao aspecto econômico, sejam o fator determinante de sua dinâmica: a instituição da sociedade do conhecimento.

Na especificidade do caso brasileiro, é notório também que o discurso acerca da sociedade do conhecimento se presta como fundamento para a asseveração de que a EaD via internet não é somente mais uma modalidade educativa, mas também o "novo paradigma educacional". É essa afirmativa, incrustada no interior do contexto de legitimação dessa modalidade educacional, que pode conduzir a reflexão sobre as condições da validade do aspecto prescritivo do discurso acerca do papel da educação no tempo atual em suas relações com a democracia e com a tecnologia. Reside nesse direcionamento a promessa de um futuro promissor, que se poderia denominar a constituição de uma Novíssima Atlântida, questão que será tratada a seguir.

2
O DISCURSO DE LEGITIMAÇÃO DA EaD NO INTERIOR DA SOCIEDADE DO CONHECIMENTO: TECNOLOGIA, UTOPIA E RISCO

Alguns entusiastas da expansão da EaD tomam como pontos negativos da educação tradicional os elementos considerados positivos pelos defensores da superioridade do ensino presencial. Por sua perspectiva, este deve ser suplantado pela educação via internet, pois não é mais condizente com a formação educacional demandada pelos tempos atuais.

Para Alves e Nova (2003), o ambiente escolar físico rigidamente regrado acaba por gerar o isolamento dos indivíduos. Para as autoras, a configuração escolar tradicional converte-se em obstáculo para a efetivação de uma educação de maior qualidade:

> O ensino presencial realizado na sala de aula tradicional necessita de interação, quase sempre passiva (como a que ocorre com o espectador diante da televisão, do vídeo ou de qualquer outro espetáculo), entre o professor, os alunos e o conteúdo. Determinado

> em tempo e limitado no espaço, o ensino presencial caracteriza-se pela frequente verificação aleatória da aprendizagem e a participação por amostragem dos alunos. A maioria dos alunos não consegue ser ouvida (comentar suas dúvidas, expressar suas ideias, apresentar suas críticas e posicionamentos) pelo professor em sala de aula. O grande número de alunos atendidos no tempo escasso da aula orienta a metodologia de ensino – por mais que pretenda ser participativa – para o desenvolvimento de atividades em massa, ainda que se queira atingir cada aluno.
>
> A participação seletiva no ensino presencial estimula o isolamento e a competição entre os alunos. Define valores que serão assumidos pelos alunos como formas de relacionar-se socialmente, o individualismo, a preocupação excessiva com o sucesso pessoal, a centralização do poder. (*Ibidem*, pp. 33-34)

Se assim o for, o modelo presencial configura-se como contrário à democratização em seu aspecto qualitativo, pois, se ele inerentemente gera, conforme Alves e Nova (2003), o individualismo, a preocupação excessiva com o sucesso pessoal e a centralização do poder, acaba por promover qualidades subjetivas antagônicas aos "valores como a igualdade, a tolerância, a não violência, a solidariedade", descritos por Carvalho (2004, p. 333) como componentes da *cultura da democracia*. Sendo, por esse ponto de vista, a EaD o contrário da educação presencial, ela deteria, assim, um fator de democratização em si mesma. Isso permite que, para além do aspecto quantitativo, a EaD seja compreendida como contingentemente democratizante; já no sentido qualitativo, seria, pois, necessariamente democratizante.

Sem entrar nos méritos do alcance e da rigidez da imagem da educação presencial traçada por Alves e Nova (2003), parece uma questão mais interessante a relação entre a dinâmica própria da EaD via internet e a formação de valores compreendidos como pertencentes ao regime democrático, ou seja, a constituição de subjetividades democráticas.

Deve-se notar, porém, que também existe um problema em relação ao uso de expressões como "subjetividade democrática". Tal como ocorre com a palavra "cidadania", essa expressão demonstra-se "vaga e encantatória" (Dubet 2011), embora isso não signifique que não tenha sentido. O elemento encantatório nela contido exprime-se em certa propensão de se qualificar como "bom" aquilo que é adjetivado como democrático. No entanto, sua vagueza assenta-se no fato de, como visto anteriormente, a determinação de alguma coisa como democrática depender de certa ideia de democracia, que é sempre de difícil especificação.

Dessa maneira, há dois problemas distintos sobre o papel da EaD via internet e a formação de subjetividades democráticas:

- A questão empírica de saber se no futuro tais subjetividades serão factualmente geradas por essa modalidade educacional.
- Considerando-se que possam vir a existir, sob quais parâmetros poderão ser assim consideradas?

Embora essas questões sejam extremamente importantes, para os objetivos específicos aqui propostos, interessa mais a assimilação da ideia de democracia à de EaD como índice de sua validade. Neste capítulo, sustento que a afirmação de algo como democratizante, no sentido qualitativo, é sempre dependente de certo contexto histórico e social. Eis um exemplo bastante trivial: não afirmaríamos hoje que a antiga democracia ateniense se conforma aos critérios do que compreendemos por esse regime político. A restrição da quantidade de indivíduos que podiam participar dos debates na antiga *ágora* apresenta-se aos olhos contemporâneos como uma violação dos sentidos de universalidade e equidade que a democracia deve ter. No entanto, a asseveração de que a democracia antiga era uma falsa democracia é destituída de significado, posto que fosse assim designada naquele contexto histórico e social.

No interesse da questão sobre a expansão da EaD e o desenvolvimento democrático, a seguir buscarei especificar o quadro geral em que essa integração se estabelece. Encontrando-se em causa o sentido qualitativo de "democratização", cabe a análise das características da educação via internet que podem ser compreendidas como referentes a um direcionamento democrático no contexto em que esse fenômeno ocorre. Tal investigação é necessária, dado que nada seja democrático em si mesmo, independentemente das circunstâncias históricas, sociais, políticas e econômicas.

Atualmente, a referência à democracia incutida nos discursos sobre a ampliação da EaD via internet aparece como efeito de um construto conceitual que se expande e coloniza o imaginário acerca dos processos educativos: o da sociedade do conhecimento. É a consideração desse novo ordenamento, supostamente em edificação, que sustenta a afirmativa do aspecto qualitativamente democrático da EaD. Dessa maneira, em prol da análise que aqui se segue, não assumirei como direcionamento a análise das subjetividades, mas tomarei o exame da materialidade dessa gama discursiva que hoje se estabelece como fonte de normatização das práticas educacionais.

Todavia, visto que a expansão dos cursos a distância via internet não se restringe à realidade brasileira, deve-se levar em consideração que é na conjuntura da atual *globalização* que esse discurso encontra sua significação mais ampla. A ideia de formação de uma sociedade do conhecimento tem sua origem na percepção da passagem da sociedade industrial, fundamentada no modelo fordista de produção, para uma sociedade de serviços, denominada "pós-industrial". É na obra do sociólogo estadunidense Daniel Bell (1977) que se encontram as ideias centrais que norteiam a consideração de que existe uma sociedade do conhecimento em formação. Apesar de suas prospecções serem alvos de crítica, principalmente de autores marxistas, o interesse sobre a obra de Bell reside no fato de suas análises terem sido incorporadas ao discurso normativo sobre a educação em nossos tempos. Por essa razão, a seguir, retomo o livro de Bell, *O advento da sociedade pós-industrial: Uma tentativa de previsão social*, para a explicitação do contexto do qual a concepção de um novo ordenamento social emerge.

É nas perspectivas dos riscos e das possibilidades incutidos na nova ordem tecnológica que a educação vem expandindo sua importância na nova ordem global. A determinação dessa ordem apresenta-se, concomitantemente, como ameaça ao convívio democrático e possibilidade mesma de sua expansão. Nos dois casos, a educação é vista como elemento fundamental de integração social, em um mundo que tem a imprevisibilidade como uma de suas marcas constitutivas. Nesse quadro, a educação via internet justifica-se como elemento de democratização, posto que seja facilitadora da expansão educacional. Neste momento, organizações transnacionais como a Unesco, o Banco Mundial e a OCDE repercutem as considerações de Daniel Bell e, com base nelas, propõem novos direcionamentos para os processos educacionais em nível global.

Conforme as recomendações dessas organizações, a expansão mundial da educação deve corresponder à expansão democrática global. Nesse processo, as relações sociais tornar-se-ão melhores do que foram até agora em uma nova ordem global que se anuncia. Assim, há no estatuto de legitimação da sociedade do conhecimento a promessa de construção de um mundo melhor, de modo que certo elemento utópico está em seu fundamento, justificando o ordenamento atual por estar nele incutida a promessa de uma sociedade mais justa do porvir.

Neste capítulo, a sociedade do conhecimento será entendida como a utopia de nossos tempos. No entanto, como todas as utopias que a precederam, não deixa de portar a ameaça de surgimento de um regime totalitário, porém, dessa vez, como nunca visto anteriormente na história, em um mundo em que nada mais escapa da racionalidade tecnológica e no qual o convívio com o risco está sempre na ordem do dia.

A previsão de Daniel Bell

É com inspiração no livro *O advento da sociedade pós-industrial: Uma tentativa de previsão social*, do sociólogo estadunidense Daniel Bell, que advêm os dois termos atualmente usados para a designação do tempo presente a partir do desenvolvimento das novas tecnologias telemáticas: de modo diretamente extraído da obra, "sociedade da informação" e, de modo indireto, "sociedade do conhecimento" ou "sociedades do conhecimento".

Em 1973, com seus estudos sobre as transformações ocorridas na sociedade estadunidense desde a década de 1950, Bell avalia estar surgindo uma nova estruturação organizacional por conta das alterações tecnológicas desde as duas grandes guerras. Com base em suas análises econômicas, lastreadas em um farto material de pesquisas estatísticas, considera a existência de uma transição histórica: a passagem da "sociedade industrial" para a "sociedade pós-industrial".

Em seu entendimento, essa tendência se configura com a constituição de uma economia baseada no setor de serviços e da expansão dos sistemas de educação e pesquisa nos Estados Unidos, o país mais influente no contexto global. O ano de 1956 é emblemático para Bell, pois é quando passa a existir, pela primeira vez, uma maior concentração de mão de obra no setor terciário da economia do que no secundário: o número de funcionários de escritório e do setor de serviços de modo geral supera o do setor de produção – como funcionários de fábrica e trabalhadores da agricultura – e permanecerá em processo de ascensão cada vez mais acelerado desde então. Essa mudança na distribuição dos empregos constitui, segundo o autor, a característica mais simples e notória para a percepção do novo fenômeno social. A preponderância da absorção de mão de obra nas atividades de serviços é acompanhada por uma maior participação desse setor na composição do montante do Produto Nacional Bruto (PNB), superando pela primeira vez o setor produtivo.

No entanto, o que se altera não é apenas o deslocamento quantitativo na estrutura ocupacional, posto que o setor produtivo permanece imprescindível ao funcionamento da economia, mas também ocorre uma transformação qualitativa no interior do setor terciário. Para Bell (1977, p. 362), estão incluídos em serviços, além de empregos como os da área de transportes e do setor público, aqueles prestados pelo setor financeiro e pelas instituições de "bem-estar público", como "universidades, laboratórios de pesquisa, hospitais, organizações comunitárias que cuidam do bem-estar público, etc.". A expansão dos setores de educação e de pesquisa revela a característica-chave para a compreensão da passagem que ocorre naquele momento. A necessidade cada vez maior de qualificação profissional, impulsionada pelo aumento das atividades no setor terciário e da maior automatização da produção, conduz à formação de uma nova *intelligentsia*, "no âmbito das universidades, das organizações destinadas à pesquisa, das profissões e do governo" (*ibidem*, p. 29).

Tendo o início do processo de industrialização criado a figura do trabalhador semiqualificado – o indivíduo que seria treinado em poucas semanas para a execução de tarefas repetitivas –, a expansão do setor terciário demanda maior e melhor formação educacional, gerando pressões ao setor governamental para o aumento de investimentos em instituições de ensino. A expansão da escolarização em massa, com a alteração ocupacional na base produtiva, faz com que passe a existir uma maior participação de grupos que estavam à margem do mercado de trabalho assalariado, principalmente mulheres e negros.

O fenômeno do deslocamento de importância na distribuição de empregos e a criação de novas atividades, diferentes daquelas que constituíram a classe operária tradicionalmente na economia industrial, trazem um problema representacional relativo às demandas dos sindicatos profissionais, pois dificultam a caracterização de uma "classe trabalhadora". A existência de um maior número de profissionais técnicos em vários campos de atividades distintas constitui um setor assalariado muito heterogêneo entre si, o que acaba por trazer um problema à ação sindical organizada, ao mesmo tempo que se constituem novos tipos de demanda de grupos distintos e de pressões aos governos diferentes das tradicionais exigências trabalhistas.

Por sua vez, o setor de serviços, diferentemente do setor secundário, caracteriza-se pela relação entre pessoas e não entre homens e máquinas, tornando necessárias formas mais complexas de cálculos de produtividade. Assim, quanto aos setores de planejamento e pesquisa, tanto no que concerne à administração política como no que concerne à administração empresarial, intensifica-se a necessidade cada vez maior de previsão e controle de mudanças. Nesse sentido, a detenção de conhecimento teórico passa a estabelecer-se como recurso estratégico, como princípio econômico fundamental (Bell 1977, p. 40), impondo a necessidade cada vez maior de investimento nas áreas de pesquisa, não só no setor público, mas também no privado. No entanto, a dependência da constante inovação introduz uma permanente indeterminação relativamente ao futuro. Torna-se mister a criação de procedimentos cada vez mais elaborados para previsão de riscos e para o avanço consciente e planejado da mudança tecnológica, embora a imprevisibilidade aumente, porquanto a lógica da inovação e da alteração tecnológica se expande.

Conforme Bell (1977, p. 34), ainda que o conhecimento científico sempre tenha sido necessário ao desenvolvimento das sociedades industriais, há um enfraquecimento gradativo de procedimentos estritamente empíricos por meio do imperativo da constituição de "sistemas abstratos de símbolos que, a exemplo de todo sistema axiomático, podem ser utilizados para esclarecer muitas áreas de experiência diferentes e diversas". Tanto a administração pública quanto o setor empresarial dependem cada vez mais do trabalho intelectual anterior à execução de tarefas, estabelecendo a "centralidade do conhecimento teórico" na nova economia: a capacidade intelectual que está na base desse desenvolvimento passa a ser um ativo econômico cada vez mais valorizado. Nessa direção, adquirem maior importância as universidades como instituições diretamente ligadas à pesquisa.

Respectivamente, o aumento de complexidade em todos os níveis nos setores de produção e controle passa a depender de uma interação tão grande de variáveis que torna impossível à mente humana retê-las (*ibidem*, p. 47), modificando a relação entre teoria e conhecimento empírico. A compreensão dos fenômenos, em todos os níveis da economia, administração e pesquisa, torna-se cada vez mais subordinada à tecnologia de processamento de dados, o que conduz ao "surgimento de uma nova tecnologia intelectual". Aparecem novos campos de saber, as ciências se ramificam, há maior diversificação e especialização de áreas, o que provoca uma convergência ao isolamento das comunidades científicas. Entretanto, essa tendência de isolamento das ciências é acompanhada por um processo de internacionalização do conhecimento, relativamente ao desenvolvimento da pesquisa científica, propiciada pela telemática.

No âmbito das existências privadas dos indivíduos, esse processo conduz a um consequente alargamento dos horizontes individuais, gerando novas formas de modernidade e de cultura, assim como novos modos de apreensão estética, uma vez que a tecnologia altera a percepção do tempo e do espaço, característica, segundo Bell (*ibidem*, p. 350), que é refletida nas novas tendências das artes figurativas:

> É quando se desfaz essa segmentação e as pessoas entram em crescente contato e interação umas com as outras – nas grandes concentrações urbanas do passado, ou através dos meios de comunicação de massa de hoje – que aparecem as características de uma sociedade de massa. Essas características são (na estrutura social) o divórcio entre a família e o sistema ocupacional, especialização crescente, a diferenciação das funções, a multiplicação das coletividades, hierarquias, a formalização das regras, a extensão do universalismo, e (na cultura) a secularização das crenças, a ênfase sobre a experiência individual, a busca da novidade e da sensação, o sincretismo dos credos e das formas.

Embora reconheça que a nova estruturação tecnológica faça surgir uma nova elite tecnocrática, a dos cientistas e planejadores, seu otimismo reflete-se na crença em que o crescimento dos sistemas educacionais e o surgimento de novos grupos capazes de exercer pressão política causam um deslocamento da base de poder em um sistema democrático pelo estabelecimento de uma alteração qualitativa do eleitorado. Concomitantemente, o avanço tecnológico eleva o padrão de vida: a economia da sociedade pós-industrial traria um aumento exponencial de pessoas saídas dos estratos mais pobres da população e incorporadas à classe média, com aspirações que passam a ser exequíveis com o aumento das instituições de bem-estar social e a consequente expansão de serviços ligados à qualidade de vida:

> Uma sociedade pós-industrial tem como base os serviços. Assim sendo, trata-se de um jogo entre pessoas. O que conta não é a força muscular, ou a energia, e sim a informação. A personalidade central

é a do profissional, preparado por sua educação e por seu treinamento para fornecer os tipos de habilidades que vão sendo cada vez mais exigidos numa sociedade pós-industrial. Se a sociedade industrial se define pela quantidade de bens que caracterizam um padrão de vida, a sociedade pós-industrial define-se pela qualidade da existência avaliada de acordo com os serviços e o conforto – saúde, educação, lazer e artes – agora considerados desejáveis e possíveis para todos. (*Ibidem*, p. 148)

A crítica marxista à sociedade pós-industrial de Bell

Existe toda uma literatura crítica de orientação marxista às especificações da sociedade pós-industrial como definida por Bell (1977), principalmente no que tange às alterações relativas às classes sociais e ao papel do trabalho de produção de mercadorias com base na análise das alterações impostas pelas reformas neoliberais. Embora possam ser encontrados diferentes vieses em diferentes análises de matrizes marxistas, é comum a elas a manutenção da distinção conceitual entre "capital" e "trabalho". Mantida essa determinação, permanecendo a sociedade ainda direcionada pela luta de classes entre capitalistas e trabalhadores, a sociedade pós-industrial de Daniel Bell demonstra-se como construto ideológico de um capitalismo que, embora em outra forma, permanece o mesmo.

Frank (1975, p. 89), no mesmo ano de 1973, em que Bell publicou seu livro, afirma que a formação de uma sociedade de serviços não equivale ao surgimento de uma sociedade de classe média. A concepção de "classe" utilizada por Bell esconde o fato de que, apesar de poder haver um aumento da renda da população e uma mudança na concentração de empregos nos países desenvolvidos, as condições gerais de trabalho, na maioria das corporações, quase não se distanciaram do padrão fabril da sociedade industrial, sujeito ao controle técnico e à mesma "qualidade mecânica e laboriosa que as linhas de montagem" (*ibidem*, p. 90). Dessa maneira, é mantida a mesma estruturação de classes estabelecida na sociedade industrial, o que impediria a afirmação da existência da transição de um período histórico a outro, uma vez que persiste a manutenção da divisão social entre donos de capital e vendedores de força de trabalho.

Na mesma direção que Frank, relativamente ao caso brasileiro, mais recentemente Antunes e Braga (2009) afirmaram que os últimos tempos se caracterizam por uma reestruturação do capitalismo por meio dos avanços tecnológicos e por uma desregulamentação dos mercados, assim como degradação das relações de trabalho, o que teria convertido a parte da classe operária que trabalha nos setores mais diretamente ligados às novas tecnologias – como programadores de *softwares* e funcionários de *call center* – em um "infoproletariado".

Huws (2011) afirma que o constatado crescimento do setor de serviços por meio da avaliação do número de empregos nos países desenvolvidos em contraste com os do setor produtivo não considera de forma adequada as divisões acarretadas pelas mudanças no mundo do trabalho geradas pela globalização do capitalismo e pelos avanços tecnológicos. Para a economista, a alegação de que há, por exemplo, um declínio do emprego agrícola somente poderá ser demonstrada se não se levar em consideração a mecanização e a mercadorização da produção de alimentos (*ibidem*, p. 29), uma vez que, se fossem incluídos todos os indivíduos que continuam ligados a esse setor – na fabricação de tratores, fertilizantes, pesticidas, assim como empacotadores, pessoas encarregadas da distribuição para os supermercados – como trabalhadores ligados à produção agrícola, os números seriam sobremaneira diferentes. Ademais, os cálculos que sustentam a primazia econômica da área de serviços sobre o setor secundário não consideram os empregos que foram realocados dos países desenvolvidos para outras partes do globo, por empresas que, ao transferirem suas manufaturas, mantiveram seu setor de serviços nos países de origem (*ibidem*, p. 30).

No entanto, as considerações de Bell (1977) acerca das alterações ocorridas nos últimos anos e do papel da tecnologia nas sociedades atuais tornaram-se referência na constituição de certa discursividade que abrange e gera efeitos em várias práticas sociais. Mas, certamente, em nenhum campo do conhecimento essas alterações são tão antecipadas quanto na educação. Tal discursividade é ora fator determinante para a compreensão do papel da educação por organismos transnacionais e, por consequência, da legitimidade da EaD como processo de democratização nos sentidos quantitativo e qualitativo.

Educação, democracia e tecnologia no contexto da globalização

Historicamente, segundo Burch (2006), a partir da década de 1970 até a de 1990, a expressão "sociedade da informação" foi incluída nas agendas de reunião do G7, nos fóruns da Comunidade Europeia, pelo Banco Mundial e pela Organização Mundial do Comércio (OMC). Já "sociedade do conhecimento" ou ainda "sociedade do saber" foi a expressão adotada, nos anos 1990, pela Unesco, com o propósito de estabelecer uma compreensão mais ampla do que "sociedade da informação".

No documento de 2005 da Unesco, *Vers les sociétés du savoir*, que trata dos problemas relativos à exclusão digital de grande parte da população global, opta-se por "sociedade do conhecimento", em vez de "sociedade do conhecimento", dada a pluralidade cultural, política e econômica dos vários países.[1] Nesse documento, lê-se:

> O desenvolvimento de novas tecnologias de informação e comunicação criou novas condições para o surgimento de sociedades do conhecimento. Além disso, a sociedade global da informação em gestação vai encontrar o seu significado ao se tornar um meio para um fim mais elevado e mais desejável: a construção de sociedades do conhecimento globais que serão fonte de desenvolvimento para todos e, em primeiro lugar, para os países menos desenvolvidos. Para tanto, dois dos desafios colocados pela revolução da informação são particularmente importantes: o acesso à informação para todos e o

---

1. Aqui, para referir-se a esse fenômeno, opta-se pela expressão "sociedade do conhecimento" utilizada nos documentos governamentais brasileiros relativos à educação.

futuro da liberdade de expressão. Factualmente, a desigualdade de acesso às fontes, às infraestruturas de conteúdo e às informações não põem em causa a natureza verdadeiramente global da sociedade da informação? E quando o livre fluxo de informações é dificultado, ou a informação em si é assunto de censura ou manipulação, como podemos falar de sociedade da informação global? (Unesco 2005, p. 27; trad. nossa)[2]

O organismo transnacional vê a questão educacional como a mais importante em um mundo em que deve predominar o livre fluxo de informações. Nessa direção, destaca que a EaD deve ser expandida como estratégia global de inclusão social. Esse direcionamento pode ser percebido naquele que é um dos documentos mais importantes para os desenvolvimentos das políticas educacionais em nível global dos últimos tempos: o Relatório Delors.[3]

---

2. "*L'essor dês nouvelles technologies de l'information et de la communication a créé dês conditions nouvelles pourl'émergence de sociétés du savoir. Bien plus, la sociétémondiale de l'information en gestation ne trouvera son sens que si elle devient un moyen au service d'une fin plus élevée et plus désirable: la construction à l'échellemondiale de sociétés du savoir qui soient source de développement pour tous et, en premier lieu, pour les pays les moinsavancés. Pour ce faire, deux des défisposés par la révolution informationnell eprennent un relief particulier: l'accès pour tous à l'information et l'avenir de la libertéd'expression. En effet, l'inégalité de l'accès aux sources, aux contenus et aux infrastructures de l'information ne remet-elle pas en cause le caractere véritablement mondial de la société de l'information? Et lorsquela libre circulation de l'information se trouve entravée, ou que l'informationelle-même fait l'objet de censure ou de manipulation, comment peut-on parler de société mondiale de l'information?*"
3. Ressalta-se aqui a importância desse documento pela consideração de que se tornou mundialmente referência para a elaboração de políticas públicas para a educação. Especificamente no Brasil, sua repercussão é bastante grande. Destaca-se, como apenas um exemplo, o Parecer do Conselho Nacional de Educação n. 11/2000, de 10 de maio de 2000, que estabelece as Diretrizes Curriculares para a Educação de Jovens e Adultos (EJA). Nele, lê-se: "Esta tarefa de propiciar a todos a atualização de conhecimentos por toda a vida é a função permanente da EJA que pode se chamar de qualificadora. Mais do que uma função, ela é o próprio sentido da EJA. Ela tem

Ante as necessidades e os problemas decorrentes do processo de globalização e as alterações dos últimos tempos, a comissão componente do relatório coordenado por Jacques Delors (2010, p. 14) para a Unesco de 1996, *Educação: Um tesouro a descobrir*, afirma que o "desenvolvimento das novas tecnologias da informação e comunicação deve suscitar uma reflexão geral sobre o acesso ao conhecimento no mundo de amanhã". E, relativamente à EaD, recomenda:

- diversificação e aprimoramento do ensino a distância, pelo recurso às novas tecnologias;
- crescente utilização dessas tecnologias no âmbito da educação de adultos, em particular, para a formação contínua de professores;
- fortalecimento das infraestruturas e capacidades dos países em desenvolvimento, assim como a divulgação das tecnologias por toda a sociedade: trata-se, de qualquer maneira, de condições prévias à sua utilização no âmbito dos sistemas educacionais formais;
- lançamento de programas de divulgação das novas tecnologias sob os auspícios da Unesco. (*Ibidem*, p. 34)

A equipe de Delors não compreende a validade da educação somente pelo seu aspecto de atividade transmissora de conhecimentos, embora não menospreze que a escola deva ser eficaz nesse sentido para o cumprimento de seus objetivos de formação. Mas é da perspectiva de um mundo globalizado, com problemas que se veem agravados no fim do século XX, que denomina a educação "a utopia necessária" (*ibidem*,

---

como base o caráter incompleto do ser humano cujo potencial de desenvolvimento e de adequação pode se atualizar em quadros escolares ou não escolares. Mais do que nunca, ela é um apelo para a educação permanente e criação de uma sociedade educada para o universalismo, a solidariedade, a igualdade e a diversidade. Como já dizia a Comissão Internacional sobre a educação para o século XXI, o chamado Relatório Jacques Delors para a Unesco" (Brasil 2014).

p. 5) de nossos tempos, pois é propagadora de valores democráticos e potencial promotora de uma vida humana mais plena:

> Perante os múltiplos desafios suscitados pelo futuro, a educação surge como um trunfo indispensável para que a humanidade tenha a possibilidade de progredir na consolidação dos ideais da paz, da liberdade e da justiça social. No desfecho de seus trabalhos, a Comissão faz questão de afirmar sua fé no papel essencial da educação para o desenvolvimento contínuo das pessoas e das sociedades: não como um remédio milagroso, menos ainda como um "abrete sésamo" [*sic*] de um mundo que tivesse realizado todos os seus ideais, mas como uma via – certamente, entre outros caminhos, embora mais eficaz – a serviço de um desenvolvimento humano mais harmonioso e autêntico, de modo a contribuir para a diminuição da pobreza, da exclusão social, das incompreensões, das opressões, das guerras (...) No final de um século marcado pelo tumulto e pela violência, assim como pelo progresso econômico e científico – aliás, desigualmente distribuído – e no alvorecer de um novo século, cuja perspectiva é alimentada por um misto de angústia e de esperança, é imperativo que todos aqueles que estejam investidos de responsabilidade prestem atenção aos fins e aos meios da educação. A Comissão considera as políticas educacionais um processo permanente de enriquecimento dos conhecimentos e dos *savoir faire* – e talvez, sobretudo – um recurso privilegiado de construção da própria pessoa, além das relações entre indivíduos, grupos e nações.

Existe atualmente uma ligação bastante estreita entre a compreensão das virtudes da EaD via internet e as determinações da sociedade do conhecimento na legitimação dessa modalidade educacional, pois a caracterização do tempo presente como uma era em que predomina a capacidade de conhecer faz orbitar toda uma rede discursiva em torno do dever-ser dos processos educacionais. Quando as novas TICs reconfiguram o espaço global e transformam os modos de produção de valor, e a tecnologia impõe novas medidas de produtividade e modelagem das relações de trabalho, o conhecimento passa a ser visto como um tipo de capital que está no cerne desse novo ordenamento, como um tipo especial de *commodity*.

Em sua descrição da atual ordem social, seguindo a análise de Bell (1977), Hargreaves (2004, p. 32), em *O ensino na sociedade do conhecimento: Educação na era da insegurança*, caracteriza-a como a era da "economia do conhecimento". Para esse sociólogo, o conhecimento permanece fundamental como apoio à produção e ao trabalho, uma vez que ainda são os departamentos das universidades e demais agências de pesquisa que elaboram novas tecnologias que serão incorporadas nos processos produtivos. Além disso, o conhecimento é cada vez mais intrínseco à própria produção, tendo em vista que "mais e mais pessoas instruídas trabalham nos campos das idéias, da comunicação, das vendas, do *marketing*, da assessoria, da consultoria, do turismo, da organização de eventos e assim por diante" (*ibidem*, p. 32). O elemento fundamental para a compreensão do que seja a sociedade do conhecimento, dessa maneira, é a alteração do sistema produtivo e seu impacto no mundo do trabalho e no estatuto do processo educacional.

Hargreaves (*ibidem*, p. 130) enfatiza que um grande problema para a educação e para o mercado de trabalho na sociedade do conhecimento é ultrapassar a padronização e valorizar a criatividade e a inventividade em prol do estabelecimento e da manutenção de "uma economia do conhecimento forte". Assim, aos processos educativos cabe "ajudar os jovens a lidar com a incerteza, de trabalhar de forma flexível e desenvolver suas próprias disposições de criatividade e inventividade" (*ibidem*, p. 32).

Dessa maneira, uma das questões fundamentais para o entendimento da discursividade que apregoa a educação a distância via internet como um processo de democratização mantém profunda relação com a economia. Por um lado, em conformidade com a previsão de Schumpeter (1988), tem-se agora um tipo de capitalismo que encontra na "inovação" constante o motor do desenvolvimento econômico. Por outro lado, como percebido por Beck (2010, pp. 15-16), uma sociedade pautada na inovação constitui-se como uma sociedade da incerteza, uma "sociedade do risco", na qual o imprevisível não é somente uma possibilidade inerente e colateral à sua dinâmica, mas também um elemento fundamental necessário ao seu ordenamento:

Enquanto na sociedade industrial a "lógica" da produção de riqueza domina a "lógica" de produção de riscos, na sociedade do risco essa relação se inverte. Na reflexividade dos processos de modernização, as forças produtivas perderam sua inocência. O acúmulo de poder do "progresso" tecnológico-econômico é cada vez mais ofuscado pela produção de riscos. Esses somente se deixam legitimar como "efeitos colaterais latentes". Com sua universalização, escrutínio público e investigação (anticientífica), eles depõem o véu da latência e assumem um significado novo e decisivo nos debates sociais e políticos.

Na sociedade do conhecimento, a criatividade e a inventividade são fatores fundamentais para a expansão econômica. No entanto, se, conforme o Relatório Delors, "perante os múltiplos desafios suscitados pelo futuro, a educação surge como um trunfo indispensável para que a humanidade tenha a possibilidade de progredir (...)" (Delors 2010, p. 5), torna-se hoje uma questão para os processos educacionais que os indivíduos criativos e inventivos também devem estar aptos a lidar com um mundo repleto de incertezas, trabalhando de forma cooperativa, sendo capazes de resolver problemas e conviver com o constante "risco" que é o preço mesmo do incessante processo de inovação.

Como percebe Schilling (2012, p. 31) sobre as inseguranças do mundo atual:

> Não temos certeza se o emprego que conseguimos se manterá ou será "extinto". Se a casa em que moramos será nossa. Se aquilo pelo que nos esforçamos – nosso diploma, por exemplo – se manterá como fonte de orgulho e respeito, ou será desqualificado. Se nossa vida construída em torno do esforço e do estudo, por exemplo, será digna de admiração ou seremos qualificados como "otários". Se a honestidade é um valor a ser passado para os nossos filhos, nem quais serão os padrões do considerado "adequado" para enfrentar os desafios da vida. Não saberemos a diferença entre o que é "razoável" ou "tolo".

As características psicológicas dos indivíduos nunca foram tão valorizadas quanto em nossos tempos, pois são consideradas mesmo o principal motor do desenvolvimento econômico e, no limite, de estabilidade social no mundo da incerteza. E é a educação que recebe a incumbência de formar as subjetividades necessárias para o convívio nesse ambiente, sendo este um dos fatores fundamentais para a legitimação da sociedade do conhecimento: ante as necessidades impostas, é necessário que os processos educacionais se expandam cada vez mais, tanto no que tange à quantidade de indivíduos incluídos como no tempo de vida de cada um deles, convertendo, no limite, o todo da realidade em um constante processo educativo.

No entanto, para além da percepção de incerteza generalizada do tempo atual, a sociedade do conhecimento justifica-se pela possibilidade de construção de um mundo mais justo e, nesse sentido, mais democrático. Ou seja, o elemento negativo – ou mesmo catastrófico da não inserção de populações na nova economia em rede – incutido no presente complementa-se com a promissão do surgimento de um tempo melhor do que os anteriores. O discurso acerca da sociedade do conhecimento, para além de seus teores descritivo e explicativo de um mundo em profundas transformações, detém um caráter prescritivo e, de certo modo, profético, ao anunciar a boa-nova do tempo vindouro. Dessa maneira, a afirmativa de que a expansão da EaD é um processo de democratização, em sentido qualitativo, requer a verificação dessa promessa dos efeitos positivos que se efetivarão com o incremento das TICs e a expansão educacional.

A utopia democrática da sociedade do conhecimento

Uma sociedade que tem a inovação constante como motor de sua economia e, por consequência, da totalidade da vida social não se permite mais conceber finalidades preestabelecidas. Tendo o modelo atual a imprevisibilidade como elemento constitutivo, sendo norteado pela constante inovação, o futuro é sempre algo em aberto, é o pleno indeterminado. A ideia de uma determinação histórica liga-se, de um modo ou de outro, a uma narrativa do devir humano no tempo e à submissão da história a um processo evolutivo dado em sua própria dinâmica de funcionamento.

Entretanto, é possível afirmar que há ao menos uma utopia em nossos tempos, no sentido de um relato de legitimação do porvir: a utopia da sociedade do conhecimento. Considero que persiste ainda certa narrativa que anuncia e prescreve um rumo ao melhor, que agora se constituirá com o desenvolvimento da sociedade tecnológica. E é essa narrativa que se converte em fundamento para a afirmação de que a expansão da EaD é um processo de democratização em sentido qualitativo.

A existência de um relato que sustente que de alguma maneira seja possível criar melhores condições de vida é fundamental à atividade educativa. Isso ocorre pela sua própria natureza, de ser uma prática necessariamente voltada para o futuro, sendo-lhe essencial sustentar a fé em que o amanhã poderá ser melhor e que certo tipo de formação pedagógica é o meio para que isso aconteça. Ademais, não existe processo intencional de formação que prescinda de alguma ideia, necessariamente anterior ao processo mesmo, sobre qual tipo de indivíduo se deseja formar. Embora seja evidente que haja uma série de disputas acerca de como a educação deve efetivamente ser direcionada, esse ponto é inerentemente constitutivo da própria pretensão de educar pessoas.

Permanece continuamente certa promessa nos processos educacionais. Aliás, como lembra Derrida (2003, p. 74), a história do "professar", da "profissão" e do professorado articula-se sempre com premissas ou pressuposições "abrâmicas, bíblicas e sobretudo cristãs". Mesmo que, em nossos tempos, não esteja mais em voga a crença em uma teleologia histórica, educar permanece sendo uma profissão de fé. Educa-se para o futuro, e o futuro é uma promessa.

Na sociedade da inovação constante e do risco, da plena indeterminação do porvir, deve haver ainda certa fé em alguma regularidade que ligue o presente ao futuro, a esperança em que os atos conscientes dos homens possam de algum modo determinar seus modos de existência. Permanece necessária a crença em que exista, de algum modo, um rumo sendo seguido no incessante fluxo do devir. Como diz Hannah Arendt (2007, p. 255) em outro contexto: "A imprevisibilidade, eliminada, pelo menos parcialmente, pelo ato de prometer".

É na esfera da educação que a esperança na possibilidade humana de construção de um mundo melhor se torna mais evidente e necessária. Ainda mais porquanto a sociedade da imprevisibilidade é também a sociedade da educação. Em nenhum outro momento histórico, seus serviços foram tão demandados, posto que se mantém ainda, e agora mais do que nunca, a portadora na fé em que o imprevisível possa ser de algum modo domado.

Estando a educação no centro da dinâmica de funcionamento da sociedade atual, a EaD é a modalidade que demonstra de modo mais evidente o processo de formação de subjetividades em um mundo cada vez mais dependente das TICs. Tal processo, em seu contexto de legitimação, porta a esperança de uma transformação qualitativa para o melhor. Segundo Cortelazzo (2003, p. 4):

> A Sociedade do Conhecimento assiste a um momento significativo de construção de um mundo humanístico, solidário e colaborativo. Por isso, os responsáveis pela Educação devem capacitar o setor pedagógico (coordenadores e professores) para o uso planejado, reflexivo, apropriado e consciente das mídias e das TIC na Educação.

Agora, o esmorecimento das fronteiras que separavam os indivíduos e as nações porta a promissão de que seja possível atingir novas formas de existência, melhores do que as que foram até aqui – um mundo humanístico, solidário e colaborativo como prevê Cortelazzo (2003). Com o desenvolvimento das TICs, assiste-se à expansão dos processos educativos em todo o globo, e, com isso, dilata-se a utopia planetária da sociedade educativa. Como na expressão de Khan (2013): "Um mundo, uma escola".

A promessa da sociedade do conhecimento está ligada ao entendimento da educação como "utopia necessária", nos termos do

Relatório Delors (Delors 2010, p. 5). Em sua especificação, há as duas noções basilares sobre as quais foram constituídas as concepções gerais de justiça e busca por um mundo melhor na modernidade: as ideias de "democracia" e de "educação". A legitimação da sociedade do conhecimento, conquanto adaptada a uma nova ordem global tecnologizada, enraíza-se em um imaginário que persiste no discurso educacional desde o Iluminismo: a história do período moderno pode ser contada como a da expansão exponencial da crença no processo educativo como fator de emancipação do gênero humano, que a possibilidade de um futuro melhor está necessariamente ligada à educação. Mesmo que possa haver divergências entre as várias concepções de "futuro melhor", ou sobre "justiça", muito dificilmente alguém hoje negaria a ideia de um vínculo entre a possibilidade de realização de uma sociedade mais justa e o processo educativo.

Embora os avanços da tecnologia venham alterando substancialmente vários aspectos das relações sociais, econômicas e políticas, enfraquecendo muitas das crenças que sustentaram o período moderno, a fé fundamental da modernidade no poder da educação não foi abalada. Pelo contrário, foi intensificada a ponto de se pensar neste momento a totalidade da existência humana como potencialmente pedagógica. Nesse sentido, a sociedade do conhecimento é o *remake* do Iluminismo.

A sociedade do conhecimento é a expressão do espraiamento da pedagogia a todos os campos da existência. "Aprender ao longo de toda vida" converte-se no imperativo categórico de nosso tempo. Nessa direção, o diretor da Unesco para a Educação da Alemanha, Bélanger (2005, p. 196), afirma:

> (...) a educação ocupa um papel cada vez mais relevante na vida dos indivíduos e está cada vez menos ligada ao tempo e à instituição escolares. Na história educacional das populações dos países pós-industriais, a importância relativa da formação escolar inicial diminui nitidamente em comparação com o tempo consagrado à formação ao longo da vida adulta. A economia geral da educação transforma-se: a formação inicial torna-se universal e prolonga-se, mas constitui apenas o "primeiro ciclo" da trajetória educacional organizada.

Subjaz ao discurso acerca da expansão da EaD como processo de democratização sua relação com essa nova ordem, posto que essa modalidade rompe com as relações de tempo e espaço nas quais a educação tradicional se estabeleceu: quando todos os momentos da existência humana são potencialmente pedagógicos, o processo educacional deve estar disponível a qualquer momento, distante apenas pelo acesso a um aparelho conectado à internet.

A sociedade do conhecimento é o prenúncio da "sociedade dos homens esclarecidos", uma gigantesca Novíssima Atlântida, que, assumindo a totalidade das esferas de tempo e espaço e quebrando a hierarquização e a classificação dos saberes, impostas pela tradição, pode conduzir à emancipação do homem e ao estabelecimento de uma sociedade mais livre e justa. Ademais, como será abordado mais à frente, nessa promessa, no que ela possa ter de verdadeiro ou de enganoso, razão e emoção, ócio e trabalho, o produtivo e o lúdico fundamentam uma ordem em que os homens poderão ser concomitantemente livres, como geradores dos meios de existência e de criação de riquezas cada vez maiores. A superação da hierarquia que se estabeleceu ao longo do desenvolvimento da civilização conduzirá a uma existência mais autêntica dos homens, pois mais democrática.

Entretanto, a sociedade do conhecimento tem uma dupla face. É, concomitantemente, promessa de constituição de uma sociedade mais justa e ameaça de um possível totalitarismo da racionalidade tecnológica em uma nova fase do capitalismo. Tendo em vista esses dois aspectos, a seguir, visando a uma maior especificação das tendências incutidas em nosso presente, avalio quais são as tensões inerentes à sociedade do conhecimento. Essas tendências reverberam naquela que é sua manifestação mais perceptível no momento: a educação a distância via internet.

Promessa e ameaça na sociedade do conhecimento

Embora neste momento não seja possível apreender os desdobramentos futuros da ordem atual, podem-se perceber as tendências que ora ela apresenta. A expansão da sociedade do conhecimento porta, concomitantemente, ao menos duas possibilidades que são mais perceptíveis neste momento:

- Ela pressagia que, por fim, as instâncias do homem, separadas no decorrer histórico pela dicotomia entre razão e emoção, sejam reunidas. No âmbito especificamente educacional, é a revisão crítica da concepção de processo educativo como se constituiu nos últimos séculos. Estabelece-se em contraposição a um tipo de hierarquização dos saberes e traz a promessa de romper com o ordenamento que manteve os homens distantes de suas possibilidades. Parte de uma noção de "natureza humana" que agora não é mais entendida por meio do divino ou de uma narrativa do desenvolvimento da razão na história, mas por meio da *biologia*, pela ideia de um modo de funcionamento da estrutura do aparelho cognitivo humano, de uma "nova ciência da mente" (Kandel 2009).

- Ela detém, ainda, o aspecto de ser a intensificação do processo de racionalização do capital, tendo em vista que, também, como demonstrou Foucault (2005), educação e disciplinamento caminharam juntos na modernidade. Todo processo de formação inclui o desenvolvimento de certos comportamentos que se conformam à ordem social em vigor, e, em tempos em que se consideram a informação e sua utilização as mercadorias mais valiosas, a nova ordem converte pensamentos, afetos, competências, esperanças em potenciais mercadorias, objetivando-os pelo seu valor de mercado. Com o avanço da internet e das demais tecnologias de informação e comunicação, vê-se surgir uma gigantesca máquina captadora e classificadora de saberes; por princípio, tudo está incluído na capacidade de comercialização da atual configuração do sistema: crenças, modos de vida, aspirações, posições políticas e assim por diante. Nesse ambiente, o que se sabe perde sua importância *per se*. Tal como na utopia de Francis Bacon, agora todo conhecimento é provisório. Passam a ser valorizadas as competências e as disposições afetivas, como potencialidades de produção de conhecimento; portanto, de geração de capital. Nesse sentido, a sociedade do conhecimento, inerentemente ligada às ideias de educação e democracia, pode demonstrar-se a expansão de um novo tipo de capitalismo agora em extensão global.

Como perceberam Deleuze e Guattari (1976, p. 177) no início dos anos 1970, a civilização capitalista é um tipo de máquina social, diferente de outras máquinas sociais, que não opera pela codificação das condutas e dos desejos, mas pela decodificação, substituindo códigos intrínsecos – aqueles estabelecidos pela tradição – "por uma axiomática das quantidades abstratas em forma de moeda". A perspectiva histórica imposta pela sociedade do conhecimento faz parecer que agora, no começo do século XXI, a dinâmica própria ao capitalismo, como percebida pelos autores, esteja atingindo seu ápice.

Ainda segundo Deleuze e Guattari (1992), para a expansão do capitalismo como fenômeno mundial, fora anteriormente necessário que houvesse uma operação empreendida no desenvolvimento do pensamento ocidental de padronização dos fenômenos do mundo por meio de *conceitos*. Desde a metafísica grega, considera-se que o verdadeiro conhecimento não é atingido por meio da constante volatilidade dos fenômenos no mundo sensível, mas pela apreensão intelectual desses fenômenos. O conceito de "árvore" não é ele mesmo uma árvore, mas a essência constante nos entes individuais que são percebidos como árvores. Um conceito marca um espaço no campo lógico, separando os seres idênticos a si daqueles que são outras espécies de ser: a definição de "árvore" define também a "não árvore".

Os gregos foram os primeiros a estabelecer conceitualmente o "Homem", e a si mesmos, como o "Homem por excelência" (Deleuze e Guattari 1992, p. 127). Os demais, à medida que são homens, mas não em sentido próprio, devem ser direcionados pelos homens gregos.

Conforme Deleuze e Guattari (*ibidem*), o homem europeu, herdeiro do grego, assumindo para si essa determinação, não se considerando um tipo psicossocial entre outros, autoproclamou-se a pura expressão do ser "Homem", detentor do direito e da obrigação de expandir o modo de vida ocidental para todos os confins da Terra, como o verdadeiro modo de vida humano.

Na base do capitalismo como processo de racionalização de todas as instâncias da vida, subjaz a atitude grega de pensar por conceitos que aspiram à abrangência de ser válidos universalmente.

> *Só o Ocidente estende e propaga seus focos de imanência.* O campo social não remete mais, como nos impérios, a um limite exterior que o limita de cima, mas a limites interiores imanentes, que não cessam de se deslocar, alargando o sistema, e que se reconstituem deslocando-se. Os obstáculos exteriores são apenas tecnológicos, e só subsistem as rivalidades internas. Mercado mundial que se estende até os confins da terra, antes de passar para a galáxia: mesmo os ares se tornam horizontais. Não é uma continuação da tentativa grega, mas uma retomada, numa escala anteriormente desconhecida, sob uma outra forma e com outros meios, que relança todavia a combinação da qual os gregos tiveram a iniciativa, o imperialismo democrático, a democracia colonizadora. (*Ibidem*, p. 127; grifos nossos)

O modo ocidental propaga-se pela universalização dos conceitos, pela possibilidade de pensar as essências dos fenômenos separadamente deles: "Homem", "Razão", "Democracia", "Tecnologia", "Capitalismo", "Educação" são concepções ocidentais, porém que se impõem como portadoras de validade para todas as culturas e todos os lugares do planeta. Neste momento, a expansão da educação como processo de democratização pode ser vista também como a continuação dessa tendência. A sociedade do conhecimento pode ser compreendida como a expansão do capitalismo, agora em uma nova forma, profundamente ligado a certa concepção de democracia, considerada o modo propriamente humano de vida.

A sociedade do conhecimento é necessariamente global, pois fruto mesmo dos processos de globalização, produto de um momento em que tempo e espaço locais se tornam irrelevantes em um mundo interligado pela instantaneidade promovida pelas novas TICs. Dessa maneira, se não é possível ainda afirmar o fim da História, como quereria Fukuyama (1992), "assistimos ao fim da Geografia" (Virilio 2000, p. 17). No entanto, essa terminação não remete apenas ao solapamento das fronteiras de espaço-tempo, mas também a uma ordem em que o que é produzido em qualquer parte do mundo pode, por princípio, ser assimilado como produto, crença, moda, ameaça, curiosidade etc. em escala global.

> "A Terra nunca foi tão pequena", anuncia uma propaganda de telefone celular: daí em diante estamos conectados com todos, não importa onde, os recantos mais periféricos são desencravados, o local está ligado ao global: a cultura-mundo é da compreensão do tempo e do encolhimento do espaço. Além disso, as ferramentas informáticas tornam possível uma comunicação em tempo real, criando um sentimento de simultaneidade e de imediatismo que transcende as barreiras do espaço e do tempo. Simultaneidade midiática que permite aos indivíduos afastados no espaço partilhar uma mesma experiência, libertar-se dos limites das fronteiras, achar confusa a diferença entre próximo e distante, beneficiarem-se do sentimento de inclusão em um mundo global. Paris está na hora de Nova York e São Paulo na hora de Pequim: eis a era do espaço-tempo mundial, do cibertempo global, do hiperespaço-tempo abstrato e universal. (Lipovetsky e Serroy 2011, p. 16)

No centro dessa nova determinação está a tecnologia, como fenômeno intrinsecamente totalizante e universal. Como advoga Castells (2007), atualmente privar populações do acesso à rede mundial de computadores é condenar milhões de indivíduos à pobreza. Entretanto, ao se difundir globalmente, a tecnologia gera também um novo conceito de sujeito global, não mais o grego ou o europeu, mas o Homem conectado, desterritorializado, globalizado.

Agora, a técnica invadiu todo o planeta e estende-se a todos os domínios da vida, atinge tanto o infinitamente grande como o infinitamente pequeno, não produz apenas máquinas; apodera-se do ser vivo que é capaz de modificar bem como da informação que ela trata e difunde na instantaneidade das redes eletrônicas. Uma técnica que se encontra em toda parte, que requer os mesmos símbolos e o mesmo sistema de valores (a eficácia máxima, a racionalidade operacional, a calculabilidade de toda coisa). (Lipovetsky e Serroy 2011, pp. 42-43)

Entrementes, como já mencionado, porquanto o ideal de universalização do acesso à educação, da democracia e da tecnologia se expande globalmente, reside no fundamento que legitima a sociedade do conhecimento ainda certa crença em um mundo melhor. Sendo a sociedade do conhecimento também a inflação e o prolongamento do processo educativo por todos os campos da existência, há, no discurso que a sustenta, a antiga fé iluminista no desenvolvimento da capacidade intelectual humana, de que a ampliação do conhecimento corresponde ao aprimoramento moral do homem.

Historicamente, pode ser traçada uma correspondência entre as expansões da democracia e da educação. Por essa perspectiva, a sociedade do conhecimento é o culminar de um processo de desenvolvimento histórico incutido na dinâmica da expansão democrática, que tem a educação como um elemento fundamental. Ao estabelecer-se pela ideia de livre comunicação e produção de inovações por meio do trabalho intelectual coletivo, coloca-se como a expansão da *ágora* grega, posto que seja onde indivíduos livres possam debater todas as questões sem a interferência de coerções externas – é essa hoje a questão fundamental sobre as regulamentações do uso da internet.

Por princípio, todos os homens na sociedade do conhecimento podem debater publicamente todas as questões e ter suas opiniões publicadas por meio da utilização das novas tecnologias de informação, democratizando, dessa maneira, o direito de expressão. Dessa forma, se se entender por democracia a possibilidade de os indivíduos participarem da vida política, não há dúvida de que a internet traz consigo um potencial recrudescimento democrático. Ela propicia o aumento da participação popular nos processos políticos, a maior vigilância dos atos governamentais pelos eleitores, formas alternativas de circulação de informações que escapam às empresas tradicionais da mídia, assim como maior capacidade de aglutinação de indivíduos, mobilizações para encontros presenciais em torno de causas políticas etc.

Para aqueles que veem com otimismo as alterações trazidas pelos novos tempos, na sociedade tecnológica, os homens esclarecidos e conectados à internet poderão instituir novas formas de vida. No interior dessa possibilidade, é a atual forma de democracia representativa que se vê em crise: em várias partes do planeta, irrompem manifestações populares que proclamam descontentamento relativamente a instituições, como sindicatos e partidos tradicionais. Para Safatle (2012, p. 48), esse ponto comporta a possibilidade de criação de um novo ordenamento democrático:

> Talvez os manifestantes tenham entendido que a democracia parlamentar é incapaz de impor limites e resistir aos interesses do sistema financeiro. Ela é incapaz de defender as populações quando os agentes financeiros começam a operar, de modo cínico, claro, a partir de um princípio de um capitalismo de espoliação dos recursos públicos. Não é por outra razão que se ouve, cada vez mais, a afirmação de que a alternância de partidos no poder não implica mais alternativas de modelos de compreensão dos conflitos e políticas sociais. Por isso, a cansação em relação aos partidos tradicionais não é sinal de esgotamento da política. Na verdade, é o sintoma mais evidente de uma demanda política, de uma demanda de politização da economia.

Se os partidos tradicionais se veem desacreditados, como assevera Safatle (2012), concomitantemente se assiste ao crescimento, na Europa e no mundo, dos chamados Partidos Piratas. Tais partidos crescem em número em vários países – tendo o primeiro Partido Pirata surgido na Suécia em 2006, já existem em 40 países, incluindo o Brasil. Mas crescem também relativamente à sua importância nas formas institucionalizadas de representação: o emblemático caso das eleições de 2011 na Alemanha, nas quais, com apenas dois anos de existência, o Partido Pirata alemão conseguiu eleger 45 deputados e 163 conselheiros municipais (Saturnino 2012), chocou analistas políticos em todo o mundo.

Entre as questões comuns que integram as plataformas de todos os Partidos Piratas, estão a reforma das leis de *copyright*, o fim das patentes e o livre compartilhamento de informações pela *web*, mas também maior transparência na política. Sua maior plataforma política, porém, é a implantação da democracia direta ou uma forma mais elaborada desse regime político, denominada *democracia líquida*, possibilitada, agora, pelo avanço das TICs. No *site* do Partido Pirata brasileiro, há uma descrição do funcionamento desse sistema público de decisão:

> A ideia básica é: um eleitor pode transferir seu voto a um delegado (tecnicamente uma procuração transitória). O voto pode então ser transferido adiante, construindo assim uma rede de confiança. Todas as delegações podem ser efetuadas, alteradas e revogadas por tópico. Eu voto por mim mesmo em questões de meio ambiente, Anne me representa em política externa e Mike me representa em todas as outras áreas, mas eu posso mudar de ideia a qualquer momento.
> Qualquer um pode escolher seu próprio caminho, desde a democracia pura até a democracia representativa. Basicamente, cada um participa naquilo que o interessa, mas em todas as outras áreas repassa seu voto a alguém que age em seu interesse. Claro que eventualmente alguém pode fazer uma má escolha, mas poderá mudar de ideia a qualquer momento. (...) O LiquidFeedback é um sistema online para discussão e votação de propostas no contexto de um partido (ou organização), e compreende o processo que vai desde a introdução do primeiro rascunho de uma proposta até a decisão final. Discutir um tema antes da votação aumenta a consciência dos prós e dos contras, oportunidades e riscos, e permite que as pessoas considerem e sugiram alternativas. (Partido Pirata do Brasil 2013)

Entretanto, há a perspectiva negativa que vislumbra a possibilidade de que os novos tempos tragam novas formas de totalitarismo, pois hoje é um fato que a internet possibilita uma maior vigilância dos atos individuais e coletivos pelos governos, assim como têm surgido ameaças cada vez maiores de invasão à esfera da privacidade para além da esfera governamental.

Rodotá (1999, p. 134) chama a presente configuração social de sociedade dos *smallbrothers*, referindo-se à multiplicidade de organismos capazes de exercer formas bastante eficientes e sutis de controle das vidas individuais. Bancos de dados multiplicam-se, catalogando as várias componentes das atividades dos indivíduos na rede: suas movimentações financeiras, seus gostos individuais, suas relações pessoais e assim por diante.

Nessa mesma direção, Castells (2007, p. 215) afirma:

> Não é *Big Brother* quem nos vigia, mas sim uma multitude de pequenas irmãs (*littlesisters*), agências de vigilância e processamento de informação, que registrarão sempre o nosso comportamento, já que estaremos rodeados de bases de dados ao longo de toda a nossa vida, começando, dentro em pouco, com nosso ADN e os nossos traços pessoais.

Assim, da perspectiva negativa, a nova sociedade tecnológica porta, por um lado, o controle dos atos pessoais dos indivíduos pelo aparato tecnológico e, por outro, a transformação das informações angariadas na rede em prol do *marketing*, na conversão dos dados individuais em possíveis estímulos para o consumo. Os sistemas de vigilância crescem exponencialmente com o uso global da internet. A livre circulação de informações é restringida por mecanismos de segurança estabelecidos que têm como justificativa o perigo sempre à espreita dos "Quatro Cavaleiros do Infoapocalipse: pornografia infantil, terrorismo, lavagem de dinheiro e a guerra contra certas drogas" (Assange *et al.* 2013, p. 64).

Julian Assange, fundador do *site* Wikileaks, vê os dispositivos de vigilância governamentais como obstáculos para a democracia:

> A vigilância não constitui um problema apenas para a democracia e para a governança, mas também representa um problema geopolítico.

A vigilância de uma população inteira por uma potência estrangeira naturalmente ameaça a soberania. Intervenção após intervenção nas questões da democracia latino-americana nos ensinaram a ser realistas. Sabemos que as antigas potências colonialistas usarão qualquer vantagem que tiverem para suprimir a independência latino-americana. (*Ibidem*, p. 20)

De qualquer modo, a partir do que o presente nos oferece, não é possível a asseveração categórica de uma tendência inerentemente democrática no desenvolvimento das novas TICs, nem a afirmativa contrária. Tanto uma possibilidade quanto outra estão igualmente inscritas na ordem atual, e o papel que a internet desempenhará no futuro permanece uma questão em aberto.

Assim, dizer que mais indivíduos terão acesso à *web* pode significar, pela perspectiva negativa, que maiores formas de controle serão criadas, gerando menor capacidade de avanço democrático. Disso se segue que não é possível afirmar que é no aumento de acesso à *web*, necessário à expansão da EaD, que reside intrinsecamente uma possibilidade de democratização em sentido qualitativo, ainda mais pelo fato de, como se verá mais à frente, os cursos via internet reproduzirem, no âmbito específico das atividades pedagógicas, as tendências incutidas no avanço da internet: o estímulo ao livre debate e um aparato de vigilância nunca antes concebível.

Enquanto a educação se converte em hipereducação, confundindo-se mesmo com a vida dos indivíduos, reflete um capitalismo que se converte em hipercapitalismo, na era do hiperconsumo, como na expressão de Lipovetsky e Serroy (2011, pp. 56-57):

> A hipermodernidade corresponde igualmente a uma nova era histórica do consumo, marcada ao mesmo tempo, mais uma vez, pelos processos de individualização e de desregulamentação. Até os anos 1970, os bens adquiridos e os símbolos de consumismo eram prioritariamente familiares: o carro, os aparelhos domésticos, o telefone, a televisão, o equipamento de som *hi-fi*. A era hipermoderna caracteriza-se por uma nova revolução consumista em que o equipamento concerne

essencialmente aos indivíduos: o computador pessoal, o telefone móvel, o iPod, o GPS de bolso, os videogames, o smartphone. Nessas condições, cada um gere seu tempo como bem entende, por estar menos sujeito às coerções coletivas e muito mais preocupado em obter tudo o que se relaciona a seu conforto próprio, à sua maneira de viver, ao seu modo de se comportar, escolhendo um mundo seu. Assim essa personalização anda junto com a dessincronização dos usos coletivos: o espaço-tempo do consumo tornou-se o do próprio indivíduo, constituindo um componente importante e um acelerador da cultura neoindividualista.

Dessa forma, a questão do estabelecimento da validade e da extensão da afirmativa de que o recrudescimento da EaD se constitui como um processo de democratização liga-se inelutavelmente à atualidade do desenvolvimento do capitalismo em sua expansão global. Nesse processo, vem sendo ressignificado, em grande parte, o próprio sentido de "capitalismo", e a educação, tornada forma de investimento dos indivíduos em si próprios para maximização de ganhos financeiros, é também um tipo de bem a ser consumido.

No próximo capítulo serão investigadas as relações entre a nova ordem tecnológica e a economia, bem como o papel que a educação assume nesse processo.

3
SOCIEDADE DO CONHECIMENTO, DEMOCRACIA E A NOVA ESTRUTURA DO CAPITALISMO

Thomas A. Stewart (1998, p. xiii), editor da revista *Fortune*, aclamado nos anos 1990 como o "principal defensor da gerência do conhecimento na imprensa especializada", afirma em seu livro *Capital intelectual: A nova vantagem competitiva das empresas*:

> A informação e o conhecimento são as armas termonucleares competitivas de nossa era. O conhecimento é mais valioso e poderoso do que os recursos naturais, grandes indústrias ou polpudas contas bancárias. Em todos os setores, as empresas bem-sucedidas são as que têm as melhores informações ou as que as controlam de forma mais eficaz – não necessariamente as empresas mais fortes. A Wal-Mart, a Microsoft e a Toyota não se tornaram grandes empresas por serem mais ricas do que a Sears, a IBM e a General Motors – ao contrário. Mas tinham algo muito mais valioso do que ativos físicos ou financeiros. Tinham capital intelectual. (...) O capital intelectual é a soma do conhecimento de todos em uma empresa, o que lhe proporciona vantagem competitiva. Ao contrário dos ativos, com os quais os empresários e contadores estão familiarizados – propriedade, fábricas, dinheiro –, o capital intelectual é intangível. É o conhecimento da força de trabalho: o treinamento e a intuição de uma equipe de químicos que descobre uma nova droga de bilhões

de dólares ou o *know-how* de trabalhadores que apresentam milhares de formas diferentes para melhorar a eficácia de uma indústria. É a rede eletrônica que transporta informação na empresa à velocidade da luz, permitindo-lhe reagir ao mercado mais rápido que suas rivais. É a cooperação – o aprendizado compartilhado – entre uma empresa e seus clientes que forja uma ligação entre eles, trazendo, com muita frequência, o cliente de volta.

Segundo esse especialista, no novo modelo administrativo da era da informática, as empresas de sucesso devem considerar as contribuições de todos os seus trabalhadores e fornecedores, assim como de seus clientes, em um mundo em que o compartilhamento de informações e o uso dos conhecimentos se demonstram o principal recurso estratégico. Cada indivíduo, cada singularidade, é potencial fonte de lucros na nova ordem, é um ativo econômico. Sendo agora conhecimentos e informação capitais intangíveis, é a valorização dos seres humanos, de seus talentos e capacidades, a maneira pela qual esses novos tipos de bens podem ser incorporados ao capital geral das empresas.

Nos mesmos anos 1990, o empresário Bill Gates declarava-se ansioso pelo futuro que, então, vislumbrava. Entusiasmado, via o surgimento da nova economia do intangível e do colossal mercado global de informação que tornaria cada vez mais ágeis as trocas de bens, serviços e ideias, gerando novas e auspiciosas possibilidades em uma sociedade mais dinâmica e integrada:

> Num nível prático, você terá escolhas mais amplas para quase tudo, inclusive na forma como você investe e ganha, o que compra e quanto paga, quem são seus amigos e como você passa o tempo com eles, e onde e com que nível de segurança você e sua família moram. O local de trabalho e a idéia que se tem do que significa ser "instruído" mudarão, quem sabe de modo radical. Seu senso de identidade, de quem você é e a que lugar pertence, talvez se alargue consideravelmente. Em suma, quase tudo será feito de um jeito diferente. Mal posso esperar por esse amanhã e estou fazendo o possível para ajudá-lo a acontecer. (Gates e Rinearson 1995, pp. 17-18)

Passadas duas décadas dessas previsões, a popularização e a expansão cada vez maior da internet de fato acabaram alterando substancialmente o conjunto de relações na sociedade. Vivemos num tempo em que a velocidade dos fluxos de informação reconfigura a quase totalidade das relações comerciais, culturais, pessoais e políticas, embora seja questionável se hoje estamos tão otimistas em relação a essas alterações quanto Gates estava naquele momento.

Ainda que essa mudança permaneça em curso, uma constatação parece indubitável: em uma sociedade em que se entende que a informação e o conhecimento são seus principais fatores de desenvolvimento econômico, devem-se cada vez mais valorizar os processos de formação educacional para a capacitação de indivíduos nesse novo ambiente. Esse é o ponto central que une a expansão da EaD via internet com a determinação econômica de nosso tempo, porquanto os discursos econômicos e empresariais, ao elevarem a informação e o conhecimento ao *status* de principais ativos das empresas, ressignificam o estatuto da educação em nossa sociedade. É de notar, porém, que, nesse processo, o próprio estatuto do humano acaba por se alterar, assim como o valor da democracia se converte em recurso estratégico para o crescimento econômico.

Este capítulo tem como foco discutir as alterações nas esferas política, tecnológica e econômica que se refletem na normatividade acerca dos processos educacionais na atualidade. Para tanto, abordo a alteração dos conceitos de *capital* e *trabalho* no interior da ciência econômica. Se anteriormente esses conceitos remetiam a dois objetos distintos – como pode ser percebido nas análises sobre a teoria econômica clássica de Herbert Marcuse e Karl Marx apresentadas neste capítulo –, agora se aglutinam na economia do conhecimento.

Trata-se de um fenômeno que encontra correspondência com a transição da centralidade da produção material para a imaterial, em conformidade com o diagnóstico de Maurizio Lazzarato sobre as transformações nos modos de geração de capital na sociedade pós-industrial. Nesse novo ambiente, considera-se o "capital humano" a maior fonte de riqueza de Estados e empresas. Essa transição ocorre em concomitância com as alterações na economia global, acabando por tornar a qualificação educacional uma forma de investimento que o indivíduo faz em si mesmo, como prognosticado por Theodore Schultz, cujo pensamento abordarei neste capítulo.

No entanto, à medida que o direito à educação se espraia, agora com o *status* de um mandamento imposto pelo mercado globalizado no mundo do "Eu S/A", os processos educativos, mais do que nunca, acabam por constituir possibilidades de lucros por empresas em escala global. O maior herói empreendedor da educação democrática *on-line*, neste momento, é Salman Khan, o professor predileto do multimilionário Bill Gates e o mais bem-sucedido empresário do ramo da educação a distância via internet com sua *startup* Khan Academy.

Neste capítulo, abordarei ainda como a expansão da educação agora convertida em ativo e submetida à lógica da mercadoria, ao mesmo tempo que faz circular muito mais expressivamente as informações para um número maior de indivíduos escolarizados, torna menos importante o valor de cada conhecimento individual enquanto encerra a possibilidade de padronização do que sejam as atividades escolares no futuro do mundo globalizado.

Racionalidade, multiplicidade e padronização

O impacto das novas tecnologias na ordem mundial, e especificamente no campo da educação, é reconhecido como um problema pelo Estado brasileiro, como exposto no Plano Nacional da Educação para os anos 2000:

> As profundas transformações que vêm ocorrendo em escala mundial, em virtude do acelerado avanço científico e tecnológico e do fenômeno da globalização têm implicações diretas nos valores culturais, na organização das rotinas individuais, nas relações sociais, na participação política, assim como na reorganização do mundo do trabalho.

A necessidade de contínuo desenvolvimento de capacidades e competências para enfrentar essas transformações alterou a concepção tradicional de educação de jovens e adultos, não mais restrita a um período da vida ou a uma finalidade circunscrita. Desenvolve-se o conceito de *educação ao longo de toda a vida*, que há de se iniciar com a alfabetização. Mas não basta ensinar a ler e escrever. Para inserir a população no exercício da plena cidadania, melhorar sua qualidade de vida e de fruição do tempo livre e ampliar suas oportunidades no mercado de trabalho, a educação de jovens e adultos deve compreender no mínimo, a oferta de uma formação equivalente às oito séries iniciais do ensino fundamental. (Brasil 2001, § 5.2)

Certamente, é impossível pensar a relação entre educação, democracia e sistema produtivo na atualidade, sem a consideração dos impactos da tecnologia. No entanto, existe um problema relativamente ao papel mesmo da tecnologia na sociedade e sua relação com a democracia.

A tecnologia, ainda que seja determinante da vida das pessoas nas sociedades democráticas atuais, não é ela mesma, em sua especificidade, objeto de debate democrático, posto que seja o enquadramento do mundo do trabalho. Segundo Feenberg (s.d.c, p. 1):

Este estado de coisas é explicado por uma entre as duas seguintes formas. Por um lado, o ponto de vista do senso comum considera que a tecnologia moderna é incompatível com a democracia no mercado de trabalho. A teoria democrática não pode pressionar, de forma consistente, por reformas que poderiam destruir as fundações econômicas da sociedade. (...) Por outro lado, uma minoria de teóricos radicais afirma que a tecnologia não é responsável pela concentração de poder industrial. Esta é uma questão política que está relacionada à vitória do capitalismo e das elites comunistas nas lutas com o povo. Sem nenhuma dúvida, a tecnologia moderna tem contribuído para a administração autoritária, mas em um contexto social diferente poderia muito bem ser operacionalizada democraticamente.

Para Feenberg, uma das questões fundamentais em relação ao atual estágio de desenvolvimento de nossa civilização é o problema do "tecnocentrismo", que acaba por gerar duas posições distintas em relação à tecnologia: uma cega idolatria ou uma irracional negação. Ambas as posições, conquanto antagônicas, partem de uma mesma visão: consideram a tecnologia um destino e não uma possibilidade.

Em um mundo em que, gradativamente, as condições de obtenção de maior influência no contexto global, tanto de nações como de empresas, se fundamentam em suas capacidades de conquistar maior "eficiência" na organização da produção material e simbólica na atual fase do capitalismo globalizado, a tecnologia aparece como determinante em todas as áreas e em todos os contextos sociais. Ela impacta diretamente na criação e na distribuição de produtos para o consumo, nos surgimentos de novos valores e estilos de vida, na reconfiguração do mercado de trabalho, no desenvolvimento bélico etc.

O desenvolvimento tecnológico, vislumbrado do paradigma da "eficiência", demonstra-se um expediente da racionalidade administrativa de recursos e homens, da organização de meios em relação a fins, ou seja, de uma racionalidade técnica que se justifica por sua capacidade de obtenção de maior eficácia na utilização de recursos para a consecução de determinadas finalidades. Já os fins, por seu turno, se refeririam a outro campo da *práxis*, porquanto envolvem valores transcendentes à mera instrumentalidade, ou seja, não estão no mesmo campo axiológico dos meios que os devem tornar atingíveis. Há, destarte, uma dicotomia de grau entre meios e fins, o que pode ser expresso na divisão weberiana entre *racionalidade instrumental* e *racionalidade substantiva*.

Sendo assim, há instâncias diferentes para a valoração dos meios e a valoração dos fins, uma vez que os primeiros são compreendidos como expedientes de uma racionalidade formal, por princípio, destituída de conteúdo. Por essa especificação, os princípios técnicos, em relação à eficiência, podem ser abstraídos de qualquer conteúdo. Se as diretrizes norteadoras da feitura de certo objeto se relacionam somente com sua capacidade de atingir determinada finalidade, "eficiência" pode referir-se tanto aos meios utilizados por uma sociedade capitalista ou por uma sociedade comunista ou mesmo por uma tribo do Amazonas (Feenberg 1996, p. 8). Disso se segue que, sendo a racionalidade técnica puramente formal, a tecnologia *per se* seria neutra de valores, por ser materialização daquela.

Tal especificação não deixa de atingir os processos educacionais. O ideário da modernidade estabeleceu como meta para o projeto de emancipação do homem sua capacidade de autodeterminação, aquilo que Kant concebeu como a necessidade do estabelecimento da autonomia dos indivíduos. Dessa maneira, o processo educativo encontra sua legitimação na possibilidade de ser formador das qualidades morais que propiciam a constituição da autonomia. Entretanto, a mesma modernidade é também a ampliação da esfera da racionalidade instrumental, e o critério de "eficiência" abarca a totalidade da existência humana, como um processo de heteronomia. Essas duas características repercutem mais fortemente em nosso presente, por conta do abarcamento da realidade toda pela racionalidade tecnológica na forma atual do capitalismo.

Gorz (2007), tomando como base os estudos da ação racional em Max Weber, aduz que o desenvolvimento do processo de racionalização capitalista faz com que cada vez mais todos os processos ligados à produção sejam de antemão calculáveis. Qualquer empresa, para sobreviver, precisa calcular "seus custos, prever seus consumos, programar sua produção, seus investimentos e amortização" (*ibidem*, p. 38). No entanto, esse planejamento é dependente de um ordenamento racional da sociedade em todas as suas esferas, o que engloba até mesmo as vidas individuais. Os indivíduos são supostos como agentes que se conduzem racionalmente, ou seja, como dotados de comportamento previsível e calculável. Por sua vez, o gradativo aumento de complexidade do sistema produtivo faz com que cada vez mais seja necessária uma subdivisão maior das competências e das tarefas, tornando mais distantes da compreensão dos indivíduos as motivações últimas dos processos nos quais estão envolvidos.

Nesse ambiente, a adesão ao processo de produção, elemento subjetivo necessário ao funcionamento da sociedade, deve depender cada vez menos das intenções individuais, tornando-se necessários aparelhos de coerção externos cada vez mais eficazes em constranger os sujeitos a participar do todo da produtividade não pela coerção física direta, mas por outros aparatos de heterorregulação.

Para Gorz (2007), o modo de produção capitalista é sempre a esfera da heteronomia, sendo essa característica imprescindível pelo próprio processo de racionalização e de divisão cada vez maior do trabalho. O primeiro tipo de heterorregulação é a exercida pelo mercado: aparece como um mecanismo sistêmico "que impõe suas leis do exterior aos indivíduos que delas são alvo e vêem-se constrangidos a modificar suas condutas e seus projetos em função de resultado externo" (*ibidem*, p. 41).

As ações impostas exteriormente pelo mercado não representam nenhum sentido em suas particularidades, mas representam funções exteriormente impostas que devem ser executadas pelo indivíduo para a obtenção de fins específicos, independentemente das finalidades perseguidas por outros. O mercado, assim, constitui-se como o espaço em que os indivíduos não são integrados pela convergência de interesses comuns, mas é resultado da íntegra das materialidades externas das ações individuais, num sentido que escapa aos agentes. Ele é um espaço de confrontação de indivíduos movidos por seus interesses próprios.

Para Gorz, a esfera da racionalidade do mercado impossibilita a constituição de um sujeito universal a partir da ordem do trabalho; em verdade, o aumento de especialização conduz a um processo de atomização social cada vez maior. A racionalidade econômica perfaz-se como resultado da transmutação de ações individuais independentes em um conjunto de leis estatísticas em prol da previsibilidade da ação social racional no planejamento das ações futuras.

Hoje, cada vez mais se pode constatar que os processos de racionalização em prol da eficiência migram e se espalham por todas as áreas da existência, para além do sistema produtivo de mercadorias. A noção de progresso quantificavelmente verificável, a maximização de recursos, o domínio da burocracia estendem-se ao cotidiano da vida das pessoas: os alimentos são apreendidos como conjuntos de quantidades de nutrientes, atividades físicas e férias aumentam o desempenho na vida profissional etc., assim como a educação, ao longo de toda a vida, é uma forma de investimento materializada em certificados e diplomas.

Nesse ambiente, a esfera que Kant (2005) elegera como a legítima representante do uso público da razão, o espaço do livre debate empreendido por homens esclarecidos, converte-se, também, em matéria quantificável em nome da produtividade e da eficiência no que Bento Prado chamou de "a civilização dos *papers*" (cf. Deleuze e Guattari 1992, orelha).

Desde a Revolução Francesa, um dos fundamentos republicanos da sociedade laica, em que deve imperar a liberdade de pensamento e expressão, fora a ideia de autonomia universitária em relação a outras esferas. Conforme Chaui (2003, p. 5):

> (...) autonomia do saber em face da Religião e do Estado, portanto, na idéia de conhecimento guiado por sua própria lógica, por necessidades imanentes a ele, tanto do ponto de vista de sua invenção ou descoberta como de sua transmissão.

Essa concepção, porém, se transmuta sob o paradigma da eficiência e da produtividade, enquanto o saber vai se incorporando cada vez mais na ordem de produção da sociedade tecnológica, e a universidade assume papel primordial como instituição diretamente ligada à pesquisa, em conformidade com a expressão de Bell (1977). O espaço universitário vê-se submetido ao princípio de heteronomia, não por conta de algum regime tirânico que lhe tolha as capacidades de livre pensamento e expressão, mas pelo ideal de produtividade na sociedade democrático-tecnológica. Segundo Chaui (2003, pp. 8-9):

> Ao se tornarem forças produtivas, o conhecimento e a informação passaram a compor o próprio capital, que passa a depender disso para sua acumulação e reprodução. Na medida em que, na forma atual do capitalismo, a hegemonia econômica pertence ao capital financeiro e não ao capital produtivo, a informação prevalece sobre o próprio conhecimento, uma vez que o capital financeiro opera com riquezas

puramente virtuais, cuja existência se reduz à própria informação. Entre outros efeitos, essa situação produz um efeito bastante preciso: o poder econômico baseia-se na posse de informações e, portanto, essas tornam-se secretas e constituem um campo de competição econômica e militar sem precedentes, ao mesmo tempo em que, necessariamente, bloqueiam poderes democráticos, os quais se baseiam no direito à informação, tanto o direito de obtê-las como o de produzi-las e fazê-las circular socialmente. Em outras palavras, a assim chamada *sociedade do conhecimento*, do ponto de vista da informação, é regida pela lógica do mercado (sobretudo o financeiro), de sorte que ela não é propícia nem favorável à ação política da sociedade civil e ao desenvolvimento efetivo de informações e conhecimentos necessários à vida social e cultural. Em resumo: a noção de *Sociedade do Conhecimento*, longe de indicar uma possibilidade de grande avanço e desenvolvimento autônomo das universidades enquanto instituições sociais comprometidas com a vida de suas sociedades e articuladas a poderes e direitos democráticos, indica o contrário; isto é, tanto a heteronomia universitária (quando a universidade produz conhecimentos destinados ao aumento de informações para o capital financeiro, submetendo-se às suas necessidades e à sua lógica) como a irrelevância da atividade universitária (quando suas pesquisas são autonomamente definidas ou quando procuram responder às demandas sociais e políticas de suas sociedades).

No caso brasileiro, a democratização do acesso à educação faz com que neste momento haja mais pessoas inseridas no ensino superior do que em qualquer outro momento de nossa história, tanto nos cursos de graduação quanto nos de pós-graduação. Hoje, cada vez mais, as agências de financiamento de pesquisa públicas e privadas alocam recursos para o desenvolvimento da ciência. Nunca tivemos tanta produção científica em um único período.

E é a capacidade de "produção", racionalizada, quantificada, qualificada pelos critérios das agências de pesquisa, que determina a distinção entre as instituições universitárias. Ter maior "produção" implica a possibilidade de maior obtenção de verbas para pesquisa, portanto, de capacidade de gerar maior produção e assim sucessivamente. Nesse ambiente, não produzir em prazo suficientemente rápido, ou em não conformidade com os padrões estabelecidos, é ficar fora do jogo. Nada mais justo, nada mais racional, já que o investimento aplicado à universidade deve dar retorno à sociedade e aos seus investidores, uma vez que ela, como tudo o mais, deve ser eficiente.

Nesse processo, a vida intelectual é profissionalizada, submetida a critérios de desempenho e, como tal, quantificada. Segundo Lipovetsky e Serroy (2011), é nas áreas das humanidades, da literatura e da filosofia que a queda do valor da cultura na sociedade atual se mostra mais evidente. A esfera cultural, cada vez mais institucionalizada, "constituída que é por professores e universitários para os quais a carreira é muitas vezes mais importante do que a questão das ideias" (*ibidem*, p. 103), acaba por tirar dos debates a aura que estes anteriormente podiam ter.

As carreiras acadêmicas, condicionadas pelo paradigma da eficiência, medidas pela capacidade de gerar textos publicados e pelas certificações de participação em congressos e colóquios, fazem multiplicar a circulação de ideias daquilo que é produzido pela universidade. A hiperprodução de artigos, veiculados por um crescente número de revistas acadêmicas, muitos dos quais não serão lidos por ninguém, em que o pensamento deve estar acondicionado em um espaço de 15 a 20 páginas, torna a vida intelectual mais um expediente da sociedade do consumo cada vez mais rápido de produtos e serviços e, inclusive, ideias. Da mesma forma, a hiperabundância de teses e dissertações engloba todas as ideias na volatilidade de um fluxo de pensamentos que de tão farto se torna irrelevante.

Todavia, a democratização do conhecimento também significa uma maior proximidade entre a sociedade e aquilo que é produzido pela universidade. No caso das disciplinas de humanidades, é pelos meios de comunicação de massa que essa proximidade ocorre. Dessa maneira, a vida intelectual, quando vem a público, está submetida às mesmas regras que regem a mídia, as regras do *marketing*:

> O reconhecimento pelos pares já não está sozinho na arena; ele se justapõe ao reconhecimento midiático que entroniza as novas estrelas do conceito e da filosofia *best-seller*. Agora são as mídias

que fabricam as celebridades mais do que os círculos de eruditos e de intelectuais.

Aparentemente, tudo separa o mundo acadêmico e o do *star-system*. No entanto, juntos eles exprimem uma mesma dinâmica de desencanto intelectual, uma perda de centralidade das obras do espírito e dos intelectuais na esfera pública. A extrema visibilidade das celebridades não deve ocultar o fato novo de que é no universo das mídias que se desencadeiam as polêmicas, são as mídias que evidenciam e lhes dão uma vitalidade coletiva, são elas que animam o debate da sociedade consigo mesma. (*Ibidem*, p. 103)

Atualmente, com a ampliação do processo de escolarização, cresce o número de leitores, de consumidores de informação em uma sociedade em que a lógica da mercadoria se espalha por todas as esferas. O uso da razão na esfera pública pelo intelectual converte-se, pela lógica da hiperprodução de informações e do *marketing*, em textos sintéticos para leitores de jornais e revistas de grande circulação ou em inserção em programas televisivos: "Os intelectuais podem continuar a expressar-se: suas palavras são ouvidas tal como as dos esportistas e das estrelas do rock" (*ibidem*, p. 105).

Compartilhando da lógica do consumo de mercadorias, a educação a distância via internet pode ser a expressão de um processo de padronização nunca antes vista na história. Exemplo dessa possibilidade é o fato de hoje poderem ser encontradas facilmente pela internet as denominadas "melhores aulas do mundo". O adjeto "melhor", nesse caso, é o estabelecimento de um estatuto de validade e verdade a um tipo específico de transmissão de conteúdo em detrimento de outros.

Universidades como Massachusetts Institute of Technology (MIT), Columbia e Harvard, entre várias outras, veiculam gratuitamente conteúdos de alguns de seus cursos na rede. Os *massive open on-line courses* (Moocs) constituem uma tendência que vem sendo adotada pelas maiores universidades do mundo: qualquer um pode ser um aluno dessas universidades, embora ainda não haja um sistema de avaliação e certificação para esses cursos *on-line*; os conteúdos são abertos a todos que tenham acesso à internet. Esses conteúdos são transmitidos de modo padronizado, igualitário, democratizado pelo acesso aos meios de comunicação, encontrando-se, ao menos em princípio, acessíveis a todos. No entanto, a afirmação de que essas aulas consubstanciam "o melhor", ou "as melhores", conduz à consideração de que qualquer outro tipo possível de transmissão de conteúdos está em *deficit* em relação ao padrão estabelecido a partir delas.

Dessa maneira, a possibilidade de democratização da educação pelas novas TICs poderá se constituir no reverso da democracia se esta for entendida como o reino da pluralidade de opiniões, do dissenso, da multiplicidade de visões de mundo, ao converter-se na padronização dos indivíduos via tecnologia. O campo do livre debate se esvai, não, como diria Kant (2005), pela "existência de uma autoridade externa" que tenha tirado dos indivíduos a capacidade de pensarem por si próprios, no sentido em que um regime abertamente totalitário faria, mas pela racionalidade do acesso universal, democratizado, ao "melhor".

Conforme Virilio (2000, p. 12), as novas TICs são tecnologias do estabelecimento de redes de relações e informações, veiculam "a perspectiva de uma humanidade unida, mas também de uma humanidade reduzida a uma uniformidade". Assim, o espaço que se constitui como de efetivação de uma ordem possivelmente mais democrática é o espaço do esvaziamento da noção de individualidade na conversão das subjetividades em objetos de consumo:

> Se, segundo leis atuais, que protegeriam as liberdades individuais, somos, de fato, proprietários não apenas de nosso corpo, mas *também de suas imagens*, nosso prolífico meio ambiente audiovisual nos levou, há já bastante tempo, a não mais nos preocupar com as múltiplas aparências de nós mesmos que nos roubam, deturpam, exploram, manipulam à nossa revelia, estados-maiores desconhecidos – militares e policiais, e também médicos, financistas, políticos, industriais, publicitários, etc. –, que disputam entre si, no segredo de nossos *clones* óticos, nossos modernos despojos, para fazer deles, a curto prazo, os atores inconscientes de seus mundos virtuais, de seus jogos nômades. (*Ibidem*, p. 34)

À medida que o direito à educação se espraia, agora com o *status* de um mandamento imposto pelo mercado globalizado, a educação converte-se também em fenômeno de consumo de massa, possibilitado pela internet. Os processos educativos, mais do que nunca, acabam por constituir possibilidades de lucros por empresas em escala global. O novo empreendedorismo telemático das *startups* prestadoras de serviços encontra na educação via internet um amplo filão a ser explorado na ordem da democratização globalizada da educação. Neste momento, a instituição mais representativa dessa nova tendência denomina-se Khan Academy.

Khan Academy no mundo das marcas

"A maior sala de aula do mundo", dessa forma é denominada, nos meios de comunicação, uma das mais proeminentes experiências em educação a distância via internet da atualidade: a Khan Academy. Seu idealizador é chamado, por veículos de comunicação de grande circulação no Brasil como a revista *Veja*, "o melhor professor do mundo". Essa instituição é um projeto concebido e coordenado pelo ex-analista de mercado financeiro Salman Khan e disponibiliza hoje cerca de quatro mil vídeos educativos pela internet – que podem ser acessados também pelo *site* de vídeos YouTube –, assim como exercícios para a apreensão de conteúdos das disciplinas de matemática, química, física e biologia. Com mais de seis milhões de acessos por mês, o *site* hoje é um dos mais promissores da *web*.

No Brasil, na data que antecedeu o Exame Nacional do Ensino Médio de 2012, bateu recordes de acesso por estudantes que se preparavam para a realização da prova. Por tratar-se de uma entidade sem fins lucrativos, uma vez que todo material por ela disponibilizado é distribuído gratuitamente, a Khan Academy é financiada por gigantes do mundo digital, como a empresa Google e Bill Gates, fundador da Microsoft. Este último, que se tornou o maior apadrinhador do projeto, revela seu otimismo com a expansão cada vez maior do conteúdo educativo produzido por Salman Khan:

Descobri Sal Khan e a Khan Academy como a maioria das pessoas... usando aquelas incríveis ferramentas com meus próprios filhos. São contagiantes a visão e a energia de Sal Khan sobre a forma como a tecnologia pode transformar a educação. Ele é um autêntico pioneiro na integração da tecnologia ao aprendizado. (Gates *apud* Khan 2013, contracapa)

Os vídeos têm duração de 25 minutos, e cada um apresenta um assunto específico dos conteúdos curriculares das disciplinas citadas: citologia, reprodução, cinemática, óptica, cálculo etc. Neles, o próprio Salman Khan, cuja imagem não é veiculada nos vídeos, escreve fórmulas e faz desenhos em um quadro-negro virtual, enquanto explica, em um tom bastante coloquial e acessível, os conteúdos apresentados.

Como modalidade de educação via internet, a Khan Academy apresenta a transferência do modelo da aula presencial estabelecido nos últimos séculos para o mundo do acesso digital. É nesse sentido que sua metodologia de ensino vem recebendo as mais variadas críticas do mundo acadêmico no Brasil. Em artigo publicado na revista *Carta Capital*, em sua edição de 12 de março de 2013, especialistas em didática das áreas abordadas pelos vídeos da Khan Academy apontam o descompasso de seus métodos e os novos estudos acerca da aprendizagem desenvolvidos nos últimos anos. Segundo a reportagem:

> Para Célia Maria Carolino Pires, professora da área de didática da Matemática da PUC-SP e pesquisadora de inovações curriculares na Educação Básica e na formação de Professores de Matemática, os vídeos de Khan estão na contramão do que é discutido hoje em relação à Educação Matemática. Atualmente, especialistas defendem que a disciplina seja ensinada por meio da problematização e da formulação de hipóteses pelas crianças. Os vídeos de Khan, porém, são calcados basicamente no modelo de aula expositiva, na qual os alunos acompanham as explicações do professor na lousa. "Ele repete o modelo que muitos outros professores já fazem em sala de aula. Eu não vejo inovação". (*Carta Capital* 2013)

Em uma análise não muito pretensiosa, como professor de educação básica, sugeri a alguns de meus alunos que assistissem aos vídeos da Khan Academy, preferencialmente dos conteúdos correspondentes àqueles que estavam tendo nas aulas naquele momento. Posteriormente, ao perguntar-lhes como fora a experiência, os que viram o material da Khan Academy relataram que os vídeos os ajudaram a assimilar os conteúdos, tanto que os incorporaram como ferramentas auxiliares de estudo, utilizadas principalmente antes da realização dos exames. Alguns relataram que, embora não julgassem que essa experiência devesse substituir por completo as aulas presenciais, a facilidade de poder assistir aos vídeos na comodidade de suas casas, no momento em que melhor lhes aprouvesse, revelou-se um grande atrativo. Questionados se julgavam ter aprendido por meio dos conteúdos disponibilizados pela Khan Academy, a resposta foi afirmativa em todos os casos. Devo dizer também que eu mesmo vi alguns vídeos e creio ter aprendido ou relembrado alguns conteúdos escolares.

Mesmo não intentando fazer uma análise mais rigorosa da validade metodológica do ensino veiculada por esses vídeos, parece ser possível afirmar que a experiência do cotidiano revela que, para além da maior ou menor atualidade de seus métodos, no que se refere à transmissão de conteúdos pedagógicos, a Khan Academy demonstra-se um instrumento eficiente de transmissão de conhecimentos escolares. Ainda porque, se não o fosse, não parece crível que atingisse o sucesso que hoje vem desfrutando.

Algumas escolas dos Estados Unidos adotaram os vídeos em sua grade curricular, e, em 2013, a Khan Academy firmou uma parceria com a Fundação Lemann para a distribuição mundial do material produzido. Nesse mesmo ano, estabeleceu um acordo com o governo brasileiro para a produção de um *software* a ser distribuído para professores de educação básica da rede pública com o intuito de tornar-se uma ferramenta para auxiliá-los na elaboração de conteúdos das aulas; assim como existe uma iniciativa do Ministério da Educação para dublagem de todas as suas aulas em português do Brasil.

Hoje, com cerca de 40 pessoas empregadas, a Khan Academy é uma empresa de sucesso. Embora não seja a única instituição que distribui vídeos educativos pela internet, é a mais bem-sucedida do ponto de vista da constituição de um negócio lucrativo. No entanto, mesmo como um programa de educação a distância, sua metodologia, como visto, não é propriamente inovadora, lembrando até mesmo experiências anteriores de aulas veiculadas pela televisão antes do advento da internet. Mas, sendo assim, por qual razão a *startup* de Khan teria atingido tanto sucesso?

Possivelmente uma das razões mais fortes é que o próprio Salman Khan hoje é um *pop star*. Sua história pessoal, contada no livro *Um mundo, uma escola*, tem todos os elementos do *self made man*, do empreendedor de sucesso que, a partir de um ideal de melhoria do mundo, vence todos os obstáculos: Khan é o herói que enfrentou concepções arraigadas e conseguiu se estabelecer com ética no mundo dos negócios. Nesse sentido, sua vida pode ser narrada como um roteiro hollywoodiano, como já o fora a de Hunter "Patch" Adams no filme *Patch Adams: O amor é contagioso*, entre tantos outros.

Nascido em 1976, filho de imigrantes indianos de classe média estabelecidos na cidade de Louisiana, estudou matemática e ciência da computação no MIT. Casado em 2004, alcançara sucesso profissional no mercado financeiro como analista de fundos *hedge*. Tendo uma carreira promissora, no mesmo ano em que se casa, vê um acontecimento fortuito que acabará por mudar sua vida e, em certa escala, o mundo. O acaso fez com que tivesse contato com uma prima, na época com 12 anos, que vivia em Bangladesh e estava entristecida por ter se saído mal em um teste escolar de matemática. Conhecendo o potencial da menina, embora ela estivesse com problemas de autoestima e se julgando incapaz de aprender, Khan acreditou que a causa do seu mau desempenho não estava na própria garota, mas na organização do sistema escolar tradicional. Tendo resolvido ajudá-la, deparou com a dificuldade da distância entre os Estados Unidos e a Índia.

Em um primeiro momento, ensinava a prima por telefone, posteriormente teve a ideia de postar as aulas pelo YouTube em vídeos produzidos com baixo custo e feitos em seus horários de folga. Como a garota começou a obter melhores resultados nas provas subsequentes, Khan percebeu que, sem ter nenhum conhecimento de teorias pedagógicas, era capaz de propiciar algo de bom para os estudantes.

As notícias sobre os vídeos se espalharam, primeiramente por meio de seus parentes; depois, para um público mais amplo pela internet. Em 2009, dezenas de milhares de estudantes já acessavam seus vídeos, e Khan ocupava todo o tempo livre que seu emprego permitia com o projeto educativo. Com o nascimento do filho, viu-se diante do impasse de como continuar com atividades que cada vez demandavam tempo e manter o emprego. Segundo relata, recebeu propostas de empreendedores para tornar sua atividade educacional um negócio lucrativo por meio do bloqueio do livre acesso, mas recusou por crer que os conteúdos da Khan Academy devem ser disponibilizados sem nenhum custo para as pessoas.

Entre a manutenção do emprego e a possibilidade de dedicar-se totalmente ao ensino via internet, optou, não sem receio, por abandonar o escritório em que trabalhava, mesmo não tendo mais do que algumas economias para manter-se por algum tempo. Essa decisão foi devida a dois fatos: a Khan Academy, naquele ano, foi escolhida como finalista de um projeto de educação do Museu de Tecnologia de San Jose; e, principalmente, porque um jovem negro morador de um bairro pobre, que nunca fora bem-tratado na escola, enviou-lhe uma mensagem pelo YouTube dizendo que conseguira ingressar na faculdade com a ajuda de seus vídeos. Mesmo com insegurança em relação ao futuro de sua situação financeira, tendo ainda que pagar a casa em que morava no Vale do Silício, permaneceu dedicando-se, agora em tempo integral, ao seu projeto.

Decidido a buscar financiamento, Khan deparou com o fato de que as poucas empresas dispostas a recebê-lo não estavam propensas a investir em um projeto amador de uma única pessoa. Quando sua situação parecia mais desanimadora, já aflito, vendo minguar expressivamente sua poupança, recebe um contato da empresa Google para uma reunião. Mas sua situação alterou-se repentinamente de fato quando Bill Gates declarou publicamente que era fã da Khan Academy.

Pouco tempo depois, estava estampado na capa da revista *Fortune*: "O professor predileto de Bill Gates". A partir de então, a Fundação Gates passou a financiar a Khan Academy, com milhões de dólares. A ligação de seu nome ao do fundador da Microsoft tornou Salman Khan uma celebridade de primeira ordem, tendo até mesmo sido eleito uma das 100 pessoas mais influentes do mundo no *ranking* da revista *Time*, em 2012.

Os elementos da narrativa da vida de Salman Khan remetem a uma estrutura básica cinematográfica denominada *A jornada do herói* (Dahoui s.d.): o herói tem uma vida comum, e seu mundo está relativamente em ordem; ocorre algo inesperado, e ele é levado a uma missão em que terá que provar sua nobreza e a firmeza de seus propósitos; encontrando dificuldades, pensa em desistir de sua busca, mas seu caráter nobre faz com que persevere; ocorre o encontro com um mentor que o auxiliará na sua jornada; por fim, há a vitória final sobre as adversidades.

No mundo das celebridades, Khan ocupa lugar de destaque no que se refere à educação: portadora do processo de modernização do ensino, o sucesso da Khan Academy confere-lhe o poder de falar a chefes de Estado e megaempresários sobre os rumos da educação mundial. Se, como percebem Lipovetsky e Serroy (2011, p. 81), as indústrias culturais no século XX, principalmente o cinema, criaram a figura "mágica" da *star*, que foi grande responsável pela identificação do público e pelo consequente sucesso de massa que obtiveram, hoje o sistema das celebridades está espalhado por todos os domínios da cultura. Segundo os autores, esse fenômeno já se anunciava desde que as imagens de Einstein, Gandhi ou Che Guevara passaram a ser estampadas em fotos, pôsteres e camisetas de jovens do mundo inteiro. Neste momento, porém, o *star-system*, a cultura das celebridades, invadiu todos os domínios:

> (...) não mais apenas aqueles em que se estabeleceu, o cinema e depois o *show biz*, mas todas as formas de atividade. A política, a religião, a ciência, o *business*, a arte, o *design*, a moda, a imprensa, a literatura, a filosofia, o esporte, até a cozinha: hoje, nada mais escapa ao sistema do estrelato. (...) Todas as áreas da cultura trabalham no processo de transformação em estrela, com suas *hit-parades*, seus *best-sellers*,

seus prêmios e suas listas dos mais populares, seus recordes de venda, de frequência e de audiência. (*Ibidem*, pp. 81-82)

A quantidade de acessos aos vídeos de Salman Khan confere-lhes um valor superior no *hit parade* da cultura de massa do novo mundo digital, os mesmos números que propiciam que mais e mais acessos sejam feitos. A nobreza de sua causa confere-lhe a imagem de um benfeitor, além de um empreendedor de sucesso que alimenta o imaginário das oportunidades do sistema para aqueles que são criativos e perseverantes. Seu antagonista é a educação tradicional, o chamado "modelo prussiano de educação", que, segundo ele, produziu certas premissas educacionais que vigoram até hoje e foram "produtos de épocas e circunstâncias particulares, estabelecidos por seres humanos com alguma fraqueza e visão limitada, cujas motivações muitas vezes eram confusas" (Khan 2013, p. 86).

Como esse sistema se tornou "artrítico e arcaico", é chegado o momento de "perceber que os velhos costumes e padrões já não são suficientes" (*ibidem*, p. 86). Cabe notar que Khan não defende o fim das aulas presenciais, mas que seja repensado o modelo de transmissão de conteúdos para o novo tempo. Como declara, seu projeto é, ao fim, uma luta em prol do fortalecimento da democracia:

> A experiência e o retorno que obtive convenceram-me de que a Khan Academy tinha obrigação de fazer muito mais do que apenas apresentar tópicos acadêmicos para estudantes tradicionais em idade escolar. Havia uma profunda necessidade de ajudar as pessoas de todas as idades sobre a sempre mutável dinâmica do mundo ao redor. Com crescente complexidade, a verdadeira democracia – para não mencionar a paz de espírito – estaria em risco se as pessoas comuns não pudessem entender o que estava se passando e por quê. (*Ibidem*, pp. 173-174)

Representante de um mundo globalizado, interconectado, propaga o ideal da distribuição quantitativa do direito à educação para todos. A missão da Khan Academy é levar ensino de qualidade a todos, em qualquer lugar do mundo: "Pela primeira vez, vejo que a [sic] possibilidade de levar o mesmo material didático que os filhos do fundador da Microsoft usam a crianças pobres da Mongólia" (*Veja* 2013).

Em um mundo que se apresenta, desde os novos meios de comunicação em massa, sem fronteiras, onde vigora o instantaneamente acessível, o modelo de educação que a instituição de Khan representa é o da possibilidade de qualquer um a qualquer momento instruir-se. O título de seu livro faz referência à conversão do mundo em espaço de constante aprendizagem, de uma mesma escola global e universal, atravessando as diversas culturas e diferenças de classe. Na sociedade global do conhecimento, todos têm o direito e a capacidade de aprender, pois, se isso não ocorreu até o momento, é porque o modelo no qual os sistemas educacionais se estruturaram é incorreto.

Desde os anos 1980, com o gradativo fim de barreiras que limitavam o comércio mundial, o mundo vai se convertendo em um espaço único de trocas, e em que os meios de comunicação de massa vão conferindo, apesar das especificidades regionais, uma face única. A Khan Academy é mais um produto do mercado dos produtos da comunicação midiática.

Nos últimos anos, percebe-se o crescimento das demandas por educação em todos os países do mundo. Nesse sentido, pode-se afirmar que o serviço prestado pela Khan Academy é a resposta de uma demanda surgida quando os Estados nacionais se veem impotentes para a resolução dos novos problemas, como o necessário gasto público com educação. Conforme Belloni (2002, p. 134):

> Neste quadro de mudanças do capitalismo tardio, a educação a distância aparece como um novo filão do mercado educacional, que tende a ser extremamente promissor do ponto de vista econômico, principalmente com as possibilidades de multiplicação derivadas do uso intenso das tecnologias de informação e comunicação.

No caso específico da *startup* em questão, em um mundo que se torna constantemente mais complexo, demandando a incessante formação educacional, qualquer indivíduo, desde que possa se conectar à *web*, pode acessar os conhecimentos escolares com "o melhor professor do mundo" e ter contato com o mesmo material didático utilizado pelos "filhos do fundador da Microsoft". Certamente o que é ser "o melhor professor do mundo" é bastante relativo, assim como o fato de se ter acesso ao mesmo material educacional que os filhos de Bill Gates não significa que esse material seja o melhor para certa situação específica.

Entretanto, para além da questão de seus méritos ou deméritos pedagógicos, a Khan Academy reflete uma sociedade global em que o direito à educação, mais do que nunca, se torna um expediente a ser utilizado no campo do *marketing*. Ser admirado pelos filhos do fundador da Microsoft confere ao produto de Salman Khan uma égide de qualidade em um mercado em que a informação é uma mercadoria cada vez mais necessária à vida dos indivíduos.

No megamercado mundial, o acesso à educação vem se convertendo em um dos produtos mais procurados, agora imprescindível para a valorização do indivíduo no mercado de trabalho. No interior desse mercado, Google e Microsoft, as gigantes globais dos negócios da era informática, ligam-se a um projeto de democratização por meio da educação, valorizando, assim, suas respectivas marcas, associando-se a outra marca: a Khan Academy.

Segundo Lipovetsky e Serroy (2011, p. 95):

> Estamos na época em que criar produtos já não basta; é preciso criar uma identidade ou uma cultura da marca por meio do *marketing*, do superinvestimento publicitário e da hipertrofia da comunicação. Esse fenômeno é consubstancial à era midiático-mercantil hipermoderna. O capitalismo do hiperconsumo caracteriza-se pela exigência de hipervisibilidade das marcas e, por isso, pela explosão dos orçamentos de comunicação causada pela intensificação da concorrência, pela semelhança dos produtos, pelos imperativos de rentabilidade rápida e elevada. Assim, passou-se de marca à hipermarca: esta se impõe quando o trabalho do *marketing* se sobrepõe ao da produção, quando o *"branding"* se põe à frente do produto, quando a dimensão do imaterial constrói mais a marca do que a fabricação material do

produto, sendo esta frequentemente terceirizada ou transferida para países com mão-de-obra barata. Pois o que o hiperconsumidor compra em primeiro lugar é a marca, e com ela um suplemento de alma, de sonho e de identidade: num limite extremo, para o consumidor globalizado que importância tem o perfume desde que tenha a embriaguez de um frasco Chanel?

Nessa direção, é possível afirmar que a Khan Academy vem assumindo um *status*, no campo educacional, equivalente ao que têm em outros campos marcas como Coca-Cola, Nike, Sony, Apple, Rolex etc. Para Lipovetsky e Serroy (*ibidem*, p. 98), "na sociedade do hiperconsumo, as marcas criaram uma nova forma de cultura: uma cultura de marcas presente em todo o globo, em todo lugar e em todo momento".

O liame entre a democratização da educação e o atual capitalismo torna-se cada vez mais estreito na sociedade do conhecimento, de uma maneira que talvez não estejamos aptos ainda a compreender suas implicações em toda sua extensão. A promessa da sociedade dos homens esclarecidos porta a possibilidade de o agenciamento pelo *marketing* e pelas leis do mercado submeter, cada vez mais, a educação às mesmas regras dos *mass media*.

Democratização da produção cultural

Como dito anteriormente, é possível afirmar que o discurso acerca da sociedade do conhecimento pode prestar-se como fundamento de uma nova fase do capitalismo, que, em certo sentido, demonstra-se muito mais totalizador do que suas versões anteriores. No entanto, não se trata aqui de pensar a sociedade do conhecimento como uma "ideologia", no sentido marxista, pois isso envolveria uma análise das relações entre infraestrutura e superestrutura que escaparia em muito as possibilidades desta pesquisa. Interessam mais, para as finalidades aqui propostas, o levantamento e a análise de certa gama discursiva, localizável por meio de vários enunciados de extrações diversas – a política, a economia, a filosofia, a ciência, a psicologia, a pedagogia, o discurso empresarial etc. – que repercutem no dever-ser da educação, constituindo normatividades para as ações pedagógicas.

Percebe-se que esse direcionamento discursivo encontra relação com a democracia, à medida que esta é tomada como um valor positivo no contexto da sociedade tecnológica. Nessa correlação intrínseca entre educação, tecnologia e democracia que ora se perfaz, o exemplo mais notório está nas atuais diretrizes gerais que norteiam o desenvolvimento da EaD via internet.

Ademais, há uma dificuldade maior para a utilização do conceito de "ideologia", ao menos como fora pensado por Marx e Engels, para a análise aqui pretendida. Existe um problema para o estabelecimento de uma distinção conceitual entre a ordem de produção e as representações que a sustêm. Para aqueles autores, por meio do exame da forma de capitalismo que surgia no século XIX, o conceito de "ideologia" designa uma consciência falsa, equivocada da realidade, gerada em certo sistema econômico como fator de legitimação da ordem de exploração da classe social menos favorecida pela dominante. Em *A ideologia alemã*, Marx e Engels (2002, p. 19) escrevem:

> A consciência nunca pode ser mais que o ser consciente; e o ser dos homens é o seu processo de vida real. E, se, em toda a ideologia, os homens e suas relações nos aparecem de cabeça para baixo como em uma câmera escura, esse fenômeno decorre de seu processo de vida histórico, exatamente como a inversão dos objetos na retina decorre de seu processo de vida diretamente físico.

Ao avaliarem a ideologia como a falsificação da realidade, Marx e Engels consideravam que sua teoria não era, ela mesma, ideológica, posto que fosse a expressão científica da realidade social. O materialismo histórico estabelece-se como método para a apreensão do real: a condição alienada dos homens sob o sistema de produção capitalista. Mais do que isso, seu procedimento de análise da sociedade, permitindo a percepção das ilusões geradas pela ideologia burguesa, revelaria também a real expressão dos interesses do proletariado. Tais interesses não seriam percebidos pelos trabalhadores mesmos, justamente por conta da ideologia. O papel da teoria, dessa maneira, seria o de desvelar as verdadeiras relações de exploração impostas pelo ordenamento econômico. Especificando o verdadeiro com base no materialismo histórico, a falsificação do real pela ideologia poderia ser, então, identificada e combatida.

Disso se segue que o conceito de "ideologia" demanda o estabelecimento de um marco divisório entre o real e sua falsificação, a existência de uma linha demarcatória que torne possível explicitar a incompatibilidade entre o universo simbólico que legitima a ordem de um sistema gerador de riquezas, de um lado, e, de outro, a realidade da existência de seu principal meio de produção: o proletariado. Na teoria marxista, a classe trabalhadora é, ao mesmo tempo, condição fundamental para existência do sistema econômico – que tem em sua base a constante busca pelo lucro obtido pela extração da mais-valia – e sua negação, dado que os trabalhadores se encontrassem excluídos do acesso aos bens gerados pelo seu trabalho como classe social.

A classe operária seria, então, a força que poderia conduzir a um novo estágio de desenvolvimento humano por meio de uma revolução, pois, sendo parte excluída das benesses do sistema, não teria nada a perder com a sua dissolução. O proletariado constituiria, dessa maneira, a força de negação do capitalismo no próprio capitalismo, e os operários seriam os futuros destruidores do sistema gerados no interior do sistema. Em *O manifesto do Partido Comunista*, lê-se:

> O progresso da indústria, de que a burguesia é agente passivo e involuntário, substitui o isolamento dos operários, resultante da competição, por sua união revolucionária resultante da associação. Assim, o desenvolvimento da grande indústria retira dos pés da burguesia a própria base sobre a qual ela assentou o seu regime de produção e de apropriação dos produtos. A burguesia produz, sobretudo, seus próprios coveiros. O seu declínio e a vitória do proletariado são igualmente inevitáveis. (*Idem* 1999, p. 51)

Entretanto, uma questão fundamental de nosso presente é a de que o avanço tecnológico esvaneceu essa linha divisória, pois a sociedade pós-industrial é também a sociedade do consumo. Como notado por Herbert Marcuse (1967) em sua análise de *O homem unidimensional*, de 1964, embora o capitalismo permaneça um sistema sustentado por um tipo específico de racionalidade voltada para a obtenção de lucro, na sociedade industrial avançada, o trabalho humano, ou trabalho vivo, já não constitui mais o ponto central do funcionamento da produção material: as máquinas deixaram de ser instrumentos individuais operados por indivíduos e passaram a se configurar como uma "unidade absoluta" (*ibidem*, p. 46), uma vez que toda a sociedade passa a ser direcionada pelos seus modos de funcionamento.

Para Marx (1980), em *O capital*, as máquinas não seriam elas mesmas produtoras de valor; sendo produtos já efetivados do trabalho, são trabalho realizado ou morto. Como tal, apenas transferem seu próprio valor para os produtos, enquanto a base da economia continua sendo a exploração da *mais-valia*, ou seja, do trabalho vivo. Entretanto, no tempo da automatização, a relação entre trabalho morto e trabalho vivo altera-se qualitativamente, e a produtividade passa a ser determinada pelas máquinas e não pelo rendimento individual do operário equacionado em horas de trabalho, tornando a própria medição do rendimento pessoal impossível (Marcuse 1967, p. 46).

No entanto, com esse desenvolvimento, a sociedade industrial avançada deixa de ter como fundamento a ênfase na produção de bens e passa a ser direcionada eminentemente para o consumo. Com a melhoria de renda geral possibilitada pela maior racionalidade aplicada à economia, a classe operária acaba por ser incluída também como classe consumidora. Essa alteração a torna agora parte interessada na manutenção do sistema, solapando, assim, a distinção que antes havia entre os interesses da classe dominante e os dos trabalhadores.

As mudanças ocorridas na ordem objetiva de produção alteram o fundamento subjetivo da manutenção do sistema. O desenvolvimento técnico que é a base dessa sociedade não existe somente como exterioridade ao sujeito. Conforme Marcuse, o aparato tecnológico faz com que a diferença estabelecida por Marx entre "realidade" e "ideologia" se desvaneça, pois a ideologia passa a constituir a própria realidade, uma vez que já, no próprio processo de produção de mercadorias, está incluído todo o aparato ideológico do sistema. Cada objeto gerado pela ordem de produção capitalista inclui o modo de vida que é conforme ao ordenamento existente. Nesse sentido, passa a não haver espaço para a subjetividade pelo esvanecimento da diferenciação entre "público" e "privado", pois o primeiro encontra-se invadido pelos meios de comunicação de massa.

Os *mass media* veiculam comportamentos e transformam a subjetividade em pura *mimesis*, fazendo com que o pensamento não se constitua sem o poder dos objetos gerados pelo sistema. Assim, a individualidade passa a não ser mais do que um mito, também apropriado pelo consumo: as identidades dos sujeitos estão intrinsecamente ligadas aos produtos que são por eles consumidos.

Entretanto, ainda que a análise de Herbert Marcuse já apontasse para a impossibilidade do conceito de "ideologia", nos termos de Marx e Engels, na sociedade afluente, o avanço das TICs verificado agora no século XXI torna essa situação ainda mais complexa. A tendência percebida pelo filósofo crítico parece estar, concomitantemente, intensificando-se e alterando seu direcionamento.

Por um lado, nas últimas décadas, os *mass media* ampliaram o grau de sua influência mundial: a vida das pessoas em seu cotidiano está inextricavelmente ligada às indústrias culturais globais e locais. Por outro lado, a expansão do acesso à internet realoca o *status* do indivíduo comum como consumidor de bens culturais de massa.

Marcuse, ao empreender sua crítica à realidade colonizada pelos meios de comunicação de massa, tinha em mente o espectador do cinema e da televisão, o ouvinte de rádio, o leitor de romances e jornais, em suma, o receptor dos conteúdos veiculados pela mídia de massa.

Essa tendência certamente se ampliou: na era da portabilidade, veículos como a televisão e o rádio tornaram-se onipresentes. Nos meios de transporte, nos estabelecimentos comerciais, nas repartições públicas, nos automóveis, há em toda parte uma infinidade de telas transmitindo ininterruptamente conteúdos televisivos. Dessa maneira, as últimas notícias sobre a política ou a economia, sobre os esportes ou a vida das celebridades podem ser recebidas *just in time* nos aparelhos celulares, do mesmo modo como a música da moda não deixa de ser ouvida em qualquer lugar em que se esteja.

Os jogos eletrônicos disponíveis em aparelhos portáteis trazem a possibilidade de o indivíduo, a qualquer momento, distanciar-se da realidade e mergulhar em um mundo de fantasia em que ele é o herói. Na década de 1930, Walter Benjamin (1996a) percebera que a antiga distinção de Heráclito entre o mundo dos homens acordados e o dos sonhos – o primeiro comum a todos e o segundo particular daquele que dorme – havia sido minada pelo surgimento do cinema. Segundo Benjamin (*ibidem*, p. 190), a produção cinematográfica hollywoodiana transferiu a privacidade do mundo onírico para as telas, convertendo sonhos em espetáculos públicos, como as aventuras do camundongo Mickey.

Mas, em nosso presente, os *videogames* privatizam também os sonhos coletivos gerados pelas indústrias culturais: qualquer um pode tornar-se um personagem da cultura de massa – Mickey, Mario Bros, Lara Croft etc. – e viver aventuras fantásticas em mundos oníricos com alto grau de realismo em imagens em 3D pelas telas dos aparelhos eletrônicos portáteis. No entanto, embora privatizados, os conteúdos das aventuras dos ambientes virtuais dos *games* permanecem, por princípio, coletivos, especificados pelos *designs* dos jogos, pela sua concepção industrial como produto de massa e distribuídos mundialmente.

Agora, os indivíduos permanecem receptores de conteúdos da cultura de massa, porém de modo ainda mais acentuado. Mas, além disso, na era da internet, cada um é também potencial produtor de conteúdos culturais distribuídos em escala global pela rede mundial de computadores. Se o cinema e a televisão possibilitaram o surgimento das celebridades, cada qual encontra a possibilidade agora de tornar-se uma celebridade: é possível postar vídeos no YouTube das coisas as mais diversas, desde frivolidades da vida cotidiana até reflexões filosóficas as mais profundas, esboços de teorias científicas, humor, conteúdo musical e cinematográfico, pornografia, doutrinas religiosas, aulas de matérias escolares etc. Cada conteúdo pode vir a se tornar, muitas vezes por casualidades imprevisíveis, sucessos de audiência da nova mídia. Certamente, se a sociedade estabelecida no pós-guerra foi a da constituição de impérios da indústria cultural – Warner Brothers, EMI, *Times*, Rede Globo etc. – pela detenção do monopólio de seleção e distribuição de conteúdos culturais, essa produção agora "democratiza-se".

Se compreendermos por democratização "expansão de acesso", jamais tivemos um mundo tão democrático no que se refere à possibilidade de produção e veiculação de conteúdo simbólico. São criados 75 mil *blogs* a cada dia; cerca de 250 milhões de pessoas fazem *uploads* de fotos no Facebook no mesmo período; 100 horas de vídeos são postados no YouTube a cada minuto.

A facilidade de fazer circular conteúdos gera também um novo tipo de empreendedorismo: mais do que nunca, uma ideia pode gerar milhões em dinheiro, sem a necessidade de expressivo capital de investimento para começar um negócio. Mark Zuckerberg, outro dos heróis empreendedores da sociedade tecnológica, fundador do Facebook, a atual maior rede social da internet, hoje avaliada em cerca de 95 bilhões de dólares, começou seu negócio a partir de uma simples ideia aliada ao seu conhecimento técnico para organizar conteúdos já disponíveis na rede. Da mesma maneira, Larry Page e Sergey Brin, os fundadores do Google, criaram uma empresa, no momento avaliada em pelo menos 378 bilhões de dólares, por meio da elaboração de equações matemáticas aplicadas ao funcionamento da *web*, resolvendo, assim, o problema dos usuários de encontrar os conteúdos buscados na internet. Ou, ainda, há as várias *startups* prestadoras de serviços que hoje pululam na rede, como a Khan Academy.

Conhecimento e criatividade são as forças produtivas que conduzem o setor da informação e do entretenimento, que se torna a cada dia mais importante economicamente. Em seu epicentro, o indivíduo criativo é o elemento fundamental da geração de valor. Nesse ambiente, que obviamente não significa o todo da realidade, mais do que a distinção entre detentores de capital e não detentores, impõe-se a diferenciação entre indivíduos criativos e não criativos, entre os que têm conhecimento útil a se tornar uma forma de geração de valor econômico e os que não têm.

Certamente o ambiente da rede mantém as relações de exploração entre produtores e exploradores próprias do capitalismo. Tudo o que é postado na *web* é apropriado e convertido em mercadoria pelas empresas de telecomunicação, os detentores dos códigos técnicos que dirigem os fluxos de informação no ciberespaço. Conforme Gonçalves (2011, p. 49):

> A privatização da cultura, por meio dos códigos tecnológicos, dá-se em dois caminhos, que podem ser apropriados por termos marxistas, de infra e superestrutura. Os códigos tecnológicos de infraestrutura são os determinados pelas empresas de telecomunicações provedoras de acesso à internet. Elas detêm as linhas estruturais por onde trafegam as informações. As provedoras de acesso à internet criam o caminho lógico do usuário e a infraestrutura (*backbone*) por onde a informação comunica humanos e máquinas (ECO). No controle dos aparelhos tecnológicos, estas empresas podem determinar qual informação deve trafegar e comunicar. Aparentemente, a proteção dos usuários está na quantidade enorme de informação para serem gerenciadas e analisadas, o que evita o controle do fluxo de dados e informações. Contudo, não raro, estas provedoras determinam a qualidade e quantidade da informação a ser trafegada em suas redes, sempre privilegiando interesses corporativos e econômicos.

A liberdade democrática da rede é norteada, sobretudo, por interesses econômicos. Qualquer usuário, ao acessar a internet, se torna, concomitantemente, cliente de um serviço, mercadoria cujos dados são negociados pelas empresas provedoras no mercado de publicidade direcionada, assim como produtor de novos conteúdos. Como observa Mattelart (2002, p. 394): "O consumidor perde seu caráter de agente passivo para ser promovido ao nível de 'coprodutor' ou 'prosumidor' [*pro-sommateur*], casamento semântico revelador".

Se, porém, há ainda a expropriação daquilo que é gerado pelos produtores nos ambientes virtuais e a transformação dos conteúdos veiculados em mercadoria, o tipo de mercadoria gerada nesse processo difere-se substancialmente daquela produzida pela indústria tradicional. Nessa nova configuração do capitalismo, em que as capacidades individuais são consideradas fontes de valor econômico, o regime democrático também é convertido em estratégia para o crescimento econômico. A seguir, tratarei dessa questão, pois a compreensão do estatuto da democracia em nossos tempos é fundamental para a melhor explicitação da proposição que estabelece a EaD como processo de democratização.

Reconfiguração da relação entre capital e trabalho

Até que ponto está ocorrendo de fato uma alteração substancial no sistema capitalista? As transformações das forças produtivas a partir do desenvolvimento tecnológico efetivamente realocam o estatuto ontológico da divisão entre capital e trabalho ou permanecemos no mesmo quadro da luta de classes, ainda que sob outra orientação, mas que não modifica essencialmente as relações entre exploradores e explorados?

Não é a pretensão deste texto responder a essas questões. É de notar, porém, que o termo "capitalismo" não se refere a um objeto estático, ou seja, a uma coisa, mas a conjuntos de práticas sociais e históricas muito diferentes entre si que são agremiadas sob um mesmo nome. Embora alguns elementos permaneçam comuns, como o fato de que "a organização capitalista permanente e racional equivale à procura do lucro, de um lucro sempre *renovado*" (Weber 2001, p. 9), a existência de diferentes classes sociais, a busca racional pelo lucro e o papel desempenhado por essas classes em relação a esse objetivo alteram-se mediante o desenvolvimento de condições históricas, políticas e de produção. Embora seja perfeitamente legítima a utilização do termo "capitalismo" para a descrição de um direcionamento civilizacional que teve início nas sociedades europeias a partir da desestruturação do medievo e se expandiu globalmente nos últimos séculos, não se pode deixar de levar em consideração que esse desenvolvimento detém constantes alterações e rupturas.

Nesse movimento histórico, que é a soma de vários movimentos diferentes, a universalização do acesso à educação sofre transmutações de significado. Ainda mais porquanto "universalização da educação" e "capitalismo" não são fenômenos historicamente separáveis, mas inerentemente paralelos em uma relação concomitantemente complementar e conflituosa.

Assim, o atual discurso da ciência econômica pode ser entendido como reflexo de certa compreensão acerca das relações entre os homens e a produção de valor estabelecida em certa época. Neste momento, o papel da educação afirma-se também como elemento de diminuição das desigualdades entre os homens em uma ordem produtiva em que as configurações hierárquicas estabelecidas na sociedade industrial vêm sendo fortemente abaladas em uma forma de capitalismo mais flexível.

Dessa forma, se há atualmente um campo discursivo em que constantemente é afirmada e reafirmada a existência de um vínculo intrínseco entre a expansão da educação formal, como direito fundamental, e o desenvolvimento da democracia, é o da economia. Nos últimos anos, em especial nos países em desenvolvimento, a ampliação dos sistemas educativos e o aperfeiçoamento das instituições democráticas coadunam-se fortemente, e de modo mesmo indissociável, em grande parte das análises sobre o "crescimento econômico" das nações. Por essa razão, os atuais desenvolvimentos da ciência econômica demonstram-se um campo profícuo para a análise das condições de validade da afirmação de que a expansão da EaD via internet se constitui como um processo de democratização.

Ante as alterações no sistema produtivo, tornou-se necessária uma nova perspectiva acerca das causas do crescimento econômico perceptível. No entanto, para além da esfera econômica, essa mudança remete a uma reestruturação semântica que acaba por transmutar o estatuto da educação na sociedade atual. Para o melhor entendimento dessa alteração, retomarei a análise de Marcuse, empreendida na década de 1930, assim como a distinção entre os conceitos de "capital" e "trabalho" de Marx, para a investigação acerca da alteração semântica ora em curso que remete a uma reordenação ontológica.

Em "Sobre os fundamentos filosóficos do conceito de trabalho da ciência econômica", Marcuse (1998, p. 11) afirma que a ciência econômica, em seu desenvolvimento histórico, adotou como conceito geral de "trabalho" a ideia de "atividade humana determinada". Nessa determinação, não estão inclusas, porém, todas as atividades determinadas: devido a suas finalidades, aquelas como o jogo e a diversão não são definidas como tal. Considerada a essencialidade do trabalho para a existência humana, o que é assim designado não pode ocorrer de modo ocasional ou individualmente. Destarte, o que diferencia as atividades essenciais das não essenciais são suas finalidades, sendo o objetivo daquilo que é trabalho a produção de algo que lhe é exterior, diferentemente do que ocorre com o jogo e a diversão, atividades que se esgotam em si mesmas.

A atividade de trabalhar, por seu turno, deve resultar em algo que perdure, que, "após o término do processo de trabalho singular, ainda está lá e está lá para outros" (*ibidem*, p. 17). Ou seja, o conceito de trabalho é estabelecido pela produção de alguma coisa que não se esvaia em sua elaboração. Ademais, o que é produzido deve servir à supressão de alguma das necessidades humanas, em um mundo que não as supre naturalmente. Dessa maneira, para a ciência econômica, a necessidade é o motor do fazer (*ibidem*, p. 20), e o trabalho é avaliado como tal a partir de seu efeito.

No entanto, ao tornar a necessidade o fundamento do trabalho, a ciência econômica acabou por considerar o homem "ser primariamente orgânico" (*ibidem*, p. 21), posto que somente um ser orgânico tem necessidades. Fundamentando o trabalho pelo través da insuficiência do homem como ser natural, definiu sua dimensão como a da produção de bens materiais úteis. Por essa perspectiva, as demais atividades humanas determinadas são ou modos de não trabalho, tais como o jogo e a diversão, ou, como no caso de atividades intelectuais, artísticas, educativas etc., consideradas "trabalho" por analogia.

Como a especificidade de uma ação não pode jamais ser considerada trabalho *per se*, a referência essencial do trabalho é a do plano dos objetos, daquilo que está em relação de exterioridade ao indivíduo produtor. O trabalhador é sempre condicionado tanto pela determinação histórica e cultural da atividade que executa, quanto pelo plano da objetividade do que produz, pela realidade-material objetiva dos bens úteis. Desse modo, a normatividade própria da produção das coisas torna o indivíduo produtor também uma coisa no processo de fabricação de bens, posto que, como indivíduo determinado, não é essencial ao que é produzido.

> Em seu fazer ele se deixa guiar pela coisa, se subordina à sua normatividade e se vincula a ela, inclusive quando domina seu objeto, recriminando-o, dirigindo-o, abandonando-o. Em qualquer caso não está "consigo", não deixa sua própria existência acontecer – mas, ao contrário, se coloca a serviço do "outro de si próprio", está "com o outro de si próprio", inclusive quando esse fazer justamente confere plenitude à sua própria vida assumida livremente. (*Ibidem*, p. 29)

A ciência econômica, encontrando na produção material seu fundamento, torna o indivíduo concreto específico inessencial à dinâmica de fabricação de bens materiais, dado que sua atividade é a simples adequação a uma ordem que lhe é exterior. Nos processos cientificamente organizados da produção capitalista, os homens são objetos que têm sua produtividade mensurada pelo fator "tempo" e seu custo de manutenção estipulado pela forma "salário". O valor econômico do trabalhador é estabelecido pelo cálculo da quantidade de produtos por ele produzidos dividida pelo número de horas de relógio demandadas no processo de produção.

Assim, o trabalho e, por consequência, o trabalhador são coisas independentes do capital, preexistentes a ele. O trabalho é o elemento fundamental da produção, mas, como característica própria do homem, não é ele mesmo uma forma de capital, tal como as máquinas o são, posto que o homem mesmo, seu detentor, não é um tipo de capital. Como afirmou Karl Marx (2011, p. 579), "meios de trabalho e trabalho vivo aparecem somente como os momentos fundamentais do próprio processo do trabalho do qual o capital se apropria". Existe, dessa maneira, uma clara linha divisória entre capital e trabalho.

Dessa concepção de trabalho, Marx estabeleceu que o trabalhador é sempre alienado no modo de produção capitalista. Para ele, a emancipação humana na história tem, em sua base, a ideia do surgimento do proletariado como classe potencialmente universal (Gorz 2007, p. 32). A partir do processo de racionalização e divisão do trabalho surgido no capitalismo, todo trabalho se constitui como imediatamente trabalho social. Tudo aquilo que é produzido se insere como um ponto na ordem de trocas de coisas intercambiáveis por dinheiro.

O trabalho é, para o trabalhador, sempre alienado à medida que não se reconhece nas mercadorias por ele produzidas. Por um lado, o trabalhador individual é um elemento na cadeia das forças produtivas, executor de tarefas com finalidades sempre parciais no processo social de produção. Por outro lado, se cada trabalhador significa muito pouco individualmente, é a classe operária, em verdade, o trabalhador universal que está à frente como força produtiva na ordem do capital.

Em *O capital*, Marx (1980, p. 584) afirma:

> O produto deixa de ser o resultado imediato da atividade do produtor individual para tornar-se produto social, comum, de um trabalhador coletivo, isto é, de uma combinação de trabalhadores, podendo ser direta ou indireta, a participação de cada um deles na manipulação do objeto sobre que incide o trabalho. A conceituação do trabalho produtivo e seu executor, o trabalhador produtivo, amplia-se em virtude desse caráter cooperativo do processo de trabalho. Para trabalhar produtivamente não é mais necessário executar uma tarefa de manipulação do objeto de trabalho; basta ser órgão do trabalhador coletivo, exercendo qualquer uma das suas funções fracionárias.

Entretanto, a partir da segunda metade do século XX, pode ser percebida uma mudança na forma de entendimento dos processos de geração de valor na economia capitalista, diferente daquela analisada por Marcuse nos anos 1930 ou por Marx no século XIX. O que ora se encontra em curso parece ser uma redefinição do estatuto ontológico da divisão entre capital e trabalho, que é demarcado por uma alteração no discurso da atual ciência econômica.

Lazzarato (2003), partindo da leitura de Gabriel Tarde, analisa o modo de produção de riquezas surgido na sociedade pós-industrial. Entendendo por "trabalho" a geração de bens úteis, considera que geração de informações e conhecimentos é um tipo de trabalho. Assim, por exemplo, disponibilizar conteúdos na internet, ao configurar-se produção de bens de consumo, enquadra-se nessa contingência, constituindo-se no que é denominado por ele "trabalho imaterial". No entanto, pelo trabalho imaterial, o produto gerado diferencia-se daquele da produção material, alterando os modos tradicionais de expropriação estabelecidos na sociedade industrial.

Conforme Lazzarato (2003), a troca de produtos materiais por dinheiro despoja o produtor do resultado de seu trabalho, aliena-o à medida que aquilo que foi por ele produzido não mais lhe pertence. Já informações e conhecimentos não se inserem na categoria das coisas que podem ser alienadas do produtor, posto que aquele que os transmite por meio da comunicação "não se despoja deles ao socializá-los" (Lazzarato 2003, p. 68). Ainda, o conhecimento, diferentemente do bem material, ao ser consumido, não se destrói, pelo contrário, amplia seu valor, dado que cada conhecimento somente é valioso como bem social que circula entre o maior número possível de indivíduos:

> A transmissão de um conhecimento em nada empobrece aquele que o possui; ao contrário, sua difusão, em vez de "despojar seu criador", contribui para aumentar o valor próprio do conhecimento, pois as idéias são possuídas de um "modo diverso das riquezas" que se fabricam.
> O valor-verdade também não é consumível segundo os critérios estabelecidos pela economia política, pois apenas a troca de "bens materiais" supõe, para a satisfação dos desejos, o "consumo destrutivo" dos produtos trocados. (...) O consumo não é destrutivo, mas criador de outros conhecimentos. Consumo e produção coincidem na produção de conhecimentos. (*Ibidem*, p. 69)

Essa característica própria à produção de conteúdos culturais na sociedade tecnológica, ao mesmo tempo que expande o acesso a informações e conhecimentos, reorganiza-os sob a lógica do capital, uma vez que qualquer informação ou conhecimento útil pode ser convertido em elemento gerador de valor econômico. Mas o que pode ser considerado conhecimento útil? Por princípio, como visto anteriormente, qualquer tipo de conteúdo pode vir a ser fonte de extraordinários ganhos financeiros na internet, desde que, por alguma razão, se torne interessante para grande parte daqueles que acessam os bilhões de *sites* e *blogs* existentes na rede.

Nesse ambiente, as desigualdades mais determinantes são a educacional e a infoexclusão. Como se viu antes nas considerações de Castells (2007), o não acesso à rede significa a marginalização dos indivíduos que estão na impossibilidade de inserir-se na nova ordem econômica. Entretanto, o simples acesso, sem as condições reais de compreensão e fruição dos conteúdos disponibilizados também determina uma forma de marginalização. O mero contato do indivíduo com a tecnologia não representa inclusão social, somente se ligado a certa formação educacional torna-se potencialmente relevante em uma sociedade global em que saber direcionar-se no fluxo de informações é cada vez mais necessário.

Como apontado no Capítulo 1, basicamente são três os argumentos que sustentam a asserção do recrudescimento da EaD como processo de democratização no sentido quantitativo: argumento da *proporcionalidade*, da *flexibilidade* e da *inserção ao meio*. Este último supõe que, pela modalidade via internet, além de serem expandidos os processos educacionais a uma quantidade maior de indivíduos, o próprio meio pelo qual é disponibilizada converte-se em uma forma de inclusão daqueles que estariam às margens da nova sociedade que ora surge.

Na utopia democrática da sociedade do conhecimento, a antiga distinção entre proprietários de meios de produção e fornecedores de mão de obra esvanece-se. Todos os homens são proprietários de seus traços de personalidade, de suas disposições psicológicas, ou, mais do que posses do sujeito, são o próprio sujeito. Porquanto tais disposições se constituem como elementos potenciais de geração de valor econômico, a utopia da sociedade do conhecimento é, por princípio, comunista, pois todos são iguais, ao menos potencialmente, em suas capacidades cognitivas.

A inteligência, porém, não é a virtude fundamental da sociedade do conhecimento, mas as disposições afetivas dos indivíduos. Entre elas, a vontade é a característica mais importante, pois dela geram-se a perseverança, o autocontrole, a extroversão, o protagonismo, a curiosidade e a capacidade de trabalho em equipe. Ainda que o sistema capitalista permaneça um processo norteado por uma "arte do cálculo tal qual desenvolvido pela ciência, aplicado à definição das regras de conduta" (Gorz 2007, p. 123), a extensão do cálculo econômico passa a abranger cada vez mais todas as instâncias das existências individuais.

No centro dessas alterações, o desenvolvimento das novas TICs demonstra-se ponto fundamental, mas é na realocação ontológica entre "capital" e "trabalho" que a ciência econômica estrutura uma ordenação social na qual a educação aparece ao mesmo tempo como direito e fator de produção econômica.

Democracia e crescimento econômico

Uma das mais notórias transformações de nosso tempo é expressa na apreensão de que a diminuição das desigualdades sociais não é um efeito do crescimento econômico, mas sua causa. Essa alteração, ao incorporar a ideia de "cidadania", original do campo semântico da política, ao da economia, acaba por reordenar os modos pelos quais foram entendidas as relações entre Estado, sociedade e setor produtivo.

Questões sobre o acesso aos sistemas de saúde, condições de mobilidade urbana, preservação ambiental, promoção da cultura etc. são percebidas não somente como relativas ao direito, mas também como formas de investimento público nos indivíduos. Assim, a redução das desigualdades sociais impõe-se como meta de governo que não se restringe apenas ao âmbito das demandas por justiça social, mas também a um fator decisivo das economias dos países.

> (...) na medida em que a cidadania não é mais o fruto da inserção produtiva, mas a condição dela, todas as problemáticas das correlações

integração-exclusão, desenvolvimento-desigualdade se transformam. Ou seja, a desigualdade torna-se a causa e não mais a consequência do crescimento lento. Isso significa que o Estado tem de repensar as políticas econômicas na perspectiva imediata da redução (ou superação) das desigualdades, isto é, da determinação de um acesso aos serviços, de uma universalização dos saberes que não podem mais ser postergados na esfera dos efeitos do crescimento (e de seus impactos sobre a dinâmica do emprego), mas que constituem a condição deste. Por isso, discute-se cada vez menos política industrial para pensar a política econômica do território, isto é, uma política capaz de valorizar as interdependências entre indústria e redes de cooperação entre dimensões fabris e dinâmicas sociais. (Cocco 2001, p. 88)

Como já mencionado, a explicitação dessa afirmativa envolve a análise do que pode significar "democracia" nos tempos atuais. No entanto, em razão da natureza dinâmica do conceito, não é possível substantivá-lo por meio de uma "definição real" (ver Capítulo 1). Todavia, podem-se levar em consideração algumas características mínimas que comumente são associadas a esse regime político. Para Darnton e Duhamel (2001, p. 12), "dois elementos parecem-nos essenciais num sistema que se possa caracterizar como democrático: a livre seleção dos governantes pelo povo e o respeito dos direitos humanos pelos governantes".

Aqui, usarei o termo "democracia" em referência a esses dois elementos, pois, de modo geral, são os que parecem incorporados nos atuais discursos acerca do crescimento econômico, à medida que são apresentados como mecanismos úteis para o aumento da "qualidade de vida" das populações. A democracia, por esse viés, não é vista como um fim em si, ou seja, na sua especificidade de regime político, mas como meio para o aumento da competitividade e, por consequência, para a expansão econômica.

Assim sendo, "seleção dos governantes pelo povo" e "respeito dos direitos humanos pelos governantes" convertem-se em importantes ativos econômicos dos países. Transformam-se mesmo em fatores fundamentais para a estabilidade política, social e econômica tanto mundial como das nações particulares. A redução das desigualdades torna-se elemento incontornável da estratégia econômica de Estados, por dois motivos principais:

> Como fator de redução de risco de investimentos e atratividade de capitais financeiros e produtivos. Em um mundo onde os fluxos financeiros, com o desenvolvimento das TICs, possibilitam que os capitais se desloquem instantaneamente de um mercado a outro, a instabilidade social de uma nação específica converte-se em fator negativo na consideração feita pelos investidores em suas decisões de investimento. A facilidade em fazer transmigrar globalmente capitais, somada à aversão ao risco, faz os países mais sujeitos à instabilidade social perderem possibilidades de imissão de recursos financeiros. Por sua vez, o capital produtivo, embora não com a mesma volatilidade do financeiro, também segue esse mesmo movimento, ainda que em ritmo mais lento, uma vez que nações social e politicamente instáveis são menos atrativas para instalação de fábricas e empresas prestadoras de serviços, perdendo possibilidades de geração de empregos e de arrecadação de impostos.

Em um momento em que as transformações tecnológicas gradativamente tornam cada vez mais obsoleto o trabalho físico e repetitivo para a produção de bens materiais, as habilidades cognitivas dos trabalhadores, como as capacidades de fixar atenção, de criatividade, de raciocínio, habilidades sociais etc., são convertidas em fontes de geração de valor econômico. Relegar camadas de indivíduos a condições subumanas de existência passa a ser potencial perda de capital, restringindo possibilidades de crescimento econômico. A exclusão social, dessa maneira, transmuta-se em perda de poder de competitividade na nova economia global. Quando "pesquisas comprovam que traços de personalidade são decisivos para o sucesso na educação e no trabalho" (*Época* 2013, p. 57), disposições psicológicas como perseverança, autocontrole, extroversão, protagonismo, curiosidade e capacidade de trabalho em equipe[1] convertem-se em elementos centrais do crescimento

---

1. Tais características psicológicas são citadas pela revista semanal *Época*, em sua edição de 1º de outubro de 2013, como aquelas que são essenciais para o sucesso

econômico. Nesse ambiente, certa ideia de "democracia" passa a ser estruturante em um ordenamento social, no qual o conhecimento é cada vez mais incorporado à ordem da produção e da reprodução do capital.

Obviamente as desigualdades mundiais permanecem imensas. O trabalho infantil, a escravidão, a fome, o acesso precário à água potável, as indústrias da prostituição, as más condições de saúde das populações pobres etc. continuam existindo em índices alarmantemente altos. São patentes, porém, nos últimos anos, os esforços dos Estados nacionais e de organismos transnacionais, como a OCDE, o Banco Mundial e a Organização das Nações Unidas (ONU), em prol da diminuição (ou da erradicação) da miséria e em prol da distribuição mais equitativa das riquezas sociais, empenhos que, em muitos casos, vêm surtindo efeitos.[2]

Em um momento em que a busca por desenvolvimento econômico dos países passa a englobar a necessidade de estabilidade política

---

no mercado de trabalho. De acordo com o texto publicado, cabe aos sistemas educacionais desenvolver essas características.

2. Vários são os critérios adotados para a verificação das relações de desigualdade social nos diferentes países, e são as nações que historicamente apresentaram maiores disparidades sociais que vêm demonstrando melhorias em seus índices sociais. A ONU, utilizando-se do Índice de Desenvolvimento Humano (IDH), que leva em consideração expectativa de vida, renda *per capita* e educação para avaliação das condições de vida das populações de diferentes países, apontou, em 2013, uma melhoria geral do índice nos 187 países avaliados em 2012, o que demonstra, segundo a ONU, uma melhoria contínua do desenvolvimento humano em âmbito mundial, uma vez que nenhum país apresentou redução do IDH relativamente à década anterior. Recebem destaque, nesse levantamento, por ordem de obtenção de maiores resultados em relação à década de 2000, Afeganistão, Serra Leoa, Etiópia, Ruanda, Timor Leste, Mianmar, Tanzânia, Libéria, Burundi, Mali, Moçambique, República Democrática do Congo e Níger (*Valor* 2013). Já o documento do Banco Mundial publicado em 2012 com o título "A diminuição da desigualdade social na América Latina na década de 2000. Os casos da Argentina, do Brasil e do México" (*Carta Maior* 2012) utiliza o coeficiente de Gini, que toma como base a renda *per capita* dos países, e demonstra redução das disparidades de renda de 17 países da região.

em vista da atração de capital financeiro, são os chamados países em desenvolvimento que apresentam maiores ganhos de direitos sociais. Fukuyama (1992, pp. 218-219) identifica esse fenômeno à expansão da democracia liberal na contemporaneidade:

> Os países em processo de modernização econômica são os menos estáveis politicamente porque o próprio crescimento cria novas expectativas e exigências. O povo compara sua situação não com a das sociedades tradicionais, mas com a dos países ricos e se enfurece por causa disso.

No Brasil, relativamente à totalidade da população, é notória a diminuição do número dos indivíduos que anteriormente se achava em situação de extrema pobreza e que ora encontra melhores condições materiais de existência. Neste momento, as classes menos favorecidas vêm tornando-se classes consumidoras de bens e serviços, enquanto ocorre a exponencial expansão de acesso de direitos sociais.

Nesse ambiente, o direito à educação assume papel preponderante: o aumento da quantidade de anos de estudos realoca-se como uma forma de investimento futuro para indivíduos e nações, já que as atuais estimativas econômicas aduzem que cada ano a mais de escolaridade corresponde a 10% de aumento de produtividade de um trabalhador (*Exame* 2013, p. 39). Em uma nação social e politicamente estável, uma população saudável e educada representa potencial ganho de produtividade, assim como maior capacidade de atração de investimentos.

Em artigo publicado pela Unesco sobre o seu "Relatório Mundial da Educação para Todos" de 2013, lê-se:

> A igualdade na educação melhora as oportunidades de trabalho e aumenta o crescimento econômico. Se todas as crianças, independentemente de sua origem e situação econômica, tivessem acesso igualitário à educação, os ganhos de produtividade impulsionariam o crescimento econômico. Nos próximos 40 anos, a renda per capita seria 23% maior em países com condições igualitárias de educação (Unesco 2013, p. 2).

No discurso econômico atual, "educação" e "democracia" encontram certa similaridade, pois ambas são compreendidas como elementos centrais para a expansão econômica dos países. Em 1997, ao comentar as reformas dos Estados empreendidas no final do século XX em documento do governo federal brasileiro denominado "A reforma do Estado dos anos 90: lógica e mecanismos de controle", o economista Bresser Pereira (1997, p. 8; grifos nossos) considera que, na nova economia global, a democracia deve ser mantida por dois motivos fundamentais:

> (...) os quatro aspectos básicos da reconstrução do Estado: a delimitação de sua abrangência institucional e os processos de redução do tamanho do Estado, a demarcação de seu papel regulador e os processos de desregulamentação, o aumento de sua capacidade de governança, e o aumento da governabilidade. Nos quatro casos, o objetivo não é enfraquecer o Estado, mas fortalecê-lo. O pressuposto será sempre o do regime democrático, não apenas porque *a democracia é um valor final, mas também porque, no estágio de civilização que a humanidade alcançou, é o único regime que tem condições de garantir estabilidade política e desenvolvimento econômico sustentado*.

Considerando-se o sistema democrático, em conformidade com a definição de Darnton e Duhamel (2001), como aquele em que se criam, mantêm-se e se garantem direitos, concebe-se a democracia, agora, como dispositivo para o fomento da competitividade econômica. Dessa maneira, apesar de os juízos morais permanecerem fatores determinantes para a asseveração da validade de políticas públicas que visam à ampliação da "justiça social", essa avaliação pode dispensar o pano de fundo da moralidade. Os preceitos da eficiência das nações constituem critérios para a ponderação de suas capacidades de promoção de estabilidade e de geração de maior produtividade.

Essa redefinição das estratégias para o crescimento implica também uma realocação semântica, pois faz com que os acessos à saúde, à seguridade social, à habitação etc. passem a pertencer, concomitantemente, aos campos próprios do direito e da economia, ao se tornarem serviços oferecidos pelos governos. Dado que um direito social seja também, por essa perspectiva, um tipo de investimento nos indivíduos, sua garantia passa a ser a prestação de uma utilidade criadora de valor incorporada ao sistema produtivo.

Tal fenômeno, ao agregar a ideia de cidadão, como detentor de direitos fundamentais, à ideia de consumidor de serviços, gera mesmo uma justaposição entre elas: ser cidadão é pertencer a determinada ordenação social na qual os impostos a serem pagos constituem espécies de aplicação que devem retornar em forma de serviços, que são, por fim, investimentos nas condições de vida dos indivíduos em forma de direitos sociais. Assim, a ciência econômica, ao se expandir para além da esfera da produção material de bens, fazendo coincidir os sentidos de direito/ serviço, cidadão/consumidor, governo/prestador de serviços, acaba por realocar a totalidade da vida dos indivíduos na lógica da geração de valor.

Essa redefinição implica, também, uma alteração ontológica, um esvanecimento da distinção estabelecida pela ciência econômica clássica entre capital e trabalho, fenômeno que é expresso pelo conceito de "capital humano".

O capital humano

Foucault (2008a, pp. 227-228), em um curso ministrado entre 1978 e 1979 – publicado postumamente com o nome *Nascimento da biopolítica* –, ao avaliar o problema das diferentes teorias marxistas como análises da totalidade do ordenamento histórico, percebe que existe nelas um problema de base na consideração que fazem do capitalismo, ao tomá-lo como fenômeno único no decorrer de seu desenvolvimento:

> De fato, porque, se admitirmos – digamos assim, numa perspectiva marxista no sentido bem amplo do termo – que o que é determinante na história do capitalismo é a lógica econômica do capital e da sua acumulação, vocês hão de compreender que na verdade há um só capitalismo, já que há uma só lógica do capital. Há um só capitalismo,

um capitalismo que é definido, precisamente, pela lógica única e necessária da sua economia, e em relação a esse capitalismo pode-se apenas dizer que esta instituição o favoreceu ou que aquela o desfavoreceu. Tem-se um capitalismo desimpedido ou tem-se um capitalismo obstaculizado, mas tem-se de todo modo *o* capitalismo. O capitalismo que conhecemos no Ocidente é o capitalismo *tout cour*, modulado simplesmente por alguns elementos favoráveis ou desfavoráveis. E, por conseguinte também, os impasses atuais do capitalismo, na medida em que são finalmente, em última instância, determinados pela lógica do capital e da sua acumulação, são evidentemente impasses historicamente definitivos. Em outras palavras, a partir do momento em que você vincula todas as figuras históricas do capitalismo à lógica do capital e da sua acumulação, o fim do capitalismo é marcado pelos impasses históricos que ele manifesta atualmente.

Ao estudar o desenvolvimento do capitalismo estadunidense e o surgimento do pensamento neoliberal como doutrina política e econômica, Foucault avalia que, em seu fundamento teórico, o neoliberalismo surge do questionamento de alguns pressupostos da teoria econômica clássica, da forma que esta se constituiu desde o século XVIII. Existe uma inversão de fundamento na teoria neoliberal, pois esta não toma como foco de análise os mecanismos de funcionamento do sistema de produção e trocas, nem os fatos de consumo e suas relações entre si, ou seja, das ocorrências externas que condicionam as ações dos sujeitos em certo sistema econômico. Para a teoria neoliberal, importará o "comportamento humano entre fins e meios raros que têm usos mutuamente excludentes" (*ibidem*, p. 306).

Como já apontado, para a teoria econômica clássica, de modo geral, o trabalho humano pode ser apreendido pela análise quantitativa entre horas de trabalho, produção e salário, ponto que Marx também assume em sua crítica ao capitalismo: esse modo de produção, ao transformar o trabalho concreto em trabalho abstrato, torna-o amputado de toda realidade humana.

No entanto, o ponto de partida do pensamento neoliberal é justamente o contrário, parte da análise da subjetividade. A questão a ser respondida refere-se aos cálculos que estão envolvidos nas ações dos indivíduos ao escolherem determinados fins em detrimento de outros ou "o que é trabalhar, para quem trabalha, e a que sistema de opção, a que sistema de racionalidade essa atividade de trabalho obedece?" (*ibidem*, p. 307). Essa inversão da perspectiva em torno do trabalho faz com que o trabalhador não seja apreendido como um objeto constituído desde a oferta e procura de força de trabalho, mas como um sujeito econômico ativo (*ibidem*, p. 308).

É o economista Theodore Schultz, professor da Escola de Chicago e ganhador do Prêmio Nobel em 1979, o primeiro formulador da teoria do capital humano. De seus estudos, em 1956 e 1957, a respeito da economia dos Estados Unidos, nota que os conceitos tradicionais de "capital" e "trabalho" se tornam ineficientes para a compreensão do acréscimo na produção que vinha ocorrendo naquele país. Schultz (1967, pp. 26-27) declara em *O valor econômico da educação*:

> A taxa de rendimento do investimento na instrução é tão ou mais elevada do que a de qualquer outro investimento: mesmo quando se consideram todos os gastos da instrução como investimentos rentáveis e não de consumo em qualquer proporção. Como fonte de crescimento econômico, a instrução adicional, oriunda da força de trabalho, apareceria como a responsabilidade de um quinto, aproximadamente, da elevação da renda nacional efetiva, nos Estados Unidos, entre 1929 e 1957.

Disso depreende a necessidade do estabelecimento de novos parâmetros para a mensuração do crescimento econômico:

> (...) comecei a perceber que os fatores essenciais da produção, que eu identificava como capital e trabalho, não eram imutáveis: sofriam um processo de aperfeiçoamento, o que não era devidamente apreciado, segundo a minha conceituação de Capital e Trabalho. Também, percebi claramente que, nos Estados Unidos, muitas pessoas estão investindo fortemente em si mesmas, como ativos humanos; que estes investimentos humanos estão constituindo uma penetrante influência

sobre o crescimento econômico; e que o investimento básico no capital humano é a educação. (Schultz 1967, p. 10)

Adam Smith (1996, p. 68), no século XVIII, já preconizava que a riqueza das nações é produto de seus recursos naturais somada à produtividade do trabalho útil, e esta é obtida pela destreza individual de cada trabalhador, pela poupança de tempo para realização de tarefas no setor produtivo e pelo avanço de criação de máquinas. Assim, para o filósofo escocês, as habilidades adquiridas pelos habitantes de um país constituem parte de seu capital geral.

No entanto, segundo Schultz (1967, p. 12), apesar da percepção de Smith, o desenvolvimento da ciência econômica tornou a noção de capital associada à de produção de bens materiais, gerando uma "escravização de alguns economistas a um conceito unilateral do capital restrito aos bens materiais". Por esse viés, a produtividade é sempre medida pela quantidade de homens-hora.

Ao manter o conceito básico de capital como "investimento" para a criação de valor econômico, Schultz (*ibidem*, p. 13) considera que esse conceito deve ser ampliado nessa nova ordenação econômica, pois, uma vez que as pessoas passam a investir em si próprias "quer como produtores, quer como consumidores" para a obtenção de maiores oportunidades de ganhos no mercado de trabalho, a noção de capital não pode estar restrita à produção material. Nesse sentido, a educação é o principal investimento do indivíduo em si próprio.

> O valor econômico da educação é baseado no conceito de que ela tem uma influência benéfica sobre o bem-estar. (...) Como um investimento, tanto pode afetar as futuras despesas como as futuras rendas. Assim, o componente dos gastos com a instrução apresenta duas variantes: a instrução que atende à despesa atual e a instrução, como um investimento, para atender à futura despesa. O componente de produção, decorrente da instrução, é um investimento em habilidades e conhecimento que aumenta futuras rendas e, desse modo, assemelha-se a um investimento em (outros) bens de produção. (*Ibidem*, pp. 23-24)

Com base em suas análises econômicas naquele momento, Schultz (*ibidem*, p. 13) afirma que "os trabalhadores vêm-se tornando capitalistas, no sentido de que têm adquirido muito conhecimento e diversas habilidades que representam valor econômico".

O trabalhador é, dessa maneira, segundo a teoria do capital humano, um sujeito que recebe um tipo determinado de renda denominado "salário", compreendido como o retorno de certo investimento empregado, um tipo determinado de "capital" que consiste, nos dizeres de Foucault (2008a, p. 308), no conjunto de todos os "fatores físicos e psicológicos que tornam uma pessoa capaz de ganhar este ou aquele salário".

Do ponto de vista do trabalhador, sua força de trabalho é o conjunto de todas as suas aptidões ou competências que possibilitam que ele tenha certa remuneração perante situações dadas em certo período, que é do seu tempo de vida útil para o mercado. Desse modo, as capacidades por ele adquiridas são características próprias que o capacitam a ter certo tipo de renda. A determinação do capital humano, perante um mercado de compra de mão de obra, inclui desde características hereditárias – como as propensões à aquisição de certas doenças – até capacidades adquiridas, o que significa, em termos gerais, o acesso ao processo educacional que o indivíduo teve no decorrer de sua vida.

Assim, diferentemente da ciência econômica clássica, a teoria do capital humano compreende as causas do avanço econômico dos países mais desenvolvidos não de uma correlação entre terra, capital e trabalho, mas como efeito de certo investimento relativo ao próprio homem. Conforme Schultz (1973, p. 9):

> Há oportunidade para se investir no homem, através de um aprendizado que se faz nas próprias tarefas, de busca da informação econômica, da migração e das atividades que dão sua contribuição no terreno da saúde; a todos estes setores deu-se analiticamente uma considerável atenção. Uma classe particular do capital humano, consistente do "capital configurado na criança", pode ser a chave de uma teoria econômica da população. A formação do "capital configurado na criança" pelo lar, pelo marido e pela mulher começaria

com a criação dos filhos e prosseguiria ao longo de sua educação por todo o período da infância. Uma abordagem de investimento relativamente ao crescimento da população acha-se, atualmente, trilhando um novo caminho.

Tudo aquilo que constitui determinado indivíduo, como o tipo de criação que recebeu na infância ou mesmo suas características inatas, torna-o capaz de aspirar a determinada renda em dada situação econômica e social, pois capacita-o de certo modo para o mercado. Cada indivíduo, com os demais, constitui, no cômputo geral da sociedade, um maior ou menor desenvolvimento econômico. Assim, passa a ser uma questão política, no interior do sistema capitalista, a totalidade da vida de cada um dos componentes do corpo social, o que Foucault (2008a, p. 319) denominará *biopolítica*:

> É para esse lado, de fato, que se vê claramente que se orientam as políticas econômicas, mas também as políticas sociais, mas também as políticas culturais, as políticas educacionais, de todos os países desenvolvidos. Do mesmo modo, também, a partir desse problema do capital humano, podem ser repensados os problemas da economia do terceiro mundo.

Enquanto as competências individuais assumem o *status* de capital, e o processo educacional adquire a característica de investimento futuro com vistas à qualificação para certo tipo de renda, a sociedade em seu conjunto assume a "forma empresa":

> No neoliberalismo americano, trata-se de fato e sempre de generalizar a forma econômica do mercado. Trata-se de generalizá-la em todo o corpo social, e generalizá-la até mesmo em todo o sistema social que, de ordinário, não passa ou não é sancionado por trocas monetárias. Essa generalização de certo modo absoluta, essa generalização ilimitada da forma do mercado acarreta certo número de consequências ou comporta certo número de aspectos. (Foucault 2008a, pp. 333-334)

Na sociedade empresa, assiste-se à constituição do "Eu S/A". Cada indivíduo particular é uma máquina de otimização de resultados. Sua própria vida é convertida em capital, no sentido de ser para ele a maximização de si mesmo, a matéria na qual investirá seus esforços em busca de maiores qualificações negociáveis no mercado. O desenvolvimento de suas potencialidades individuais, dessa forma, constitui a angariação de ativos que lhe pertencem e que podem ser negociados como "competências" no mercado de salários.

Por essa perspectiva, em nossa atualidade, a afirmada alteração de paradigma no âmbito educacional pode ser entendida como uma mudança de paradigma do modelo de produção capitalista, assim como a reconfiguração das relações políticas e sociais. Nesse sentido, o discurso acerca da sociedade do conhecimento reflete uma percepção outra acerca do papel das aptidões cognitivas dos indivíduos na ordem de produção, agora potencializada pelo avanço das novas tecnologias de comunicação e informação na educação da chamada sociedade pós-industrial. É nesse quadro que a educação democratiza-se na medida em que se expande de um modo nunca visto anteriormente.

No entanto, existe um tema mais profundo que é necessário ser abordado na tentativa da compreensão do que está incutido na expansão da educação via internet como processo de democratização. Trata-se mesmo de uma reestruturação ontológica, hodiernamente introduzida no imperativo da educação para todos, que se instala no discurso acerca das "competências" com vistas à educação democrática, inclusiva e eficaz. Tal questão será tratada a seguir.

4
O PAPEL DA CRÍTICA À EDUCAÇÃO TRADICIONAL NO ESTATUTO DE LEGITIMAÇÃO DA SOCIEDADE DO CONHECIMENTO

Nas escolas monásticas da Alta Idade Média, partia-se *a priori* da validade dos conhecimentos do *trivium* (lógica, gramática e retórica) e do *quadrivium* (aritmética, música, geometria e astronomia), e o ensinamento mais importante era aquele que tratava das Sagradas Escrituras, a própria *Verdade*, denominado "sabedoria". Essa hierarquia dos saberes fundamentava também o estatuto hierárquico daqueles que os professavam. A pedagogia monástica baseava-se, assim, "antes de tudo, na leitura e no comentário magistrais das autoridades, que os estudantes seguiam em silêncio" (Verger 2001, p. 54).

De modo geral, essa concepção permeou, em maior ou em menor grau, a história da educação no Ocidente, fundamentando a necessidade de estabelecimento de currículos escolares. No entanto, a sociedade do conhecimento tem como um de seus componentes basilares a condenação aos processos educativos anteriormente estabelecidos.

É certo que a crítica ao modelo de educação em vigor, qualquer que seja ele, não é propriamente nova. É tão antiga no Ocidente como o próprio pensamento sobre como educar pessoas, sendo já ponto fundamental da contraposição de Platão à democracia de seu tempo.

Neste capítulo, analiso como a crítica à educação estabelecida constitui-se como parte integrante dos princípios da nova sociedade do conhecimento. Como já visto, o discurso de legitimação da EaD como processo de democratização liga-se a certa compreensão de democracia incutida no âmbito da sociedade globalizada, em que o papel da tecnologia reconfigura relações econômicas e sociais. No entanto, a ideia de democracia incutida na EaD ultrapassa o sentido de ser a expansão de um direito básico. Na proposta nela constante, insere-se uma alteração do próprio significado do que é entendido por conhecimento.

Nessa direção, é possível afirmar que a sociedade do conhecimento é um fenômeno pós-moderno, segundo o quadro descritivo da pós-modernidade traçado por Lyotard (2002). O princípio de democratização vinculado à normatividade da sociedade do conhecimento, e da EaD por extensão, revela uma das questões filosóficas mais importantes de nosso tempo: a desarticulação da relação entre conhecimento e verdade.

Na escola democratizada via internet que agora assume extensão global, todos os conhecimentos são importantes, o que acaba por gerar, por meio da valorização das "competências", a desvalorização de todo conhecimento específico. Uma das maneiras de como isso repercute diretamente nas atividades escolares é o decréscimo da autoridade docente, passando mesmo por alteração de significado do que é ser professor na era dos hiperfluxos de informação da sociedade conectada. Para esse fenômeno, é fundamental a crítica à educação tradicional estabelecida nos últimos séculos.

A condição pós-moderna

A atual valorização das características cognitivas mais do que a apreensão de conteúdos remete a uma reestruturação do índice de legitimação social dos saberes. Esse fenômeno acerca do estatuto dos conhecimentos coaduna-se com a análise de Lyotard (*ibidem*), daquilo que esse filósofo chamou de "condição pós-moderna". Estando seu diagnóstico correto, pode ser localizado um vínculo intrínseco entre o discurso pedagógico atual da sociedade do conhecimento e o valor dos saberes na sociedade tecnológica.

Em *A condição pós-moderna*, Lyotard (*ibidem*) aponta para ao menos dois elementos fundamentais para a melhor compreensão do objeto aqui em tela: a hodierna desvalorização dos conhecimentos anteriormente produzidos e o consequente decréscimo da tradição como elemento legitimador de enunciados. Para o filósofo francês, a partir do final da década de 1950, com a multiplicação de máquinas informacionais, altera-se a circulação de conhecimento, mudando a condição do que se compreende por "saber", analogamente ao modo pelo qual o desenvolvimento dos meios de transportes modificou as relações entre os homens (*ibidem*, p. 4).

O foco de estudo de Lyotard é aquilo que Bell (1977, p. 47) designou "o surgimento de uma nova tecnologia intelectual" na sociedade pós-industrial. Passando o saber a instituir a principal força de produção, a posse de informações constitui-se como mercadoria informacional indispensável ao poderio produtivo, estabelecendo-se a capacidade de produção e detenção de informações de certo país como índice de seu *status* na nova ordem global. Assim, a conversão do conhecimento em capital, por meio das novas tecnologias, causa uma transformação no modo pelo qual se apreende a sua finalidade social:

> Em vez de serem difundidos em virtude de seu valor "formativo" ou de sua importância política (administrativa, diplomática, militar), pode-se imaginar que os conhecimentos sejam postos em circulação segundo as mesmas redes de moeda, e que a clivagem pertinente a seu respeito deixa de ser saber/ignorância para se tornar, como no caso da moeda, "conhecimentos de pagamento/conhecimentos de investimento", ou seja: conhecimentos trocados no quadro da manutenção da vida cotidiana (reconstituição da força de trabalho, "sobrevivência") *versus* créditos de conhecimentos com vistas a otimizar as *performances* de um programa. (Lyotard 2002, p. 7)

Nesse sentido, o valor do conhecimento é medido pela sua capacidade de melhorar desempenhos, o que fundamenta um novo tipo de legitimação do poder: aquele que tem o melhor desempenho é o que tem conhecimento, no sentido de ser o tipo de conhecimento que pode efetivamente ser considerado como tal. Ou seja, existe uma deslegitimação de qualquer outra forma de saber que não a estabelecida pelos padrões de desempenho constituídos nessa configuração social. Disso se segue que quem detém o melhor desempenho é quem tem poder de decidir o que é ou não o conhecimento.

O tipo específico de conhecimento que propriamente conduz ao melhor desempenho na sociedade pós-industrial é o saber científico, como produtor de tecnologia. Dessa maneira, os países que obtiveram os melhores resultados em termos de desenvolvimento econômico e tecnológico (instâncias que estão necessariamente ligadas nesse ordenamento) decidem o que pode ou não ser considerado saber, por meio da lógica do conhecimento científico.

Ocorre uma mudança na função do Estado, a classe de "decisores", os que têm a capacidade de dispor de informações e selecioná-las a fim de tomar resoluções, enquanto as "funções de regulagem e, portanto, de reprodução, são e serão cada vez mais retiradas dos administradores e confiadas a autômatos" (*ibidem*, p. 27). Nessa sociedade, o poder de decisão deixa de pertencer à classe política tradicional e passa a ser constituído "por uma camada formada por dirigentes de empresas, altos funcionários, dirigentes de grandes órgãos profissionais, sindicais, políticos, confessionais" (*ibidem*). O resultado dessa consequência é que os instrumentos anteriormente estabelecidos de representação coletiva perdem cada vez mais sua validade, assim como a referência aos grandes ideais. Se, na modernidade, os indivíduos eram aglutinados pela atração exercida por polos como os Estados-nação, os sindicatos profissionais e as tradições históricas, formando comunidades com objetivos comuns, a sociedade que se estabelece do novo paradigma perde essa característica. Torna-se impossível o estabelecimento de vínculos sociais proporcionados pelos grandes relatos: "As 'identificações' com grandes nomes, com os heróis da história atual, se tornam mais difíceis" (*ibidem*, p. 28). A sociedade deixa de ser uma comunidade e passa ao "estado de uma massa composta de átomos individuais lançados num absurdo movimento browniano" (*ibidem*).

Para Lyotard, a expressão "sociedade pós-industrial", usada para designar a nova configuração econômica, corresponde à expressão "cultura pós-moderna", compreendida pela característica essencial de ser o período do "fim das metanarrativas". Essas expressões são, por vezes, intercambiáveis, embora designem aspectos diferentes de um mesmo fenômeno histórico. A questão central da sociedade pós-industrial, como percebida por Bell (1977), é a centralidade do conhecimento teórico no novo modo de produção nos países desenvolvidos, o que Lyotard (2002) assimila a uma primazia do conhecimento científico sobre outros tipos de saber e à dissolução do estatuto dos grandes relatos como formas de legitimação de práticas sociais.

Conforme a argumentação de Lyotard (*ibidem*), a questão da legitimação é um problema propriamente ocidental. Desde pelo menos Platão, busca-se o componente que outorgue legitimidade a um saber que se pretende como tal, aquilo que torne possível distinguir o que pode ser caracterizado como um saber de fato (*epistéme*) de outros tipos de saberes em relação a um mesmo objeto, que não são mais do que meras opiniões (*dóxa*). Em Platão, como na quase totalidade da tradição do pensamento ocidental, essa legitimação é dada por um relato: o que legitima a autoridade sociopolítica do filósofo como governante é a sua capacidade de conhecer a verdade, mas a demonstração dessa proposição se dá em referência a um relato, o da alegoria da caverna.

Da maneira análoga, Descartes, ao buscar restabelecer os princípios da ciência no século XVII, apresenta a narrativa da história de um espírito, por meio de uma espécie de "romance de formação" que conta como o narrador ascendeu ao conhecimento (*ibidem*, p. 53). Da perspectiva cartesiana, o que dá legitimidade a um saber entendido como científico é a sua referência às regras de um método universal para o saber. No entanto, a validade das regras não pode ser dada pelas próprias regras, é necessário um elemento exterior a elas que demonstre que são essas e não outras as corretas para a obtenção de um conhecimento seguro.

Entretanto, a narrativa não é ela mesma conhecimento científico, nem pode ser, pois, se o fosse, permaneceria o mesmo problema acerca da legitimação do saber, porque o que está em causa é justamente o estatuto de validade desse tipo de conhecimento. Disso se segue que dizer que o saber científico legitima o saber científico conduz necessariamente ou a uma regressão ao infinito ou a uma tautologia. A história do pensamento ocidental buscou estabelecer na metafísica o fundamento exterior necessário à legitimidade do saber: a causa primeira ou a autoridade transcendente.

Segundo Lyotard (2002), a ciência moderna restabelece a questão da autoridade do saber científico na imanência da atividade científica mesma: as regras do jogo da ciência tornam legítimo determinado saber e são estabelecidas no decorrer do próprio jogo, por meio do constante debate entre *experts* em uma comunidade já ela mesma científica. Assim, não há nenhuma garantia de verdade exterior a um saber do que um consenso estabelecido entre pessoas que têm autoridade para legitimá-lo por meio das regras que norteiam a sua prática. Disso decorre que todo saber é, por princípio, sempre provisório, pois é inerente ao jogo que a constante recolocação dos pontos em debate é a própria regra que determina em certo momento sua validade.

Tendo o conhecimento científico assumido a primazia sobre os demais a partir do momento em que o conceito de "eficiência" tornou-se índice de validade para toda e qualquer prática social, a deslegitimação de outras formas de saber conduz a uma dissolução dos vínculos que constituíam o sujeito social. A autoridade de legitimação é aquela dada pelo saber científico, mas o saber científico não pode, por princípio, legitimar nada que não seja a si mesmo, pois suas regras não podem nem pretendem ser intercambiáveis para todas as práticas sociais, dado ser um "jogo de linguagem" próprio à sua prática:

> Ora, essa legitimação (...) constitui de imediato um problema: entre um enunciado denotativo de valor cognitivo e um enunciado prescritivo de valor prático, a diferença é de pertinência, portanto de competência. Nada prova que, se um enunciado que descreve uma realidade é

verdadeiro, o enunciado prescritivo, que terá necessariamente por efeito modificá-la, seja justo. (*Ibidem*, p. 72)

Por essa perspectiva, o problema da pós-modernidade é o da subsunção do conceito de verdade ao de eficiência, o que conduz ao esmorecimento das anteriores formas estabelecidas de autoridade. Mais uma vez, porém, deve-se afirmar que, conquanto seja este um fenômeno que permeia o todo social, em nenhuma instância ele é mais evidentemente perceptível do que na educação. Paradoxalmente, enquanto a educação é vista como o elemento fundamental da nova sociedade tecnológica, ocorre o decréscimo de sua autoridade, ao menos da maneira que fora estabelecida nos últimos séculos. E é justamente no papel da crítica à educação institucional estabelecida, e da necessidade de democratização do ensino, que essa atimia da autoridade ocorre.

Mas essa crítica tem raízes mais antigas do que a recente expansão democrática das instituições de ensino, embora tenha ganhado novo fôlego com esse fenômeno. Como ela já pode ser localizada no início mesmo da modernidade, denominarei aqui as várias correntes que, de um modo ou de outro, apontam para o caráter excludente e alienante da educação estabelecida de "crítica comeniana".

Desvalorização dos conteúdos pedagógicos

Talvez o melhor exemplo da repercussão da utopia de Francis Bacon sobre a finalidade do conhecimento e suas consequências no campo educacional seja a obra de Comênio. Esse autor morávio, um dos maiores divulgadores do pensamento baconiano na Europa continental, tornou-se referência por ser paradigmática sua afirmação da necessidade de levar a educação a todas as pessoas. Em sua maior obra, *Didática magna*, de 1631, Comênio (1954) postula a necessidade, que se reflete em seu famoso lema "Ensinar tudo a todos", de que a totalidade do conhecimento esteja, por princípio, ao alcance de todas as pessoas, uma *pansofia*.

Comênio defendeu ideias que hoje estão no fundamento da confiança moderna na educação. Inspirando-se em Lutero, defendeu a necessidade de abertura de escolas públicas e que a educação fosse estendida a ambos os sexos, a todas as classes sociais, tanto àqueles que vão comandar quanto aos que serão comandados.

Como Francis Bacon, crê no conhecimento como a via pela qual o homem pode encontrar sua verdadeira natureza. O projeto iluminista aparece em germe na sua obra, mas aquilo que se demonstra crença secularizada dos pensadores do XVIII é para ele um mandamento da fé. Foi, sobretudo, um reformador social, pois, ao fundo, o que propunha era uma reformulação total da sociedade, que se daria por meio da educação. Igualmente a Bacon, acredita na relação virtuosa e natural entre conhecimento técnico e aprimoramento moral: "Ninguém poderá julgar-se um verdadeiro homem se não se formou, quer dizer: se não estiver apto para todas as coisas que distinguem o homem" (Comênio 1954, p. 97).

Claro seja que seu lema não significa que todos devam ter "conhecimento acabado de todas as artes" (*ibidem*, p. 119), posto que considera que isso seria, além de inútil, impossível, dada a brevidade da vida humana. Entrementes, defende o oferecimento de formação básica a todos, reservando a superior aos mais dedicados. O acesso aos níveis primário e secundário de instrução é necessário porque o conhecimento, antes de ser uma necessidade social, é uma necessidade natural do homem: "Fica, pois, assentado que todos os homens necessitam de ensino, porque é necessário que sejam homens e não animais ferozes ou mesmo mansos, nem troncos inertes" (*ibidem*, p. 102).

O conceito de "natureza" é muito importante em sua obra. É por meio dele que justifica seu projeto de reforma social e estabelece a crítica às escolas de seu tempo. Contra os métodos não atrativos de ensino que, então, vigoravam, afirma que a escola deve ser um lugar em que o aprendizado se dê com prazer e alegria, uma vez que aprender não é mais do que a satisfação de uma necessidade natural. Assim, postula a necessidade do estabelecimento de uma metodologia que seja conforme à natureza humana, eficaz no intuito de tornar os indivíduos capazes de assimilar conhecimentos.

É também comum tanto no pensamento do filósofo inglês quanto no do morávio o tema da imagem e do espelho: a razão humana é como um espelho que reflete o mundo, mas pode formar imagens distorcidas, sendo necessário que seja polido e limpo quando isso ocorre. Para Comênio, a correção do entendimento humano se dá pelo processo educativo e pela disciplina. O homem, nascido animal como tantos outros, necessita ser disciplinado para que possa "ser sábio, honesto e santo e, pela graça do Espírito Santo, mais livre que a maldade que quer impedir seu progresso" (*ibidem*, p. 94). No entanto, o processo de disciplinamento proposto não se dá por qualquer modo de coerção física, mas pelo natural prazer que o processo de aprendizado desperta em todos os homens, desde que aplicado o método correto. Sendo a didática a arte que pode e deve prover isso, sua atribuição é a de ensinar como se ensina.

Mais além: se o aprendizado é constitutivo da natureza do humano, no sentido anteriormente exposto, deixar de aprender representa para o homem uma contravenção à sua própria essência. Disso se segue que a educação deve ser um processo que se estende ao longo de toda a existência humana; o *aprender por toda vida* é, pois, um imperativo natural.

O ideal comeniano repercute ainda no processo de democratização da educação na sociedade do conhecimento. Que todos possam em princípio aprender tudo, que a educação deva ser eficiente e agradável e estendida ao longo de toda a vida, assim como a crítica aos sistemas educacionais estabelecidos estão na ordem do dia. A sociedade do conhecimento incorpora e transmuta o ideal comeniano na dinâmica da cultura pós-moderna. No entanto, contraditoriamente, não haverá a supervalorização e a expansão da educação a todos se não ocorrer, de forma concomitante, a desvalorização dos processos educativos.

Aristocracia dos saberes e hierarquia ontológica

A alteração ainda em curso no modo de geração de valor na sociedade conectada à internet reverbera nas concepções dos processos educacionais, e uma das mais flagrantes mudanças é a desvalorização dos conteúdos pedagógicos que ocorre no bojo de uma nova concepção de didática, que, de certo modo, já estava no ideal comeniano de educação.

Em uma sociedade em que, como já visto, todo e qualquer conteúdo cultural passa a ser potencialmente valioso, no sentido de poder se converter em fonte criadora de valor econômico na rede, os conteúdos em sua totalidade nivelam-se entre si. Se todo e qualquer conteúdo cultural é igualmente válido, desfaz-se a hierarquia dos conhecimentos, sendo agora, em natureza, todos igualmente nobres.

Desde a metafísica grega, ou pelo menos desde o Sócrates de Platão, estabeleceu-se, na cultura ocidental, um ordenamento hierárquico do ser, que se expressava em uma categorização dos conhecimentos, havendo sempre a referência àquilo que é mais elevado de ser conhecido. Nos embates entre Sócrates e os sofistas, encontrava-se em causa, para o primeiro, a diferenciação que deve existir entre o que é conhecer de fato e a mera opinião. Se todo e qualquer saber pode ser considerado igualmente válido, não há um ponto de delimitação que determine um índice de diferenciação entre as coisas e seus contrários: entre o verdadeiro e o falso, entre o justo e o injusto, entre o bem e o mal etc. Na *República* imaginada por Platão (1997), que mantinha a educação como fator determinante para a busca e a manutenção da "vida bela e boa", alguns conhecimentos deveriam ser priorizados, posto que fossem mais nobres, enquanto outros, como a poesia, deveriam ser mesmo proibidos.

No entanto, não se deve esquecer que essa categorização representou também uma divisão hierárquica da sociedade. Persiste nela a distinção social que torna possível que certo grupo de homens possa dizer a outros o que é mais ou menos digno da perspectiva dos saberes. Tal concepção, por fim, acaba por remeter a certa "aristocracia dos saberes", uma vez que estes, não sendo equivalentes, detêm *status* diferentes.

A constituição da escola moderna manteve ainda essa relação, inclusive como componente fundamental de sua autoridade. Mesmo sem a consideração do estatuto metafísico dos conhecimentos relativamente ao "Verdadeiro" – ou ao menos não de modo explícito –, alguns conteúdos sempre foram designados como importantes para sua inserção em certo currículo em detrimento de outros, uma vez que não há currículo possível sem alguma seleção de conteúdos pedagógicos.

Segundo Carvalho (2004, pp. 331-332):

> A relação pedagógica pressupõe diferenças que, no contexto escolar, traduzem-se numa certa hierarquia. Em parte, essas diferenças derivam do fato de o professor ter certos conhecimentos que os alunos não têm, que são os conhecimentos escolares. Estes evidentemente não são os únicos, nem tampouco uma síntese dos saberes universais. Nem sequer sabemos se são os melhores ou os mais importantes, mas são aqueles que compõem o currículo escolar, que integram as instituições em que trabalhamos e são conhecimentos que de alguma forma valorizamos, escolar e socialmente. Mas não é essa a única nem a principal razão da autoridade do professor. A autoridade – e consequente responsabilidade do professor, sua posição hierarquicamente diferente – deriva do fato de que ele é o agente institucional que inicia os jovens numa série de valores, conhecimentos, práticas e saberes que são heranças públicas (Arendt) que uma nação escolheu preservar através de sua apresentação e incorporação por parte daqueles que são novos no mundo. Nesse sentido, somos coautores dessas tradições e a autoridade deriva, etimológica e eticamente.

Certamente permanecem existindo conteúdos curriculares nas escolas. Obviamente persiste uma escolha dos saberes que serão incluídos nesses currículos. Necessariamente, a autoridade escolar ainda se fundamenta em grande medida nessa característica, pois permanece a escola a principal responsável pela certificação social dos saberes por meio de diplomas. As atividades nas salas de aula efetivamente existentes norteiam-se por uma seleção preestabelecida dos conteúdos a serem transmitidos aos alunos. Entretanto, o que se altera no presente momento é a consideração do valor inerente aos conteúdos, o que traz mudanças para a atividade mesma de ser professor na sociedade do conhecimento.

No discurso acerca da sociedade do conhecimento, é-lhe fundamental a crítica ao estatuto hierárquico dos saberes como foram estabelecidos pela tradição. Nesse sentido, pode-se constatar que a tradição ocidental, erigida da verticalidade hierárquica dos saberes, passa por uma transmutação ao mesmo tempo epistemológica e axiológica. Agora, o processo de "democratização" aplica-se também àquilo que pode ser entendido como conhecimento, mediante uma igualação entre os saberes: nenhum conhecimento, em princípio, é menosprezado nessa configuração social, considerado que nenhum tenha valor em si mesmo.

Com vistas às necessidades impostas pela sociedade conectada pela rede mundial de computadores, cabe às instituições escolares, presenciais ou a distância, ainda transmitir os saberes necessários para aqueles que estão em processo de formação – que agora, aliás, são todos os indivíduos em todos os momentos de suas existências. No entanto, mais do que os conhecimentos em si, o objetivo último de cada conteúdo escolar a ser transmitido aos aprendizes é fundamentar e aprimorar suas capacidades cognitivas, em especial "a criatividade e a inventividade" (Hargreaves 2004). Os conteúdos curriculares perdem a relevância que detinham e convertem-se em meios para o desenvolvimento de "competências".

Como visto anteriormente, o discurso acerca do "capital humano" realoca a distinção entre produtores e detentores de capital, dado que cada indivíduo em si seja detentor de uma forma de capital, que é, necessariamente, indissociável de si mesmo. Sua forma de valorização tem como principal referência, ao menos no entendimento de Schultz (1967 e 1973), a qualificação educacional.

Em nosso presente, o discurso da sociedade do conhecimento assevera que a eficiência de certo processo educativo é mensurada pela capacidade de desenvolver nos estudantes disposições psicológicas, como perseverança, autocontrole, extroversão, protagonismo, curiosidade e capacidade de trabalho em equipe (*Época* 2013). Esse rol de competências converte-se no referencial de qualidade por meio do qual os processos pedagógicos podem ser avaliados como mais ou menos válidos. Nessa direção, lê-se na atual proposta curricular do estado de São Paulo para a educação básica:

> Na sociedade de hoje, é indesejável a exclusão pela falta de acesso tanto aos bens materiais quanto ao conhecimento e aos bens culturais.

No Brasil, essa tendência à exclusão caminha paralelamente à democratização do acesso a níveis educacionais além do ensino obrigatório. Com mais pessoas estudando, além de um diploma de nível superior, as características cognitivas e afetivas são cada vez mais valorizadas, como as capacidades de resolver problemas, trabalhar em grupo, continuar aprendendo e agir de modo cooperativo, pertinentes em situações complexas.

Em um mundo no qual o conhecimento é usado de forma intensiva, o diferencial está na *qualidade* da educação recebida. A qualidade do convívio, assim como dos conhecimentos e das competências constituídas na vida escolar, será determinante para a participação do indivíduo em seu próprio grupo social e para que ele tome parte em processos de crítica e renovação. (Secretaria da Educação do Estado de São Paulo 2008, p. 9)

O rompimento com o estatuto hierárquico dos saberes, incorporado aos processos de democratização da educação, coaduna-se com uma realocação do estatuto de legitimação do conhecimento ocorrido a partir do desenvolvimento do método científico como índice de sua validade, como apontado por Lyotard (2002). Na Novíssima Atlântida, o valor do conhecimento é avaliado pela capacidade de melhorar os desempenhos e maximizar resultados em todos os domínios da existência. Tal fenômeno impacta diretamente o que se compreende como "processo pedagógico".

Os professores na sociedade do conhecimento

No quadro atual, talvez sejam os professores que sintam a maior pressão sobre sua atividade profissional. Concretamente, esse fenômeno demonstra-se ao mesmo tempo como uma maior expectativa a respeito de suas funções e o decréscimo de seu *status* social:

> Essas questões se levantam de maneira ainda mais aguda quando se observa que, paralelamente a esse imenso fracasso, a autoridade do mestre, respeitado social e profissionalmente, dissipou-se ao extremo, deixando os professores, cuja função social se desvalorizou e já não

goza de um grande reconhecimento, diante de problemas insuperáveis de desrespeito, desatenção, disciplina e mesmo violência. (Lipovetsky e Serroy 2011, p. 150)

Esse decréscimo de *status* pode ser entendido, segundo os autores (*ibidem,* p. 151), como reflexo da passagem da sociedade disciplinar-autoritária da modernidade para "a sociedade consumista-hedonista-neoindividualista da hipermodernidade". A desautorização dos docentes pode ser atribuída à exaltação à vida no presente promovida pelo capitalismo de consumo: "a satisfação dos desejos, a realização pessoal do indivíduo" (*ibidem*). Entretanto, por outra perspectiva, que aqui tentarei desenvolver, pode-se relacionar também com a diminuição do valor dos conteúdos pedagógicos. Na cultura pós-moderna, segundo Lyotard (2002), a ausência de valores para além dos criados por meio das próprias regras do jogo da legitimação dos saberes desautoriza de antemão a atribuição de validade intrínseca aos conhecimentos anteriormente produzidos.

Desde a constituição das instituições escolares, sempre foram a detenção e a preservação de certos conhecimentos algumas das bases de sua autoridade moral. Entretanto, na Novíssima Atlântida, na ausência de fundamento último de legitimidade, a autoridade escolar não se pode constituir mais pela detenção de conhecimentos adquiridos, posto que estes são sempre algo a ser superado no constante processo de produção de novidades. Tal perspectiva acaba por realocar o papel social do professor como agente por excelência dos procedimentos institucionalizados de aprendizagem.

Há ainda outro elemento fundamental no processo de desvalorização dos conteúdos curriculares e, por consequência, do valor da atividade docente, que se coaduna mais imediatamente com a expansão do processo de *democratização do ensino*. Como já mencionado acerca da "aristocracia dos saberes", a valorização de determinado saber como conteúdo escolar implica a exclusão de outros; significa que, por algum motivo, certos saberes são mais nobres que os demais. Esse procedimento de inclusão/exclusão remete a um processo social de determinação e classificação daquilo que é válido do ponto de vista da transmissão.

A crítica da segunda metade do século XX aos sistemas educacionais estabelecidos – que encontra vários representantes, de Paulo Freire a Pierre Bourdieu, ou mesmo a crítica foucaultiana etc. – revelou o fato de que a seleção de conhecimentos nos processos escolares envolve sempre relações de poder. No âmbito específico da inclusão de conteúdos, a crítica demonstra que toda seleção envolve interesses de classe, de gênero, de raça, além de gerar formas de dominação, o que acaba por provocar exclusões de indivíduos, assim como de populações marginalizadas.

Partindo da vertente pós-estruturalista, observa Silva (2007, p. 14) acerca das teorias do currículo escolar:

> (...) podemos dizer que o currículo é também uma questão de poder e que as teorias do currículo, na medida em que buscam dizer o que o currículo deve ser, não podem deixar de estar envolvidas em questões de poder. Selecionar é uma operação de poder. Privilegiar um tipo de conhecimento é uma operação de poder. Destacar, entre as múltiplas possibilidades, uma identidade ou subjetividade como sendo a ideal é uma operação de poder. As teorias do currículo não estão, nesse sentido, situadas num campo "puramente" epistemológico, de competição entre "puras" teorias. As teorias do currículo estão ativamente envolvidas na atividade de garantir o consenso, de obter hegemonia. As teorias do currículo estão situadas num campo epistemológico *social*. As teorias do currículo estão no centro de um território contestado.

O processo de democratização do ensino, para que seja efetivo, não deve envolver somente a inclusão das camadas da população que antes estavam fora dos sistemas escolares. É o próprio sistema escolar que deve ser repensado, de modo a incluir aquilo que antes estava fora dele. No entanto, no que se refere aos conteúdos escolares, sendo, por princípio, impossível a tudo incluir, são eles próprios desvalorizados em conjunto.

Parece ser, pela impossibilidade de estabelecimento de uma hierarquia dos saberes, que remete sempre a algum tipo de exclusão, assim como pela falta de objetivos últimos para a história, que se fundamenta agora a narrativa de rumo ao melhor no pensamento educacional da atualidade. Aparentemente contraditório, esse é um dos pontos mais notáveis que ligam o discurso acerca da sociedade do conhecimento com o processo de democratização em sentido qualitativo. É também o ponto a partir do qual se estabelecem as expectativas acerca desse construto como a utopia da sociedade dos homens esclarecidos: a *pansofia* pós-moderna.

As novas competências para ensinar

Um dos autores mais citados na vasta literatura pedagógica brasileira produzida nos últimos anos é o sociólogo suíço Philippe Perrenoud. Em seu livro de 1999, *Dez novas competências para ensinar*, Perrenoud (2000) afirma que a educação na atualidade ainda encontra no professor fator determinante de seu funcionamento. Ante as alterações dos últimos tempos e seus efeitos nos processos educacionais, prescreve o dever-ser do profissional docente na atualidade: o professor, segundo o sociólogo, deve ter como mote de sua profissão "decidir na incerteza e agir na urgência" (*ibidem*, p. 11), o que ocorre "na perspectiva de uma escola mais eficaz para todos" (*ibidem*, p. 25), ou seja, ao mesmo tempo mais democrática e mais eficiente no que se refere à formação educacional dos indivíduos.

Baseado nas análises de Pierre Bourdieu, Perrenoud (2000) fundamenta sua crítica ao sistema escolar tradicional, constituído de "cima para baixo", hierarquizado desde o modelo universitário de aula magistral. Do modo como a escola foi tradicionalmente estabelecida, somente de fato aprendem os "herdeiros", aqueles advindos das classes mais abastadas, que têm acesso aos meios culturais para tirar proveito das lições oferecidas, pois uma "formação que se dirige formalmente a todos, na ilusão de equidade" (*ibidem*, p. 24), esconde o fato de que a abertura da escola a novos públicos trouxe novas necessidades aos processos pedagógicos. No centro das preocupações de Perrenoud, está a efetividade do processo de democratização da educação, pois, se esse processo refere-se, como visto anteriormente, à expansão quantitativa do atendimento de populações antes excluídas dos sistemas escolares, implica também a necessidade de mudança qualitativa, ou de paradigma, do modelo de ensino.

Assim, segundo esse autor, para que procedimentos pedagógicos sejam adequados ao presente ou, em outros termos, para que sejam factualmente válidos no que tange à garantia de equidade, deve haver alterações nas concepções que os norteiam. Nesse sentido, deve haver uma mudança de referencial para as práticas pedagógicas:

> Sem dúvida, essa evolução – inacabada e frágil – tem vínculo com a abertura dos estudos longos a novos públicos, o que obriga a se preocupar com aqueles para os quais assistir a uma aula magistral e fazer exercícios não é suficiente para aprender. (*Ibidem*, p. 24)

A resposta de Perrenoud a essa dificuldade preceitua uma transformação do significado do que é ser professor. Este, mais do que o detentor de um conjunto de saberes a ser transmitidos, deve ser capaz de incluir todos os seus alunos por meio de "situações de aprendizagem": atividades direcionadas para resoluções de problemas que possibilitem o desenvolvimento das capacidades cognitivas dos estudantes com base em seus conhecimentos preexistentes.

O professor deve administrar as condições para, pelo material humano que lhe é confiado, tornar eficazes os processos de aprendizagem. Estes devem ocorrer de modo que não exclua nenhum dos indivíduos. Para Perrenoud (*ibidem*, p. 23), os professores devem ser, sobretudo, "conceptores-dirigentes de situações de aprendizagem" ou, poder-se-ia dizer, gerentes da maximização das faculdades cognitivas dos alunos. Para tanto, considerada a multiplicidade de indivíduos diferentes que possam estar sob sua tutela, não podem existir regras infalivelmente válidas que direcionem e padronizem de uma vez por todas as situações de aprendizagem a serem aplicadas. Ante as circunstâncias que sempre se alteram, em conformidade ao mote, deve o docente ser capaz de decidir na incerteza e agir na urgência.

É preciso deixar claro que o ponto de partida de uma pedagogia inclusiva não pode ser jamais o professor, mas os aprendizes. O elemento central da aprendizagem não deve ser a valorização de saberes preexistentes e, por consequência, dos indivíduos que os transmitem, mas os indivíduos que serão educados e suas capacidades de aprender. Ao enumerar as competências necessárias ao profissional docente, Perrenoud (*ibidem*, p. 11) estabelece que a atual crise da educação cada vez mais demanda da classe professoral:

> Prática reflexiva, profissionalização, trabalho em equipe e por projetos, autonomia e responsabilidade crescentes, pedagogias diferenciadas, centralização sobre dispositivos e sobre as situações de aprendizagem, sensibilidade à relação com o saber e com a lei delineiam um *roteiro para um novo ofício*.

Na visão desse autor, entre as competências necessárias do professor dos novos tempos, é justamente a detenção do saber anteriormente produzido a que possui menor valor para a eficácia da prática docente:

> Conhecer os conteúdos a serem ensinados é a menor das coisas, quando se pretende instruir alguém. Porém, a verdadeira competência pedagógica não está aí: ela consiste, de um lado, em *relacionar* os conteúdos a *objetivos* e, de outro, a *situações de aprendizagem*. Isso não parece necessário, quando o professor se limita a percorrer, capítulo após capítulo, página após página, o "texto do saber". Certamente, nesta etapa há *transposição didática*, na medida em que o saber é organizado em lições sucessivas, conforme um plano e em um ritmo que deem conta, em princípio de revisão e avaliação. Em tal pedagogia, os objetivos são implicitamente definidos pelos conteúdos: trata-se, em suma, de o aluno assimilar o conteúdo e de dar provas dessa assimilação durante uma prova oral, escrita ou em um exame. (*Ibidem*, p. 26)

Sendo o professor um administrador de situações de aprendizagem, é-lhe ainda importante a detenção do saber sobre "os conceitos, as questões e os paradigmas que estruturam os saberes no seio de uma disciplina" (*ibidem*, p. 27). Entretanto, esses conhecimentos devem estar a serviço dos alunos, de modo que eles possam desenvolver seus próprios processos de aprendizagem.

Não basta, para *fazer com que se aprenda*, estruturar o texto do saber e depois "lê-lo" de modo inteligível e vivaz, ainda que isso já requeira talentos didáticos. A competência requerida hoje em dia é o domínio dos conteúdos com suficiente fluência e distância para *construí-los* em situações abertas e tarefas complexas, aproveitando ocasiões, partindo dos interesses dos alunos, explorando os acontecimentos, em suma, favorecendo a apropriação ativa e a transferência dos saberes, sem passar necessariamente por sua exposição metódica, na ordem prescrita de um sumário. (*Ibidem*)

O estatuto de legitimação das competências como processo de democratização

Sendo o valor de um saber escolar mensurado por sua capacidade de gerar condições de produção de novos saberes, isso não ocorre sem a perda do valor intrínseco desse saber. Os conhecimentos estabelecidos pela tradição não estão mais no centro dos processos pedagógicos, sendo substituídos pela centralidade das "competências". Nesse contexto, a realocação da ordem dos saberes coaduna-se com o processo de democratização da educação e com uma reordenação hierárquica do conhecimento. Vai-se de um modelo vertical para um horizontal, ou melhor, para o modelo em rede, em que todos os conhecimentos, por princípio, são equivalentes entre si. Isso não ocorre sem que, no plano ontológico, as propriedades dos entes e suas especificidades sejam dissipadas e transmutadas em quantidades de fluxos de informação, em conformidade com a ciência cibernética de Wiener (1968), tema que será abordado mais adiante.

O discurso das competências é atualmente uma das insígnias mais representativas da ordem atual no que se refere à educação. No Brasil, onde notadamente o acesso aos processos educacionais fora negado à maioria da população, esse discurso mantém o mesmo viés sustentado por Perrenoud (2000) baseado nos estudos de Bourdieu.

Na atual proposta pedagógica para educação básica do estado de São Paulo, lê-se:

Uma das razões para se optar por uma educação centrada em competências diz respeito à democratização da escola. Com a universalização do Ensino Fundamental, a educação incorpora toda a heterogeneidade que caracteriza o povo brasileiro; nesse contexto, para ser democrática, a escola tem de ser igualmente acessível a todos, diversa no tratamento a cada um e unitária nos resultados.

Optou-se por construir a unidade com ênfase no que é indispensável que todos tenham aprendido ao final do processo, considerando-se a diversidade. Todos têm de construir, ao longo de sua escolaridade, um conjunto básico de competências, definido pela lei. Esse é o direito básico, mas a escola deverá ser tão diversa quanto são os pontos de partida das crianças que recebe. Assim, será possível garantir igualdade de oportunidades, diversidade de tratamento e unidade de resultados. Quando os pontos de partida são diferentes, é preciso tratar diferentemente os desiguais para garantir a todos uma base comum. (Secretaria da Educação do Estado de São Paulo 2008, p. 13)

O discurso acerca das competências, do ponto de vista aqui adotado, tem como fundamento a eficácia de sua operacionalidade da perspectiva de construção de uma sociedade democrática na qual o acesso à educação constitui-se como elemento fundamental para a igualdade de oportunidades. Perrenoud (2000) busca uma solução para o problema inerente à ideia de democratização da educação, à medida que todo processo de aumento da inclusão de indivíduos no acesso aos direitos acaba por realocar um estatuto hierárquico anteriormente estabelecido.

Esse é um ponto fundamental da dinâmica das lutas por democratização, no sentido de expansão quantitativa dos direitos em certa sociedade. Não se incluem as mulheres como detentoras de direitos políticos – entendidos na acepção básica de "votar e ser votado" – em uma democracia representativa, sem lhes conceder o direito ao voto, sem mudar o estatuto social dos homens, sem que existam mulheres que sejam candidatas às eleições – alterando a composição dos quadros dos partidos políticos –, sem que as mulheres tenham mais acesso à educação formal e, de modo geral, que tenham mais voz na sociedade. Com a inclusão de certo grupo social antes excluído, várias outras alterações ocorrem em relação ao estatuto social desse grupo de modo geral e, consequentemente, de outros grupos que antes detinham certo *status*, assim como se alteram também os valores sociais que sustentavam a anterior configuração social.

Relativamente ao fenômeno aqui em pauta, o processo de democratização da educação traz o problema de saber o que pode ser efetivamente considerado inclusão. O que pode ser factualmente uma escola democrática? Ou ainda: o que pode ser compreendido efetivamente como "equidade"? Conforme Schilling (2012, p. 60), sobre as relações de classificação que determinam a dicotomia entre incluído e excluído: "quem diz, quem determina o que está 'dentro' do normal, quem estará 'fora' será anormal; o que significa "inclusão', ou o que será 'exclusão', de que seremos excluídos, onde e como estaremos incluídos?". O problema da democratização traz sempre consigo o questionamento da ordem que antes mantinha certa situação de exclusão.

> O conhecimento desta forma de operar as classificações, com suas consequências de intolerância e reativação de estigmas, pode servir de base para uma atitude dos educadores, gestores de organizações e trabalhadores sociais, sempre que comporte uma crítica a essas separações.
> Creio que o grande desafio contemporâneo é não aceitar os isolamentos – por idade, gerações, sexo ou sexualidade. Mais do que nunca é importante negar – criticar – os guetos, os enclaves fortificados, o "não fale com estranhos". A pergunta pode ser: ao "normalizar" um determinado grupo, quem estamos "excluindo"? É possível "incluir" sem questionar esta ordem que se apoia em classificações incessantes e que produz as exclusões? De que formas precárias e instáveis estamos praticando a "exclusão"? (*Ibidem*, p. 65)

De modo geral, o problema da inclusão e da exclusão escolar em sistemas educacionais que foram concebidos quando somente a camada mais privilegiada da população a eles tinha acesso expressa-se na percepção de Perrenoud (2000, p. 24): "Uma formação que se dirige formalmente a todos, na ilusão de equidade, identificada nesse caso pela igualdade de tratamento" não pode ser efetivamente inclusiva. O problema para o qual o discurso acerca das competências apresenta-se como solução, dessa maneira, é o da inclusão, ao mesmo tempo que questiona e denuncia a desigualdade que historicamente permeou o acesso à educação. No entanto, para além de sua especificidade, essa solução acaba por confrontar o próprio cerne da tradição do pensamento ocidental, coadunando-se à condição pós-moderna de deslegitimação dos saberes.

Como a crítica demonstrou, a própria seleção de conhecimentos válidos do ponto de vista curricular não é isenta de relações de poder e envolve a supressão e o não reconhecimento da validade de certos saberes, em especial aqueles de populações marginalizadas. Nos sistemas escolares concretos, esse fenômeno refletiu factualmente na exclusão de indivíduos, seja por exames seletivos para ingresso nos sistemas escolas, seja pela reprovação, seja, ainda, pela evasão. Esses três dispositivos de seleção e de exclusão guardam em comum o princípio de que a educação não deve ser para todos, mas para aqueles detentores de certos méritos. Entretanto, segundo a crítica, o discurso da meritocracia não revela que os conhecimentos, cuja assimilação pelos alunos serve de medida para a mensuração do mérito, já detêm em si relações de exclusão, o que torna, por essa perspectiva, a equidade uma falácia e a escola não democrática em sua base.

Disso se segue que, para que o sistema escolar seja justo, o imperativo da democratização da educação demanda que sejam providas condições para que todos possam ser incluídos, principalmente as populações marginalizadas, o que envolve o estabelecimento de várias políticas públicas: de distribuição de renda, de condições de acesso, de seguridade social etc. Além disso, essa necessidade impõe que seja restabelecido o próprio papel da escola na sociedade em sua função mais diretamente perceptível: o da formação intelectual dos indivíduos.

Paulo Freire (1996, pp. 30-31), em *Pedagogia da autonomia: Saberes necessários à prática educativa*, questiona:

> Por que não discutir com os alunos a realidade concreta a que se deva associar a disciplina cujo conteúdo se ensina, a realidade agressiva em que a violência é a constante e a convivência das pessoas é muito maior com a morte do que com a vida? Por que não estabelecer uma

"intimidade" entre os saberes curriculares fundamentais aos alunos e a experiência social que eles têm como indivíduos? Por que não discutir as implicações políticas e ideológicas de um tal descaso dos dominantes pelas áreas pobres da cidade? A ética da classe embutida nesse descaso? Porque, dirá um educador reacionariamente pragmático, a escola não tem nada a ver com isso. A escola não é partido. Ela tem que ensinar os conteúdos, transferi-los aos alunos. Aprendidos, eles operam por si mesmos.

Incontáveis outros exemplos, de outras tantas outras extrações teóricas, poderiam ainda ser aqui citados. Mas o que importa mais imediatamente neste contexto é a percepção de que o processo de inclusão daqueles que estavam fora dos processos educativos repercute, ao menos desde Comênio, como questionamento aos currículos escolares e às metodologias de ensino.

O discurso das competências transmuta a perspectiva na qual se estabeleceu o problema da exclusão educacional: este estaria menos nos indivíduos e mais nos saberes mesmos, considerando-se que todo indivíduo é detentor de capacidade de aprender e gerar novos conhecimentos. Nessa direção, no caso brasileiro, o documento do governo federal de 1998, intitulado "Diretrizes Curriculares Nacionais para o Ensino Médio", prescreve, entre outras coisas, que a organização curricular deve contemplar:

> Desbastar o currículo enciclopédico, congestionado de informações, priorizando conhecimentos e competências de tipo geral, que são pré-requisito tanto para a inserção profissional mais precoce quanto para a continuidade de estudos, entre as quais se destaca a capacidade de continuar aprendendo;
> (Re)significar os conteúdos curriculares como meios para constituição de competências valores, e não como objetivos do ensino em si mesmo;
> (...)
> Estimular todos os procedimentos e atividades que permitam ao aluno reconstruir ou "reinventar" o conhecimento didaticamente transposto para a sala de aula, entre eles a experimentação, a execução de projetos, o protagonismo em situações sociais;

> Organizar os conteúdos de ensino em estudos ou áreas interdisciplinares e projetos que melhor abriguem a visão orgânica do conhecimento e o diálogo permanente entre as diferentes áreas do saber;
> (...)
> Lidar com os sentimentos associados às situações de aprendizagem para facilitar a relação do aluno com o conhecimento. (Brasil 1998, pp. 28-29)

Subjaz no discurso acerca das competências a necessidade de inversão das bases dos sistemas escolares, no sentido mesmo de troca em sentido oposto, pois essas bases foram constituídas de "cima para baixo", hierarquizadas desde o modelo universitário de aula magistral, como diz Perrenoud (2000). Essa inversão é o que frequentemente se denomina, segundo a expressão do psicólogo estadunidense Carl Rogers (Zimring 2010), "educação significativa" ou "aprendizagem centrada no aluno".

A educação centrada no sujeito

Uma das vertentes da crítica aos sistemas educacionais estabelecidas, cuja gênese pode ser localizada no pensamento de Comênio (1954), recai mais nos métodos do que nos conteúdos ensinados, trazendo, em seu bojo, o questionamento dos papéis de mestre e discípulo estabelecidos pela pedagogia monástica. Há de se notar que a reformulação dos sistemas de ensino para o morávio ligava-se a seu projeto salvacionista: que o homem, cuja natureza determina que aprenda por toda a vida, pudesse encontrar sua real essência por meio de processos pedagógicos adequados. Assim, para o homem, ser racional é uma finalidade imposta pelo próprio ato de criação divina, o que implica que a educação seja, antes de tudo, uma preparação para a vida eterna, tornando o homem a imagem de Deus que realmente é.

> Tendo formado o homem à sua imagem e semelhança, dotado de razão e, para que esta não carecesse de objeto próprio, distribuiu todas as criaturas em múltiplas espécies, para que este mundo ficasse sendo

como o espelho do infinito. Poder, Sabedoria e Bondade de Deus, cuja contemplação haveria de arrebatar o homem em admiração para com o Criador, estimulando seu Conhecimento e avisando Seu amor, deixando ver, através das cousas visíveis, a invisível força, beleza, doçura oculta no abismo da eternidade, prometendo-lhe vê-la, tocá-la e usufruí-la. Outra cousa não é este mundo que nosso *Seminário, Refeitório* e *Escola*. Logo, existe um "além" e passaremos desta *Escola à Academia* eterna. Os divinos oráculos também o afirmam. (*Ibidem*, pp. 72-73)

Mesmo sem o viés metafísico, o componente da crítica comeniana manteve-se ao longo dos séculos. O filósofo pragmático estadunidense John Dewey (1978, p. 52), no começo do século XX, em um contexto de democratização da escola em seu país, colocava-se contrariamente à ideia de que o fim da educação é a matéria ou a disciplina, sendo a criança "o indivíduo cujo amadurecimento a escola vai realizar":

O ideal não é a acumulação de conhecimentos, mas o desenvolvimento de capacidades. Possuir todo o conhecimento do mundo e perder a sua própria individualidade é destino tão horrível em educação, quanto, em religião. Além disso, não se ensina impondo a criança externamente um assunto. Aprender envolve um processo ativo de assimilação orgânica, indicado internamente. De sorte que devemos partir da criança e por ela nos dirigirmos. A quantidade e a qualidade do ensino, ela é que as determina e não as disciplinas a estudar. Nenhum método tem valor a não ser o método que dirige o espírito para sua crescente evolução e progressivo enriquecimento. A matéria em estudo não é mais do que o alimento espiritual. E, como alimento, não digere a si mesmo, nem por si mesmo se transforma em ossos, músculos e sangue.

A crítica comeniana é incorporada em nosso presente como fator determinante dos processos educacionais em uma sociedade baseada na ideia de criatividade, na qual o desenvolvimento das competências assume papel de centralidade na educação. Se, conforme Dewey, a matéria em estudo não deve passar de um "alimento para o espírito", que deve ser nutrido para o desenvolvimento pleno de suas capacidades, é esse desenvolvimento que de fato conduzirá a humanidade ao seu melhor.

Os sistemas educacionais, baseados na valorização da acumulação de conhecimentos, afastaram os indivíduos da efetivação de suas potencialidades. Os conteúdos estabelecidos, que engessam os saberes, e sua forma de transmissão pela educação tradicional correspondem ao Bezerro de Ouro, ao ídolo cuja adoração desviou os homens do correto caminho, uma vez que torna os indivíduos destituídos de suas individualidades.

Essa perspectiva, que se constituiu ao longo dos séculos nas várias críticas à pedagogia tradicional, é agora acoplada à reestruturação imposta pelo chamado "novo paradigma educacional". A desvalorização dos saberes estabelecidos converte-se na contraparte da valorização do indivíduo produtor de conhecimentos, em um mundo em que predominam o critério de desempenho e a democratização da educação.

Entretanto, a elasticidade do conceito de competências expande-o pela virtual totalidade das atividades humanas, podendo ser consideradas todas, por princípio, desenvolvedoras de capacidades cognitivas. Nesse processo, a escola democratizada da sociedade do conhecimento, ao se erigir como inclusiva em sentido amplo, acaba por incluir o conjunto da existência humana não somente no sentido do "aprender toda a vida", mas também no de que tudo pode ser potencialmente pedagógico: o modo pelo qual os indivíduos conhecem, agem e convivem com os demais.

- A educação ao longo de toda a vida baseia-se em quatro pilares: aprender a conhecer, aprender a fazer, aprender a viver juntos, aprender a ser.
- *Aprender a conhecer*, combinando uma cultura geral, suficientemente vasta, com a possibilidade de trabalhar em profundidade um pequeno número de matérias. O que também significa: aprender a aprender, para beneficiar-se das oportunidades oferecidas pela educação ao longo de toda a vida.
- *Aprender a fazer*, a fim de adquirir, não somente uma qualificação profissional mas, de uma maneira mais ampla, competências que

tornem a pessoa apta a enfrentar numerosas situações e a trabalhar em equipe. Mas também aprender a fazer, no âmbito das diversas experiências sociais ou de trabalho que se oferecem aos jovens e adolescentes, quer espontaneamente, fruto do contexto local ou nacional, quer formalmente, graças ao desenvolvimento do ensino alternado com o trabalho.

- *Aprender a viver juntos* desenvolvendo a compreensão do outro e a percepção das interdependências – realizar projetos comuns e preparar-se para gerir conflitos – no respeito pelos valores do pluralismo, da compreensão mútua e da paz.
- *Aprender a ser*, para melhor desenvolver a sua personalidade e estar à altura de agir com cada vez maior capacidade de autonomia, de discernimento e de responsabilidade pessoal. Para isso, não negligenciar na educação nenhuma das potencialidades de cada indivíduo: memória, raciocínio, sentido estético, capacidades físicas, aptidão para comunicar-se.
- Numa altura em que os sistemas educativos formais tendem a privilegiar o acesso ao conhecimento, em detrimento de outras formas de aprendizagem, importa conceber a educação como um todo. Esta perspectiva deve, no futuro, inspirar e orientar as reformas educativas, tanto em nível da elaboração de programas como da definição de novas políticas pedagógicas. (Delors 2010, pp. 101-102)

Como afirmou Marcuse (1967, p. 55), a ideia de uma "ditadura educacional" é "facilmente ridicularizável, mas de difícil refutação, porque tem o mérito de reconhecer, sem muita hipocrisia, as condições (materiais e intelectuais) que servem para impedir a autodeterminação genuína e inteligente". No entanto, sempre houve para os proponentes de educações libertadoras um caminho a ser seguido. Os libertadores da humanidade por meio dos processos pedagógicos partiam de uma metanarrativa que legitimava a imposição de certa educação aos homens. De Platão a Rousseau, a ditadura educacional baseou-se na apreensão de que os homens devem ser conduzidos a ser livres pelo processo pedagógico, pois, por si próprios, não reconhecem a miséria de sua condição, contentando-se com ela.

Ao que parece, a "ditadura educacional" agora tem outra natureza. Imposta pela esfera da heteronomia do mercado globalizado na *sociedade empresa* (Foucault 2008a), constitui-se mesmo pela ausência de caminho a ser seguido. A aprendizagem centrada no sujeito pode referir-se a um mundo em que o objetivo do processo educacional é a formação do *self made man*, do empreendedor de si próprio que deve estar apto a aprender e descartar conhecimentos na sociedade da constante inovação. Maximizando suas capacidades cognitivas, o capital humano torna-se adaptável a um mundo em que o desemprego estrutural, pela substituição do trabalho humano pela tecnologia, está sempre à espreita e em que constantes necessidades e meios técnicos são criados.

Entretanto, para a constituição mesma dessa realidade, além do desenvolvimento da tecnologia, as lutas por expansão democrática e a crítica aos sistemas educacionais foram fundamentais; em verdade, a sociedade do conhecimento não existiria sem esses elementos. A crítica educacional ultrapassa seu campo específico e ecoa em todas as esferas do social, agregando-se ao imperativo categórico de um mercado cada vez mais exigente.

No caso brasileiro, a famosa frase, hoje repetida incontáveis vezes, "empregos existem, mas falta de mão de obra qualificada" torna o investimento em educação uma necessidade econômica, pressionando os governos a alocar recursos e tornar mais eficientes os sistemas educativos: faltam indivíduos criativos, empreendedores, capazes de agir em conjunto para resolução de problemas por conta de um sistema educacional público de má qualidade e excludente. Essa frase, entretanto, também remete à responsabilização do indivíduo por sua eventual má posição no mercado de trabalho, pelo seu investimento insuficiente no "Eu S/A" ao longo de sua vida; mais fortemente ainda em tempos em que a educação a distância via internet tornou mais acessíveis os custos e minimizou os esforços relativos a deslocamento e disponibilidade de tempo para aqueles que querem se qualificar.

5
A EDUCAÇÃO A DISTÂNCIA VIA INTERNET COMO "O NOVO PARADIGMA EDUCACIONAL"

Ao que tudo indica, o destino da democracia estará inelutavelmente ligado aos avanços da tecnologia, e será a educação o campo em que se travarão as maiores batalhas em torno do dever-ser dos sujeitos para o que será o futuro. Sendo a era atual a da imprevisibilidade, ela é pura indeterminação, e é nesse espaço indefinido que tomam forma tanto o temor do inesperado quanto se estabelece no discurso acerca da sociedade do conhecimento uma promessa das possibilidades do amanhã.

É nesse quadro que se delineiam, em seu aspecto mais profundo, as múltiplas relações possíveis entre a expansão da educação a distância via internet e a democracia neste século. A sociedade do conhecimento, ao estabelecer-se pelos princípios da livre comunicação e produção de inovações por meio do trabalho intelectual coletivo, coloca-se como um tipo de *ágora* onde indivíduos livres podem debater todas as questões sem a interferência de coerções externas, sendo esta a questão atual acerca das regulamentações do uso da internet.

Como visto anteriormente, na caracterização de Bell (1977) da sociedade pós-industrial, a alteração dos modos de produção acarreta a necessidade do aumento de anos de estudo para os indivíduos no novo sistema produtivo fundado na incerteza pelo princípio de constante inovação. Esse processo não ocorre sem ressignificar o que se entende por processo educativo em sociedades que ostentam a democracia como regime político. A necessidade do aumento de anos de estudo e de maior número de indivíduos incluídos nos sistemas educacionais perfaz-se como processo de democratização. Tal fenômeno acaba também por alterar o estatuto social da escola, acarretando, entre outros efeitos, a desvalorização dos saberes anteriormente constituídos. Esse fato soma-se às alterações sociais ocorridas com o desenvolvimento das TICs. Nessa direção, pode-se encontrar na atual proposta curricular do estado de São Paulo:

> As novas tecnologias da informação produziram uma mudança na produção, na organização, no acesso e na disseminação do conhecimento. A escola hoje já não é mais a única detentora da informação e do conhecimento, mas cabe a ela preparar o aluno para viver em uma sociedade em que a informação é disseminada em grande velocidade. (Secretaria da Educação do Estado de São Paulo 2008, p. 19)

Dessa maneira, por um lado, devido a uma necessidade que é ao mesmo tempo econômica e política, a EaD expande-se quantitativamente, possibilitando que mais indivíduos sejam assimilados nos processos educativos mais elevados. Por outro lado, é o reflexo de um momento em que o confinamento dos indivíduos no interior dos muros escolares, considerado o lugar privilegiado para o exercício das atividades educacionais, perde sua primazia em uma realidade que se torna cada vez menos espacializada e em que se alteram as regulações de tempo.

Embora não seja crível a tão corrente afirmação de que a escola tal como foi constituída é atualmente uma instituição fora de seu tempo, posto que sua simples permanência prova o contrário, ela agora converte-se em mais uma instância, entre várias outras, na qual devem ocorrer os processos educacionais. Conquanto a escola presencial possa ser ainda o lugar por excelência do desenvolvimento da aprendizagem, é apenas mais um lugar, quando o todo da realidade, tanto no que concerne ao espaço quanto no que concerne ao tempo, deve tornar-se educativo.

Ainda que a antiga fé no progresso da humanidade tenha se enfraquecido após o catastrófico século XX, vivemos ainda sob o signo do Iluminismo. Ainda concepções forjadas no século XVIII são determinantes para o que se concebe acerca do dever-ser do processo educacional e da ideia de "futuro melhor" no presente momento. Como cabe aos processos educacionais formar o indivíduo para o mercado de trabalho e para a cidadania – relação que por muitas vezes se demonstra conflituosa em sua determinação –, refletem-se tensões inerentes ao período moderno. Essas tensões intensificam-se hodiernamente, quando as complexidades das demandas sociais e das exigências de qualificação no mundo do trabalho majoram-se. Neste capítulo, para a análise desse movimento de continuidade e ruptura que a educação a distância representa, retomarei os princípios da concepção moderna de educação no Iluminismo por meio de um de seus nomes mais significativos: Immanuel Kant.

A EaD via internet demonstra-se neste momento uma solução para o problema da expansão da educação. Em especial no caso brasileiro, ela ultrapassa seu campo determinado, o dos ambientes virtuais, e tende a tornar-se uma matriz gerativa de novas práticas e concepções para a educação institucionalizada, posto que hoje é tida como "o novo paradigma educacional". Assim, se, como é constantemente afirmado, o estabelecimento cada vez maior da educação via internet parece ser um processo irreversível no presente momento, esse tipo de formação não se restringe à sua especificidade. Apresenta-se agora a tendência de que ela avance sobre a totalidade dos processos educacionais, convertendo-se no modelo a ser seguido.

O exame dessa questão permite dizer que os elementos detectáveis que compõem a ideia do chamado "novo paradigma educacional" são provenientes de campos diversos, ora coadunados na legitimação da educação a distância via internet. São constantes nessa concepção: 1) a percepção de uma crise do sistema educacional; 2) a incorporação de boa parte da crítica surgida do problema da democratização da educação; 3) um novo modelo ontológico de apreensão do real, a *rede*, calcado em uma metafísica que se propõe antagônica à filosofia clássica e à sua hierarquização do *Ser*; 4) as alterações nos modos de produção da sociedade tecnológica; 5) os avanços da neurociência e da instituição da biologia da mente; 6) um projeto de emancipação do homem que encontra referência no Iluminismo, mas cujas bases podem ser já localizadas nas narrativas messiânicas da História; 7) a compreensão da democracia como o melhor sistema de organização social.

Nos três capítulos anteriores, busquei ampliar a análise da EaD como processo de democratização com base no contexto no qual essa afirmação se insere. Neste capítulo, a análise se concentrará mais no âmbito exclusivo da educação, com o propósito de investigar como a educação via internet constitui-se como continuidade e ruptura dos processos pedagógicos anteriormente instituídos agora na sociedade conectada pela internet. Em prol da investigação que aqui se estabelece, serão analisadas a seguir as condições de possibilidade da afirmativa de que a educação a distância constitui o novo paradigma educacional, que se revela complementar à afirmação da EaD como processo de democratização.

Educação, emancipação e obediência

Em nosso tempo, denominado pós-modernidade, a EaD via internet parece ser o novo paradigma educacional, porquanto é a melhor expressão de uma concepção de educação acorde com a sociedade do conhecimento. No entanto, essa nova configuração social incorpora ainda as tensões que se estabeleceram no período anterior, a modernidade, ao permanecer no interior do mesmo quadro em que a ideia de emancipação dos homens pela educação foi forjada no Iluminismo.

Em um pequeno texto publicado em 1784, ao responder à questão proposta por um periódico, sobre "o que é o esclarecimento

(*Aufklärung*)?", Kant (2005, p. 63) caracteriza-o como uma "saída do homem de sua menoridade". O esclarecimento, ou Iluminismo, é identificado pelo prussiano não como algo em que os homens estão, uma coisa já consumada, mas como um processo em andamento.

O esclarecimento para o filósofo de Königsberg, como percebe Foucault (2010), é, antes de tudo, uma passagem de uma condição a outra. É, assim, um deslocamento, um porvir que, como tal, pertence concomitantemente ao futuro, posto que ainda não seja, mas que existe no presente como vir a ser.

Conforme Kant (2005), o desenvolvimento desse processo encontra obstáculos que não são devidos a uma impotência natural do homem nem à existência de uma autoridade externa que lhe tenha tirado a capacidade de pensar por si próprio, mas a certa disposição de caráter, à preguiça ou à covardia, o que leva o homem, em vez de guiar-se pelo seu próprio entendimento, a fiar-se em autoridades externas, tais como a dos livros, dos diretores de consciência ou dos médicos. A consumação do esclarecimento seria o rompimento com essa dependência por parte do homem pela obtenção da capacidade de conduzir-se da melhor maneira possível pelo uso de sua razão. Então, saído de sua menoridade, alcançará sua completude como ser pensante, atingindo sua autonomia. E é esse processo que designa a própria natureza do homem, o que torna ilegítimo a qualquer autoridade tentar bloqueá-lo, pois "isto seria um crime contra a natureza humana, cuja determinação original consiste precisamente nesse avanço" (*ibidem*, p. 68).

Sendo o fim do processo do esclarecimento a obtenção da autonomia, ele é compreendido na concepção kantiana como a expressão da liberdade, no sentido da capacidade de o homem seguir sua vontade conduzindo-se por seu entendimento. No entanto, se ainda não atingiram a qualidade de seres autônomos, isso implica que os homens ainda não são livres no presente, que a liberdade é algo porvindouro. No entanto, se o esclarecimento existe no presente como processo, que fenômeno denota sua existência?

Segundo Kant (*ibidem*, p. 65), "para este esclarecimento [*Aufklärung*], porém, nada mais se exige senão liberdade. E a mais inofensiva entre tudo aquilo que se possa chamar liberdade, a saber: a de fazer um uso público da razão em todas as questões". A liberdade é, simultaneamente, finalidade e índice de existência no presente do processo pelo qual ela se efetiva. O que tornará possível a concretização do esclarecimento, entendido como a liberdade do uso do raciocínio, não é outra coisa senão a própria liberdade, entendida nesse mesmo sentido.

No entanto, Kant percebe um perigo inerente a essa condição de liberdade. O uso da razão deve ser compreendido de dois modos diferentes, o "uso público" e o "uso privado", não devendo haver a invasão dos limites de um por parte do outro. O uso público é aquele que ocorre quando o sujeito coloca-se como elemento do universal, quando fala como ser racional, dirigindo-se a outros seres racionais. Assim, o lugar por excelência do uso público do raciocínio é o ocupado pelo escritor quando se dirige a seus leitores. O avanço em direção ao esclarecimento é denotado pela possibilidade de os homens, pelo desenvolvimento do livre debate, e sem constrangimentos externos, exercerem a crítica a respeito das mais diversas questões no interesse da verdade. Entretanto, ele não deve ultrapassar os limites pertencentes ao uso privado da razão:

> Entendo contudo sob o nome de uso público de sua própria razão aquele que qualquer homem, enquanto sábio, faz dela diante do grande público do mundo letrado. Denomino uso privado aquele que o sábio pode fazer de sua razão em um certo *cargo público* ou função a ele confiado. Ora, para muitas profissões que se exercem no interesse da comunidade, é necessário um certo mecanismo, em virtude do qual alguns membros da comunidade devem comportar-se de modo exclusivamente passivo para serem conduzidos pelo governo, mediante uma unanimidade artificial, para finalidades públicas, ou pelo menos devem ser contidos para não destruir essa finalidade. Em casos tais, não é sem dúvida permitido raciocinar, mas deve-se obedecer. Na medida, porém, que esta parte da máquina se considera ao mesmo tempo membro de uma comunidade total, chegando até à sociedade constituída pelos cidadãos de todo o mundo, portanto na qualidade de sábio que se dirige a um público, por meio de obras escritas de acordo com seu próprio entendimento, pode certamente

raciocinar, sem que por isso sofram os negócios a que ele está sujeito em parte como membro passivo. (*Ibidem*, p. 66)

O esclarecimento na concepção kantiana consiste em uma melhor distribuição das relações de autoridade, entre aquilo que é de competência do sujeito como ser autônomo e aquilo que ele deve exercer como membro da sociedade. É o livre uso do raciocínio que conduz ao processo de emancipação do homem, mas este não deve ultrapassar sua esfera própria e interferir na ordem da comunidade.

No pensamento kantiano, o homem é sempre entendido em uma dupla significação: é ao mesmo tempo um ser livre e um ser condicionado pelo mundo no qual está. É um ser incondicionado à medida que detém a autonomia do pensamento, mas é sempre um ser no mundo, inserido em certa ordem social, e, como tal, não mais do que um componente de uma máquina, devendo exercer tarefas em prol de um bem maior, submetendo-se à autoridade estabelecida. Existe uma relação de complementaridade nessa dupla determinação, posto que a esfera da liberdade dependa da submissão à ordem do mundo. No entanto, Kant (*ibidem*, p. 71) acredita que, uma vez iniciado o processo em direção ao esclarecimento, a tendência ao pensamento livre é um germe "que atua em retorno progressivamente sobre o modo de sentir do povo". Esse processo deverá conduzir a um modo mais livre de viver dos homens, o que se refletirá "sobre os princípios do governo, que acha conveniente para si próprio tratar o homem, que agora é mais do que simples *máquina*, de acordo com a sua dignidade" (*ibidem*).

Dessa forma, o Iluminismo é, antes de tudo, um processo pedagógico, posto que supõe a existência de homens letrados, de um público leitor que se esclareça por meio do livre debate. A compreensão de que os homens tornam-se livres e, assim, homens em sentido próprio ocorre pela possibilidade de sua participação no debate público, processo inelutavelmente ligado à educação e que tem como pressuposto a crença na existência de uma relação intrínseca entre conhecimento e virtude moral. O perigo contido nesse processo é que a capacidade de raciocinar inviabilize o necessário funcionamento da ordem social, considerando-se que os homens devem permanecer como executores de tarefas.

O problema da distribuição das atividades concernentes à dupla condição kantiana do homem reflete-se nas duas funções básicas que são compreendidas como finalidades do processo educativo: formação para a cidadania e formação para o mercado de trabalho. Entendendo por "cidadania" a faculdade e o dever de participação nos negócios públicos, a educação, em seu desenvolvimento histórico, tomou como mote a necessidade de formação do pensamento autônomo, do desenvolvimento do que convencionalmente se chama "senso crítico". No entanto, a educação também responde pela formação técnica e comportamental daqueles que adentrarão na ordem do trabalho, na qualidade de executores das funções necessárias à sociedade.

Todas as disputas acerca da educação, no campo teórico ou prático, até o momento podem ser reduzidas ao constante embate entre qual deve ser o limite dessas duas instâncias. Em outros termos, a questão a respeito da especificidade da educação pode ser exposta da forma como Habermas (s.d., p. 101) a caracteriza: como o embate entre *sistema* e *mundo da vida*:

> (...) cremos entender por "técnica" a disposição cientificamente racionalizada sobre processos objetivados; referimo-nos, assim, ao sistema em que a investigação e a técnica se encontram com a economia e a administração e são por elas retro-alimentadas. Além disso, queremos significar por "democracia" as formas institucionalmente garantidas de uma comunicação geral e pública, que se ocupa das questões práticas: de como os homens querem e podem conviver sob as condições objetivas de uma capacidade de disposição imensamente ampliada. O nosso problema pode, pois, adotar a forma de uma pergunta pela relação entre técnica e democracia: como pode restituir-se a capacidade da disposição técnica ao consenso dos cidadãos que interagem e entre si discutem?

No caso brasileiro, a Constituição Federal da República de 1988, ao tratar diretamente da educação, especifica essa dupla determinação:

Art. 205 – A educação, direito de todos e dever do Estado e da família, será promovida e incentivada com a colaboração da sociedade, visando ao pleno desenvolvimento da pessoa, seu preparo para o exercício da cidadania e sua qualificação para o trabalho. (Brasil 1988)

A concepção de que a pessoa humana desenvolve-se como tal pelo processo educativo equivale à afirmação de que o indivíduo humano é diferente de si mesmo, a menos que seja educado. Essa especificidade do humano efetua-se em duas instâncias: a de cidadão e a de trabalhador. Existe, porém, sempre um problema na determinação dos limites desses campos: ante uma ordem caracterizada como reificante e um trabalho brutalizado, espera-se que o indivíduo educado seja capaz de contestá-la, de criticá-la. Certamente, a ideia de "pensamento crítico" é bastante vaga, mas constitui um objetivo concreto da atividade educacional. Entretanto, o papel da educação ainda é preparar para a ordem dada do mundo, para qual é necessária a obediência aos poderes estabelecidos.

Durkheim (2008, p. 39), ao pensar nos direcionamentos da ação pedagógica no século XIX como atividade formadora da moralidade, explicita a importância da obediência:

> Em primeiro lugar, há uma característica comum a todas as ações que comumente chamamos morais, que é o fato de que estas se dão segundo regras preestabelecidas. Conduzir-se moralmente é agir em conformidade com uma norma, que determina a conduta a ser seguida antes mesmo que tomemos partido acerca do que devemos fazer. O domínio da moral é o domínio do dever e o dever é uma ação prescrita. Não significa que a consciência moral não possa defrontar-se com questionamentos; sabemos bem que ela frequentemente se embaraça, que hesita entre partidos contrários. No entanto, o que é passível de questionamento é qual a regra particular que se aplica a uma dada situação e como ela deve ser aplicada. Pois, como toda regra consiste em uma prescrição geral, ela não pode ser aplicada mecanicamente, sempre da mesma maneira em cada situação particular. É ao agente moral que cumpre determinar como ela deve ser particularizada. Existe sempre certa margem para sua iniciativa; mas essa margem é bastante restrita. O essencial da conduta já está determinado pela

regra. E mais: na medida em que a regra nos deixa livres, na medida em que ela não prescreve detalhadamente o que devemos fazer, e onde a nossa ação depende de nosso arbítrio, aí ela não é objeto de apreciação moral. Nesse caso nós não somos imputáveis, justamente em razão da liberdade que nos é concedida. Da mesma forma que um ato não é um delito, no sentido mais usual e real do termo, quando ele não é proibido por uma lei instituída, também quando um ato não é contrário a uma regra preestabelecida, ele é moral. Podemos, portanto, afirmar que a moral é um sistema de regras que predeterminam a conduta. Elas dizem como devemos agir em cada situação; e agir bem é obedecer bem.

Deve-se formar, assim, para a obediência e para a autonomia do pensamento. Se, como dito, a delimitação desses dois campos não é pacífica, as especificações no interior dos próprios campos também não o são: formar para a cidadania envolve certa concepção de justiça, certa noção de bem, uma moralidade a ser desenvolvida no educando. Durkheim (2008), ao reconhecer que a moralidade liga-se ao cumprimento das normas estabelecidas, não deixa de notar que a obediência pura e simples, sem a interferência do arbítrio, esvazia o próprio conteúdo da moralidade, pois a determinação da validade das normas é o próprio conteúdo da moral como construção. O papel da educação nesse sentido é tornar os indivíduos aptos a reconhecer os limites da validade da ação moral como já um expediente moral.

Relativamente à obediência, principalmente na atualidade, a formação para o trabalho envolve o cálculo de quais características comportamentais serão importantes para um mercado que constantemente se altera. É também tarefa da educação a conversão do indivíduo em uma máquina medida pelo desempenho, a maximização de suas capacidades intelectuais e físicas em prol da realização de tarefas que possivelmente serão demandadas pela ordem de produção. Quanto ao mundo do trabalho, em que grau se pode determinar a validade moral das normas em relações em que muitas vezes o objetivo não é o bem comum, mas, pelo contrário, o jogo dos interesses particulares? Como educar para o futuro na sociedade da inovação e da incerteza?

EaD e "o novo paradigma educacional"

Essa dupla determinação intensifica-se nos tempos atuais. O desenvolvimento da democracia como tipo de organização social predominante, como forma de administração da ordem social por meio do dissenso e do consenso, com a noção de direitos que a esse sistema político agrega-se, torna as demandas por educação cada vez mais acentuadas. Enquanto o próprio motor da nova economia passa a ser a livre circulação de ideias, o regime democrático aparece como o campo de estabelecimento da sociedade do conhecimento, como sua condição de possibilidade, não sendo possível, no momento, pensá-la na inexistência de tal regime.

A leitura dos documentos oficiais brasileiros relativos ao tema publicados desde o início do novo milênio demonstra essa transição. Pode-se perceber que, se antes seria possível afirmar que a educação a distância é aquilo que escapa à norma do que deve ser o processo educacional habitual, considerada um expediente válido para aqueles que não conseguiram cumprir seus estudos de modo "normal", com o desenvolvimento das possibilidades dos usos das TICs, surge a compreensão de que seu modo de funcionamento deve constituir o modelo com base no qual os processos educativos devem ser pensados.

A definição de "educação a distância" na legislação brasileira, de acordo com o Decreto Federal n. 5.622, envolve toda e qualquer modalidade em que "a mediação didático-pedagógica nos processos de ensino e aprendizagem ocorre com a utilização de meios e tecnologias de informação e comunicação" (Brasil 2005a), em que alunos e professores não estejam em um mesmo espaço físico. Embora nessa definição possam ser enquadrados todos os cursos que se realizem sem a necessidade da presença de professores e alunos em um mesmo local, com o recente desenvolvimento das TICs, o entendimento acerca das possibilidades oferecidas pela EaD ganha um novo sentido. Conquanto desde décadas passadas tenham se tornado populares cursos via correio, radiodifusão, fax, veiculação televisiva ou outros meios de comunicação, eles foram compreendidos no Brasil, de modo geral, como uma modalidade complementar, um "meio auxiliar" na educação oficial, ou mesmo um paliativo.

O Plano Nacional de Educação (PNE) do começo do século XXI traz esta caracterização da EaD: "os desafios educacionais existentes podem ter, na educação a distância, um meio auxiliar de indiscutível eficácia" (Brasil 2001). Compreende-se que essa modalidade é eminentemente dirigida para aqueles que não puderam cumprir seus estudos na educação básica no prazo adequado à idade. Já em documento publicado um ano depois, também pelo Ministério da Educação brasileiro (MEC), o *Relatório final da Comissão Assessora para Educação Superior a Distância* reconhece que, até então, a educação a distância tivera um papel periférico entre os processos educacionais: "A própria história da educação a distância no Brasil mostra um passado de experiências voltadas para as classes menos favorecidas e a grande maioria dos projetos não logrou êxito ou continuidade" (Brasil 2002, p. 15).

No entanto, ainda que, quantitativamente, o modelo presencial seja predominante entre os cursos de formações básica e superior, o entendimento de que a EaD limita-se a uma modalidade complementar, e, nesse sentido, "marginal" no interior do sistema educacional, sofre uma alteração qualitativa com o surgimento e a popularização do uso da internet.

> As metas da SEED [Secretaria de Educação a Distância] são, pois, levar para a escola pública toda a contribuição que os métodos, técnicas e tecnologias de educação a distância podem prestar à construção de *um novo paradigma* para a educação brasileira. A Secretaria de Educação a Distância – SEED foi criada em dezembro de 1995, *coerente com a política global do MEC* de compromisso com a qualidade e equidade do ensino público, com a valorização do professor como agente fundamental no processo de ensino-aprendizagem e com o reconhecimento da escola como espaço privilegiado da atividade educacional. (Souza, Silva Jr. e Floresta 2010, p. 7; grifos nossos)

Nessa mesma direção, pode-se ler no já citado documento de 2002, *Relatório final da Comissão Assessora para Educação Superior a Distância*:

Porém, não se trata apenas de mera transposição dos ambientes, recursos e metodologias educacionais no modelo presencial, para garantir a eficácia do processo de ensino e aprendizagem mediado pela tecnologia. É fundamental contemplar, no planejamento institucional e no desenho do projeto de cada curso ou programa, aspectos específicos desses *novos paradigmas*. É preciso considerar os pressupostos filosóficos e pedagógicos que orientam a estrutura do curso e os objetivos, competências e valores que se pretendem alcançar; os aspectos culturais e sócio-econômicos tanto no desenho pedagógico do curso, quanto na definição dos meios de acesso dos alunos; uma dinâmica de evolução do processo de aprendizagem que incorpore a interação entre alunos e professores e dos pares entre si; o desenvolvimento adequado da avaliação de ensino e aprendizagem e do material didático que deverá mediar a interação com o aluno, estando este distante do professor e de seus colegas. (Brasil 2002, p. 8; grifo nosso)

E, ainda, no documento *Referenciais de Qualidade para Educação Superior a Distância*:

Os debates a respeito da EaD, que acontecem no País, sobretudo, na última década, têm oportunizado reflexões importantes a respeito da necessidade de ressignificações de alguns *paradigmas* que norteiam nossas compreensões relativas à educação, escola, currículo, estudantes, professor, avaliação, gestão escolar, dentre outros. (Brasil 2007, p. 3; grifo nosso)

Com base nas afirmações expostas nesses documentos, pode-se questionar:

- O que significa a assimilação da ideia de "novo paradigma" à EaD?
- Quais características dessa modalidade de educação podem servir à compreensão do que deve ser a atividade educacional em geral?

- Por quais motivos é necessário um novo paradigma e por que ele pode ser derivado do modo de funcionamento da educação via internet?

A noção adotada atualmente de "paradigma" tem sua origem no campo da filosofia da ciência. O termo recebe destaque no mundo acadêmico com a obra do filósofo estadunidense Thomas Kuhn (1998), fundamentalmente em seu livro de 1962, *A estrutura das revoluções científicas*.

Para Kuhn, um paradigma é o modelo no qual os procedimentos de pesquisa em um campo do conhecimento baseiam-se em determinada época. Um paradigma perdura enquanto é capaz de oferecer caminhos para a busca de soluções dos problemas surgidos no desenvolvimento da atividade científica e é abandonado quando deixa de possibilitar direcionamentos viáveis para as pesquisas. Mais frequentemente, isso ocorre por dois motivos: 1) quando aparecem em número expressivo "anomalias", ou seja, fenômenos que não podem ser explicados no âmbito das teorias em vigor; 2) quando novos meios técnicos levam a novas descobertas que contradizem as teorias existentes.

A alteração de um paradigma geralmente decorre de uma "crise" que faz com que seja buscada uma nova base teórica, fenômeno que constitui, segundo Kuhn (*ibidem*), uma "revolução científica". Assim, uma alteração de paradigma não consiste apenas em uma mudança relativa aos procedimentos de pesquisa, mas em uma alteração dos princípios elementares que norteiam o próprio pensamento científico em certa época; refere-se mesmo ao modo pelo qual o real é compreendido e representado.

Compreendendo que aquilo que é denominado "realidade" nunca é um dado imediato dos sentidos, mas algo tornado possível de certo modelo que dela se faz, a afirmação de uma alteração de paradigma implica a noção de uma alteração da própria realidade ou, ao menos, do modo pelo qual é apreendida.

Os modelos mecânicos de Descartes e Newton, que encontram sua melhor representação no funcionamento das engrenagens de um relógio, geraram formas de compreensão do real que se expandiram para áreas além das ciências da natureza, tais como a economia, a sociologia, a psicologia etc. Especificamente em relação à ciência pedagógica, compreendeu-se que o processo pelo qual o conhecimento é adquirido por um indivíduo ocorre por uma relação mecânica de transmissão e recepção. Como no modelo da folha em branco de John Locke (1973), a mente seria por princípio destituída de conteúdos e passaria a acumular conhecimentos mediante o contato com o mundo por meio dos sentidos. Nesse modelo, aplicado ao processo pedagógico, é fundamental o papel do professor como aquele que detém conhecimento e o transmite, o que acaba por estabelecer uma verticalidade hierárquica entre o que sabe e o que não sabe:

> (...) atribui-se ao sujeito um papel irrelevante na elaboração e aquisição do conhecimento. Ao indivíduo que está "adquirindo" conhecimento compete memorizar definições, enunciados de leis, sínteses e resumos que lhe são oferecidos no processo de educação formal a partir de um esquema atomístico. (Mizukami 1986, p. 11)

A professora de Pedagogia da Universidade Federal de Uberlândia Elsa Guimarães Oliveira (2003), em seu livro *Educação a distância na transição paradigmática*, busca determinar as especificidades do chamado "novo paradigma". Baseada em referências que vão dos sociólogos Boaventura de Sousa Santos, Octavio Ianni e Manuel Castells à teoria da complexidade de Edgard Morin e à física de Fritjof Capra, além dos escritos pedagógicos de Perrenoud, Freire, Tardif, entre outros, Oliveira demonstra uma visão bastante otimista em relação às possibilidades da EaD como a modalidade que os processos pedagógicos devem ter como arquétipo na atualidade.

Segundo a autora, a civilização ocidental nos últimos 300 anos foi influenciada por um modelo de racionalidade inspirado em Galileu, Bacon, Newton e Descartes, que fundamentou uma cultura objetiva, racional e científica. Esse modelo é denominado pela autora "paradigma conservador/ dominante". Tal paradigma propiciou importantes avanços, pois, sem ele, "com certeza, não teria sido possível construir a modernidade, nem teríamos o extraordinário progresso científico e tecnologia que usufruímos" (Oliveira 2003, p. 24). O paradigma newtoniano-cartesiano foi necessário na orientação dos caminhos da *humanidade* até o presente, mas "agora, certamente, ele se choca com as novas realidades e com as exigências dos novos tempos" (*ibidem*), pois:

> O paradigma conservador/dominante, ou paradigma da ciência moderna, influenciado pelo pensamento cartesiano, separa sujeito e objeto de estudo e propõe a divisão do conhecimento em campos especializados, em busca de maior rigor e objetividade científica. Esses referenciais possibilitaram a especialização do conhecimento, conduzindo, por um lado, a conquistas científicas e tecnológicas surpreendentes, e, por outro lado, levando a pessoa a separar-se das outras pessoas e da natureza. A prevalência do individualismo e a visão do mundo fragmentada subestimam valores como solidariedade, humanidade, sensibilidade, afeto, amor e espírito de ajuda mútua. Em síntese, o paradigma conservador, também denominado paradigma da racionalidade técnica, orienta o saber e a ação mais enfaticamente pela razão e experimentação, priorizando, assim, o culto da razão e o desprezo do coração.

Em contraposição ao modelo conservador/dominante, o novo paradigma tem, segundo Oliveira (*ibidem*, p. 30), em seus princípios:

> (...) a revalorização da subjetividade, do protagonismo, desenvolve a compreensão do outro e a percepção das interdependências, notadamente na realização de projetos comuns e na gestão de conflitos, levando em conta o respeito pelos valores do pluralismo, da compreensão mútua e da paz, na busca constante de conhecimento prudente para uma vida decente.

Seguindo a especificação da autora, o novo paradigma constitui-se como a superação da dicotomia entre homem e mundo que se estabeleceu no desenvolvimento da ciência moderna. Ao mesmo tempo, é a consideração do homem em uma compreensão mais ampla, tendo como princípio a superação do individualismo. Tal paradigma incorpora a dimensão humana da afetividade, "o coração", posto que valoriza a subjetividade e os projetos coletivos. Assim, é desse modelo que a atividade educacional deve derivar seus procedimentos na formação para os novos tempos, em contraposição ao paradigma anterior:

> Atualmente, os modelos transmissivos, alicerçados na lógica disciplinar, conservam sua legitimidade e, com uma certa frequência, dominam a prática pedagógica. Logo, para ultrapassar o paradigma conservador, é preciso, antes de tudo, dar espaço às encruzilhadas interdisciplinares e atividades de integração adotando para tal uma metodologia ativa, aberta e colaborativa em que o professor assume o papel de organizar, administrar e regular situações de aprendizagem. Essas mudanças implicam a formação do sujeito aprendiz autônomo, que, segundo Perrenoud, deve evidenciar uma multiplicidade de saberes (...). (*Ibidem*, p. 31)

Todos os saberes devem, assim, ser valorizados. O professor, ao não mais ocupar o posto de detentor do conhecimento, deve ser o promotor da capacidade de aprendizagem do aluno, na busca por um saber que agora não deve encontrar limitações na divisão das ciências como estabelecido pelo antigo paradigma.

Fredric M. Litto (2006, p. 1), presidente da Associação Brasileira de Educação a Distância (Abed), é também bastante otimista com as possibilidades trazidas pelo tempo atual. Ele advoga em prol da EaD ao ligá-la a um novo paradigma social e alocá-la na transição de uma sociedade da escassez para uma da abundância, sendo promotora de maior justiça em uma sociedade mais democrática:

> A questão é: em que paradigma você está? Na cultura da *escassez* herdada do passado, dentro da qual todo mundo acreditava que as coisas realmente boas sempre vêm em quantidades pequenas (como ouro, diamante, inteligência, e acesso ao conhecimento, frequentemente contido em livros raros), disponíveis apenas para os mais ricos ou os estudiosos; ou na cultura da *abundância*, na qual reconhecemos que a sociedade é rica em objetos e manifestações culturais, técnicas e científicas (leia-se: informação e conhecimento)

e que o ato de disponibilizar amplamente acesso a todo esse acervo complexo e dinâmico é, por um lado, uma questão de justiça, e por outro, uma garantia maior de que as grandes decisões do futuro serão tomadas baseadas em compreensão bem informada?

Na visão desse autor, a transposição do antigo paradigma educacional para o novo desenrola-se com cada vez maior velocidade. É a passagem de um "sistema educacional formal, convencional, preso a modelos ultrapassados de ensino e aprendizagem" para um sistema "não-formal, adaptável, flexível e diretamente ligado aos interesses individuais de quem quer aprender" (Litto 2006, p. 3). Ao advertir os conservadores, Litto (*ibidem*, p. 1) anuncia a boa-nova trazida pelos desenvolvimentos da tecnologia e pelo estabelecimento da cultura da abundância:

> Se você se encontra na primeira [a cultura da escassez], sai da frente, porque sua visão nostálgica do mundo está ficando inconveniente. Se acredita na segunda [a cultura da abundância], prepare-se para uma revolução cujos resultados a longo prazo são impossíveis de enxergar com clareza. De fato, as novas tecnologias de comunicação já nos empurram *além* da fase inicial de usá-las apenas para fazer rapidamente e com maior precisão as mesmas coisas que fazíamos no passado, e agora estão nos abrindo possibilidades de realizar conquistas sociais inimagináveis alguns anos atrás.

O modelo da rede

A denominada crise do "paradigma conservador" na educação encontra analogia com a crise dos modelos de representação no pensamento científico. O declínio do paradigma mecanicista nos vários campos do saber e os desenvolvimentos da sociedade e das ciências conduziram à gradativa "degeneração", nos termos de Lakatos (1979), do que se chama modelo newtoniano-cartesiano e sua consequente substituição. Esse processo de substituição, se ainda não se efetivou por completo, é laudatoriamente anunciado pelos entusiastas da sociedade do conhecimento.

No paradigma da rede, segundo Boltanski e Chiapello (2009, p. 179), diferentemente de modelos anteriores que se ocupavam do entendimento das "propriedades substancialmente ligadas a seres que elas definiriam em si", importam mais as propriedades relacionais das coisas *entre* si. Ou seja, nos procedimentos de pesquisa que partem do modelo de "rede", em vez de se buscar captar as estruturas elementares que governam as leis de funcionamento de um mundo que é organizado segundo estruturas básicas (*ibidem*, p. 181), como no modelo mecanicista, busca-se compreender os vários elementos constitutivos da realidade em sua "conexão" com outros elementos. A concepção de "rede" remete a uma realidade fluida, na qual a constituição dos entes decorre de vários fluxos de relações e de conexões estabelecidas no interior da rede. Destarte, cabe ao entendimento buscar identificar quais interligações podem conduzir a caminhos preferenciais.

Assim, a adoção desse modelo conceitual nas ciências da educação reflete uma mudança mais global manifesta em outras áreas do conhecimento. Se relativamente à pedagogia esse paradigma demonstra-se como base epistemológica para o dever-ser dos processos de aprendizagem, vem convertendo-se em base ontológica em outras áreas do conhecimento. Pode-se observar, em vários campos científicos, tanto nas pesquisas em ciências da natureza quanto nas pesquisas em ciências humanas e linguísticas, a constituição da predominância da representação em "rede".

Conforme Musso (2013, p. 17):

> Hoje, a noção de "rede" é onipresente, e mesmo onipotente, em todas as disciplinas: nas ciências sociais, ela define sistemas de relações (redes sociais, de poder...) ou modos de organização (empresa-rede, por exemplo); na física, ela se identifica com a análise dos cristais e dos sistemas desordenados (percolação); em matemática, informática e inteligência artificial, ela define modelos de conexão (teoria dos grafos, cálculos sobre rede, conexionismo...); nas tecnologias, a rede é a estrutura elementar das telecomunicações, dos transportes ou da energia; em economia, ela permite pensar as novas relações entre atores na escala internacional (redes financeiras, comerciais...)

ou elaborar modelos teóricos (economia de rede, intermediação); a biologia é apreciadora dessa noção de rede que, tradicionalmente, se identifica com a análise do corpo humano (redes sanguíneas, nervosas, imunológicas...).

Atualmente, segundo Smolin (2004), professor de Física Teórica da Universidade da Pensilvânia, os problemas surgidos nos últimos anos no âmbito da física teórica conduziram a uma gradativa desconsideração do modelo mecanicista de Newton e a uma revisão do modelo de universo relacional de Leibniz (1982). Stephen Hawking (2002), ao relatar a falência dos modelos explicativos globais para a compreensão da totalidade do cosmo, diz que a história do universo é constituída por várias micro-histórias, a formação da totalidade cósmica é um conjunto de interações de fenômenos que agem por leis independentes, mas que se relacionam em um sistema global.

Segundo Wiener (1968, p. 9), o criador da ciência cibernética, o problema que se apresentará no desenvolvimento da física newtoniana, que foi predominante do século XVII até os fins do XIX, reside no fato de ela ter buscado a elaboração de leis que partiam do modelo de "um universo compacto, cerradamente organizado, no qual todo futuro depende estritamente de todo o passado". Assim, pode-se afirmar, o pressuposto de uma organização estabelecida permitiu a crença na possibilidade da descoberta da estrutura íntima do universo por meio da compreensão de suas leis imutáveis. O método experimental, com base nos fenômenos individuais observáveis, deveria fornecer o fundamento para o processo indutivo de formulação de teorias totalizantes que englobassem o funcionamento geral da natureza. Reside ainda no modelo newtoniano, assim, certa fé na racionalidade e sua correlação com o mundo. Ao homem seria possível apreender as regularidades da natureza por meio de princípios gerais válidos para uma quantidade ilimitada de fenômenos diferentes. Em outras palavras, tomam-se, na física newtoniana, os processos físicos como se eles estivessem *factualmente* sujeitos às leis que constituem o modelo explicativo usado para apreendê-los.

Esse modelo, ou paradigma, será abalado principalmente desde os trabalhos de Bolzmann e Gibbs nas duas primeiras décadas do século XX, que introduzirão o conceito de incerteza e contingência na física. O uso da estatística realizado por esses autores fará com que a ideia de leis universalmente válidas para a totalidade de um grupo de fenômenos seja gradativamente substituída pela de probabilidade de ocorrência dos fenômenos: "Essa revolução teve como efeito fazer com que a Física, hoje, não mais sustente cuidar daquilo que irá sempre acontecer, mas, antes, do que irá acontecer com esmagadora probabilidade" (*ibidem*, p. 12).

Tal alteração deve-se à apreensão de que qualquer instrumento de medição dos fenômenos físicos jamais pode demonstrar, por mais preciso que ele seja, as condições iniciais de determinado processo, mas apenas certa distribuição dos elementos no momento em que são observados. Esse fato, relevante do ponto de vista científico, mas que passara despercebido por Newton e pela tradição newtoniana, conduz à constatação de que uma regularidade observada no presente não pode ser projetada para o passado ou para o futuro com nenhum grau admissível de certeza. Mais do que isso, embora o empreendimento científico permaneça sendo a busca por regularidades nos fenômenos, não se torna mais possível inferir que existe uma racionalidade implícita no cosmo:

> Uma interessante mudança ocorrida foi a de que, num mundo probabilístico, não mais lidamos com quantidades e afirmações que digam respeito a um universo específico e real como um todo, mas, em vez disso, formulamos perguntas que podem ter respostas num grande número de universos similares. Destarte, admitiu-se o acaso na Física não apenas como um instrumento matemático, mas como parte de sua mesma trama. (*Ibidem*, p. 13)

Dessa maneira, o modelo probabilístico, ao trazer a derrocada da propensão à certeza ostentada pela física clássica, conduz ao solapamento do universo homogêneo newtoniano e à proliferação de uma multiplicidade de universos possíveis. Isso demonstra, pois, no embate da história da ciência, após o sucesso de Newton no estabelecimento do modelo para o que seria a física nos séculos seguintes, um segundo assalto no qual Leibniz sagra-se vitorioso.

No modelo de universo proposto pelo filósofo de Leipzig, cada ente individual reflete a totalidade do cosmo em certa trama de relações. A matéria é um agregado de partículas de forças unidas formando certo corpo. Tais partículas são denominadas mônadas por Leibniz (1982). O universo atualmente existente é composto por tais unidades de forças em certa conformação. Por tratar-se de substâncias simples, as mônadas não têm partes, não são dotadas de extensão, uma vez que "extensão" é um conceito relativo entre partes de uma mesma coisa. As mônadas são simples, e tudo o que existe como composto é gerado por agregação ou desagregação de conjuntos de mônadas. Cada uma delas reflete o universo, pois é certa harmonia entre elas que gera dada configuração do cosmo, com todas as suas regularidades observáveis.

Entretanto, jamais uma mônada individual ou conjuntos de mônadas podem refletir o universo em sua totalidade, pois não o refletem em todas as suas particularidades. Em certa configuração, existem tantas determinações possíveis que cada uma das mônadas age na totalidade atual, de modo que, se um dos componentes é alterado, pode ser alterada, no limite, a totalidade mesma do contexto no qual se inserem. Cada configuração do universo é, dessa maneira, uma possibilidade em um oceano infinito de outras possibilidades de agregações possíveis das mônadas.

No entanto, cabe notar, o modelo relacional e contingente do filósofo do século XVII ainda pressupunha Deus como princípio organizador do cosmo. Deus é, no universo leibniziano, aquele que escolhe certa conformação entre as mônadas, ou seja, certo universo possível em detrimento de outros.

Os desenvolvimentos da física – os *quanta* de Max Plank, as leis da termodinâmica, a teoria da relatividade de Einstein etc. – retiraram ainda da ordem das representações da ciência qualquer princípio de organização intrínseco ao universo. Essa é a irracionalidade constitutiva do universo à qual se refere Wiener (1968).

Em seu livro de 1954, *Cibernética e sociedade: O uso humano dos seres humanos*, Wiener apresenta um novo campo do estudo científico, que acabou por extravasar a área do desenvolvimento tecnológico e por influenciar vários outros campos do conhecimento.

Sua *cibernética* reduz as relações observáveis a um elemento mínimo: a informação. Para esse autor, todos os seres, naturais ou artificiais, mais do que detentores de diferentes especificidades ontológicas, são compostos de diferentes agregados de informação. É uma relação de informações e suas relações com o meio ambiente que determinam as configurações assumidas pelos entes em certo contexto. O entendimento do processo de intercâmbio de informações que tornam possível certo fenômeno é o que permite apreender sua verdadeira natureza, processo que é chamado por Wiener de "comunicação".

Assim, certo fenômeno físico, biológico, mecânico ou social mantém certa identidade porque é um ponto de cruzamento entre determinações que possibilitam sua forma atual. Nesse sentido, do ponto de vista da ciência cibernética, tanto homens quanto máquinas têm um mesmo modo de funcionamento, posto que seus comportamentos são direcionados pela recepção e pela elaboração de informações: "O sistema nervoso e a máquina automática são, pois, fundamentalmente semelhantes no constituírem, ambos, aparelhos que tomam decisões com base em decisões feitas no passado" (Wiener 1968, p. 34).

Em um universo que é, por princípio, irracional, informação é o princípio de ordem que mantém certa estabilidade no cosmo, sempre ameaçada pelo princípio de *entropia*, a força natural de desagregação que desune, ante as condições ambientais, as configurações anteriormente estabelecidas e, por consequência, a identidade dos entes:

> Conforme argumenta a entropia, o universo, e todos os sistemas fechados do universo, tendem naturalmente a se deteriorar e a perder a nitidez, a passar de um estado de mínima a outro de máxima probabilidade; de um estado de organização e diferenciação, em que existem formas e distinções, a um estado de caos e mesmice. No universo de Gibbs, a ordem é o menos provável e o caos o mais provável. Todavia, enquanto o universo como um todo, se de fato existe um universo íntegro, tende a deteriorar-se, existem enclaves

locais cuja direção parece ser o oposto à do universo em geral e nos quais há uma tendência limitada e temporária ao incremento da organização. A vida encontra seu *habitat* em alguns desses enclaves. Foi com esse ponto de vista em seu âmago que a nova ciência da Cibernética principiou a desenvolver-se. (*Ibidem*, p. 14)

Assim, diante da imponderabilidade do princípio de entropia, o intento da cibernética é a melhoria do tratamento da informação. A palavra "cibernética", Wiener (*ibidem*, p. 15) derivou "da palavra grega *kubernetes*, ou 'piloto', a mesma palavra grega que eventualmente derivamos nossa palavra 'governador'". Não havendo diferença ontológica entre os diferentes seres, sendo todos compostos por redes de informações que se agregam em determinado momento, o conhecimento acerca da "comunicação" torna-se questão essencial para a manutenção da ordem de certa configuração:

> O propósito da Cibernética é o de desenvolver uma linguagem e técnicas que nos capacitem, de fato, a haver-nos com o problema do controle e da comunicação em geral, e a descobrir o repertório de técnicas e ideias adequadas para classificar-lhes as manifestações específicas sob a rubrica de certos conceitos. (*Ibidem*, p. 16)

As sociedades, como tudo o mais, perduram como agregados de informações e estão sujeitas ao princípio de entropia. Para Wiener, a manutenção da ordem social depende cada vez mais do avanço das máquinas que fazem circular o fluxo de informações, tornando-o "transparente, pacífico, sem obstáculos, sem segredos, sem desigualdade de acesso à informação e sem transformá-lo em uma mercadoria. A informação deve circular sem travas" (Gonzáles 2007, p. 93; trad. nossa).[1]

Partindo da reclassificação do estatuto ontológico dos entes, reduzindo-os todos a quantidades de informação coordenadas, Wiener

---

1. *"Transparente, pacífico, sin obstáculos, sin secretos, sin desigualdades de acceso a la información y sin transformarlo en una mercancía. La información debe circular sin trabas."*

(1968) vê o futuro que se anuncia no pós-guerra como eminentemente perigoso, uma vez que nunca o aniquilamento completo da humanidade mostrou-se tão próximo, mas também repleto de esperanças, pois o aumento das condições de os homens lidarem com as informações, com o desenvolvimento da informática, pode conduzir a modos mais livres de vida e ao progresso geral.

No universo de Wiener (*ibidem*), tudo é "informação", e o contexto em que ela se agrega é que se torna relevante na infinidade de combinações possíveis das redes de fluxos de informação. Essa visão reflete-se no discurso pedagógico e fundamenta a legitimidade da EaD como novo paradigma educacional na sociedade do conhecimento.

Nas ciências da educação existe atualmente uma abundância de pesquisas nos campos da filosofia, da sociologia e da psicologia que partem do paradigma da rede. Como visto, esse paradigma supõe uma nova ontologia e uma epistemologia que transmutam o modo de compreender as relações indivíduo/meio, mente/realidade, indivíduo/ sociedade. Sua incorporação ao pensamento pedagógico estabelece uma nova normatividade em relação ao dever-ser das atividades educacionais.

Se, como mencionado anteriormente, no modelo tradicional – ou "paradigma conservador" segundo Oliveira (2003) – a relação entre professor e alunos ocorre de modo vertical, sendo aquele o transmissor e estes os receptores de informações, atualmente se advoga em prol de um modelo mais horizontal dos processos de ensino, com o professor assumindo outro papel. Em publicação do MEC, denominada *Tecnologias na escola*, Behrens (s.d., p. 77; grifo nosso) expõe algumas especificidades do novo paradigma aplicado à educação:

> O paradigma emergente exige conexões e interrelações dos agentes envolvidos no processo de ensinar e de aprender. Com essa visão, ao buscar uma aprendizagem colaborativa, o professor pode optar por diversas metodologias. Com essa visão, neste momento, recomenda-se que a metodologia tenha como base fundamental um ensino e aprendizagem por *projetos*.

A concepção do que deve ser a atividade educativa, da forma anteriormente especificada, corresponde a uma teoria psicológica, fortemente influenciada pelo construtivismo e pelo escolanovismo, que considera a capacidade de aquisição de conhecimento não acumulação, mas uma construção de sentido que é realizada por um sujeito que estabelece redes de significados pelo contato com o mundo exterior. O desenvolvimento das capacidades de estabelecer redes de significados é o que pode ser chamado nesse caso de "competências". Essa concepção é, como já visto, subjacente às diretrizes das políticas educacionais em vigor. Seu impacto pode ser constatado nas determinações daquele que se tornou o exame de maior amplitude na realidade dos jovens estudantes brasileiros. No documento que traz os fundamentos teórico-metodológicos do Exame Nacional do Ensino Médio (Enem), em capítulo denominado "Conhecimento: a imagem da rede", lê-se:

> Esta nos parece a chave para a emergência, nas escolas ou na pesquisa, de um trabalho verdadeiramente interdisciplinar: a ideia de que conhecer é cada vez mais conhecer o significado, de que o significado de A constrói-se por meio das múltiplas relações que podem ser estabelecidas entre A e B, C, D, E, X, T, G, K, W, etc., estejam ou não as fontes de relações no âmbito da disciplina que se estuda. Insistimos: não se pode pretender conhecer A para, então, poder-se conhecer B ou C, ou X, ou Z, mas o conhecimento de, a construção do significado de A faz-se a partir das relações que podem ser estabelecidas entre A e B, C, X, G... e o resto do mundo. (Brasil 2005b, p. 47)

Se, no campo da psicologia, o modelo de rede para a compreensão do funcionamento do *aparelho cognitivo* conduz à concepção da necessidade de novas práticas a ser incorporadas às atividades em sala de aula, no campo da sociologia, a imagem de rede vem ganhando espaço para a representação das novas configurações econômicas e sociais de nosso tempo. Castells, em *A sociedade em rede*, demonstra como o avanço das TICs influenciou determinantemente os modos de produção e formação de subjetividade nos tempos atuais. Segundo Castells (2011, p. 108), o paradigma da atual sociedade tecnológica pode ser assim descrito:

A primeira característica do novo paradigma é que a informação é sua matéria-prima: *são tecnologias para agir sobre a informação*, não apenas informação para agir sobre a tecnologia, como foi o caso das revoluções tecnológicas anteriores.
O segundo aspecto refere-se à *penetrabilidade dos efeitos das novas tecnologias*. Como a informação é uma parte integral de toda atividade humana, todos os processos de nossa existência individual e coletiva são diretamente moldados (embora, com certeza, não determinados) pelo novo meio tecnológico.
A terceira característica refere-se à *lógica de redes* em qualquer sistema ou conjunto de relações, usando essas novas tecnologias da informação. Sem elas, tal implementação seria bastante complicada.
E essa lógica de redes, contudo, é necessária para estruturar o não estruturado, porém preservando a flexibilidade, pois o não estruturado é a força motriz da inovação da atividade humana.

Hargreaves (2004, p. 32), ao referir-se à situação do conhecimento na sociedade em rede, salienta o fato de que "as pessoas não apenas evocam e utilizam o conhecimento 'especializado' externo, das universidades e de outras fontes, mas conhecimento, criatividade e inventividade são intrínsecos a tudo o que elas fazem". Ou seja, se, no modelo anterior, existe a imagem de que o conhecimento é algo detido por especialistas, enquanto indivíduos menos qualificados desempenham o papel de operadores, compreende-se, no paradigma atual, que faculdades psicológicas e afetivas, tais como criatividade, inventividade e capacidade de interação, são necessárias ao bom ordenamento da sociedade, visão que encontra analogia com a teoria do capital humano de Schultz (1973). Tais características tornam-se fundamentais para a produção de riqueza e para o estabelecimento de novas formas de convivência em um contexto de globalização.

Nessa concepção, em que se entende o conhecimento como atividade de constituir relações entre elementos, a capacidade de contextualização torna-se a competência imprescindível, uma vez que, em conformidade com os princípios da cibernética de Wiener (1968), os elementos em si mesmos não são apreensíveis sem a compreensão de suas relações nas redes, nas quais estão inseridos como fluxos de informação. Dessa forma, os conteúdos abordados nas atividades educativas deixam de ser importantes *per se*, adquirindo relevância à medida que são capazes de apresentar diferentes perspectivas em relação aos objetos, ambientando-os em diversas redes de significação.

Ao mesmo tempo, o conhecimento, ainda que permaneça uma construção subjetiva, ocorre na interação com outros sujeitos, sendo, assim, também construção coletiva. Essa compreensão de como o desenvolvimento cognitivo opera no campo da epistemologia coaduna-se com uma sociedade em que, cada vez mais, o fluxo de informações faz com que os indivíduos conectem-se, criem e transformem produtos, serviços, símbolos, estilos de vida etc.

A internet, dessa maneira, não se limita a um meio de transmissão de informações, ela abre um novo modo de organização social. A educação via internet, por sua vez, passa a comportar elementos que encontram confluência com o que deve ser a formação de um novo tipo de sujeito social: o sujeito em rede. Conforme os *Referenciais de Qualidade para a Educação Superior a Distância*:

> Assim, as possibilidades apresentadas pela interdisciplinaridade e contextualização, em termos de formação do sujeito social, com uma compreensão mais ampla de sua realidade, devem ser contempladas nos projetos de cursos ofertados na modalidade a distância. (Brasil 2007, p. 8)

Tomando como exemplo a utilização da educação a distância na Unidade Federativa economicamente mais importante do Brasil, a Secretaria Estadual de Educação de São Paulo implementou, a partir de 2009, em parceria com as universidades públicas do estado – Universidade de São Paulo (USP), Universidade Estadual de Campinas (Unicamp) e Universidade do Estado de São Paulo (Unesp) –, o programa "Rede São Paulo de Formação Docente" (Redefor), ligado à "Escola de Formação e Aperfeiçoamento de Professores" (Efap). O objetivo é oferecer cursos de formação para docentes ingressantes e, para coordenadores, gestores e professores já atuantes, cursos de aprimoramento em nível de pós-graduação.

A dinâmica dos cursos da Redefor é semipresencial: com a utilização da internet, as atividades pedagógicas ocorrem *on-line*, havendo encontros presenciais regulares entre cursistas, tutores de ensino e professores. Sua metodologia de ensino, denominada "Aprendizagem baseada em problema e por projetos" (ABPP), estabelece-se a partir de uma concepção de que o trabalho coletivo e por projetos em rede é fundamental para a construção do conhecimento:

> Na dimensão do trabalho coletivo, destacamos a importância do aprendizado social, ou da aprendizagem em grupo, como pressuposto básico para a construção coletiva do conhecimento. Assim, o currículo e a aprendizagem diferenciam-se de modelos educativos tradicionais, que têm como base aprendizagens individualizadas ou centradas exclusivamente no próprio aluno. Nessa dimensão, entendendo a educação como um trabalho coletivo, os alunos, futuros profissionais, aprenderão a trabalhar e a enfrentar os fenômenos educativos por meio de projetos desenvolvidos em equipe. (USP e Redefor 2010, p. 19)

Existe, nesse modelo, a confluência entre certa concepção de funcionamento do aparelho cognitivo e certa forma de sociabilidade promovida pela internet. Porquanto a própria estrutura do real converte-se em redes de significados que se constroem por agregação ou desagregação dos objetos apreendidos pelos sujeitos, encontrando analogia com as mônadas leibnizianas, a própria ideia de sujeito converte-se também na concepção de que sua existência refere-se a mais um dos elementos inseridos em certa rede. O indivíduo isolado em sua subjetividade, ou o sujeito transcendental kantiano que se coloca de modo exterior às determinações fenomênicas, é substituído pelas identidades nômades que se estabelecem por meio de contatos nas várias redes de sociabilidades possíveis promovidas pelo espaço virtual da internet. O sujeito é um nome para um conjunto de relações de interconexão em referência a uma entidade específica, porém cambiante. Essas interconexões, por sua vez, remontam a certo indivíduo que não é idêntico a si em todas as relações, mas a um agregado de informações que perfazem certa configuração.

Todavia, retomando Lyotard (2002, p. 28), quando os instrumentos de representação coletiva perdem sua validade, a sociedade passa ao "estado de uma massa composta de átomos individuais lançados num absurdo movimento browniano". Assim, quando o vínculo entre os significados e os objetos torna-se cada vez mais tênue, a colaboração dos sujeitos no estabelecimento de construção de sentidos torna-se essencial para o processo educativo e, no limite, para a própria sociedade. Todo e qualquer significado é provisório, correspondente, como tudo o mais, a certa configuração provisória no interior da rede.

No fluxo intenso e incessante de informações, os significados produzidos são sempre evanescentes – inelutavelmente sujeitos ao princípio gibbsiano de entropia –, dependentes de acordos interinos entre os grupos que são constituídos por indivíduos que são, cada um deles, potencialmente, um produtor de sentidos. No entanto, essa caracterização do indivíduo também é limitada, posto que o sentido produzido por cada um deles também é dependente de certa configuração momentânea no universo da rede. Como dito, a própria ideia de "indivíduo", ela mesma, é uma determinação estabelecida em meio a uma multiplicidade de relações nesse mesmo ambiente.

Epistemologicamente, o modelo de rede corresponde à concepção, trazida pela ciência empírica, do funcionamento do aparelho cognitivo como uma estrutura de estabelecimentos de relações. Segundo Kandel, Prêmio Nobel em Fisiologia de 2000, os avanços da neurociência no século XX e no início do XXI permitem hoje vislumbrar o estabelecimento de uma "verdadeira ciência da mente", e o grande empreendimento da ciência do século XXI é a compreensão da mente em termos biológicos. No discurso proferido na cerimônia de premiação na qual foi laureado, com Arvid Carlsson e Paul Greengard, por suas contribuições à ciência, Kandel (2009, pp. 432-433) declarou:

> Acima da entrada do templo de Apolo em Delfos, podia-se ver gravada a máxima "Conhece-te a ti mesmo". Desde que Sócrates e Platão especularam pela primeira vez sobre a natureza da mente humana, pensadores sérios de todas as épocas – de Aristóteles a

Descartes, de Ésquilo a Strindberg e Ingmar Bergman – consideraram que o homem deveria conhecer-se a si mesmo e ao seu próprio comportamento. (...) O princípio-chave que guia nosso trabalho é que a mente é um conjunto de operações executada pelo cérebro, um dispositivo computacional extraordinariamente complexo que constrói nossa percepção do mundo externo, fixa nossa atenção e controla nossas ações.

Nós três demos os primeiros passos para estabelecer o elo entre a mente e as moléculas determinando o modo como a bioquímica da sinalização no interior das células nervosas e entre elas se relaciona com os processos mentais e também com as doenças mentais. Descobrimos que as redes neurais do cérebro não são fixas, mas que a comunicação entre os neurônios pode ser regulada pelas moléculas neurotransmissoras.

Aquilo que já se denominou *psique*, *ego*, mente, *self*, *res cogitans*, alma, si etc., ou seja, o "Eu", resolve-se, segundo as descobertas da biologia da mente, em redes de interconexões neurais que interagem reciprocamente por meio de reações bioquímicas entre as células que compõem a estrutura cerebral: "a mente é um conjunto de operações desempenhadas pelo cérebro, do mesmo modo como andar é um conjunto de operações desempenhadas pelas pernas" (*ibidem*, p. 10). Assim como cada função mental do cérebro "é realizada por circuitos neuronais especializados, e deve ser entendida sem a conotação de um lugar único no cérebro que realiza todas as operações mentais" (*ibidem*).

Se, desde Santo Agostinho (1996), entende-se a memória como a faculdade mantenedora da fixidez do Eu no fluxo constante do devir, depositária da identidade individual, essa agora constitui-se como preocupação central da pesquisa neurocientífica. Desvendar a estrutura de funcionamento da memória significa, no limite, traduzir em termos das ciências da natureza aquilo que a metafísica ocidental ao longo dos séculos colocou como o limiar entre o mundo e a experiência do mundo, a existência individual humana ou, ainda, aquilo que propriamente diferia o homem da natureza.

Outrossim, a memória é também intrinsecamente ligada ao aprendizado, daí o interesse dos avanços da neurociência para as ciências da educação, posto que é também capacidade humana fundamental na sociedade do conhecimento. Portanto, é questão científica de primeira grandeza no mundo do "aprender por toda a vida".

Na narrativa neurocientífica, os estímulos do ambiente captados pelos órgãos sensitivos são conduzidos pelas redes de neurônios, por meio de *sinapses* que se realizam de um neurônio a outro, enviando e processando bioquimicamente cada informação em forma de estímulo até as células nervosas. Essas operações fazem com que cada neurônio receptor possa desenvolver novos terminais sinápticos, ou seja, mais ligações com outras células, criando novos caminhos para o fluxo de dados e inter-relações entre eles.

Dessa maneira, de modo geral, aprendizagem é o nome de uma modificação na estrutura física do aparelho cerebral produzida por um estímulo gerado pela absorção de novas informações pelas células nervosas. As alterações geradas pelo esforço de apreensão de informações acabam por criar mais conexões entre elas. Quanto mais conexões são estabelecidas entre essas células, mais eficientes elas se tornam nas transmissões de mensagens, ou seja, na aquisição de aprendizagem. A memória é a fixação de certo caminho neuronal, por meio da sintetização de proteínas em reações químicas e elétricas, e persistirá mediante o uso que desse caminho se fizer. Dessa maneira, quão mais duradoura for certa memória, maior será a utilização de um caminho anteriormente fixado nas teias de conexões e associações que perfazem a mente. A mente torna-se mais eficiente em relação à apreensão e à elaboração de informações por meio do processo físico-químico que gera interconexões que possam ser realizadas por meio de certo caminho. Aprender, assim, é tornar-se capaz de correlacionar as diversas informações apreendidas, ou seja, ligar por redes de neurônios cada vez mais complexas células do aparelho cerebral. Ou seja, aprendizagem é o nome que se dá à inserção de mais elementos em uma rede, à qual comumente chamamos de "Eu".

O fórum on-line na EaD: Ágon e tutoria

Esse modelo encontra consonância com as ciências pedagógicas a partir da asseveração de que, no campo do desenvolvimento das capacidades de aprendizagem, deve haver uma harmonia entre o modo pelo qual a mente se desenvolve e a metodologia de trabalho a ser aplicada. O que determina a capacidade de conhecimento do indivíduo passa a ser sua competência em criar conhecimentos. Isso deve ocorrer de modo grupal, encontrando como melhor meio de efetivação o enfrentamento das questões colocadas como exercícios de aprendizagem pelos cursos via internet por meio de projetos. Para tanto, aqueles que estão sendo educados deverão agir em conjunto nos ambientes virtuais, estabelecendo redes de relacionamento em prol da resolução coletiva de problemas.

Nos ambientes da Redefor, e de outros cursos de EaD, um dos elementos fundamentais denomina-se "fórum". É um espaço para discussão entre os estudantes e enfrentamento coletivo dos problemas colocados pelo curso. Por princípio, o fórum é aberto: nesse ambiente, além de os estudantes, conectados via internet, buscarem soluções coletivas para as questões propostas que fazem parte do projeto preestabelecido, podem eles mesmos apresentar outras questões a serem debatidas coletivamente.

Com base nessa consideração, é o fórum – ou *chat* em alguns casos – o ambiente virtual que melhor expressa o "novo paradigma educacional", nos termos anteriormente elencados. Como uma atividade obrigatória, as participações e os desempenhos dos cursistas neles são avaliados em termos de notas expressas em valores numéricos, determinadas pelos tutores responsáveis pelas turmas, em uma escala predefinida. No entanto, é uma dificuldade o estabelecimento de parâmetros para julgar o valor de uma atividade que é realizada em um espaço que tem em seu princípio a livre expressão. O fórum, em conceito, é uma *ágora*, ou uma espécie da baconiana "Casa de Salomão", um espaço de discussão em que os conhecimentos trazidos pelos indivíduos são igualmente válidos para a construção do saber coletivo.

A estrutura que se coaduna com o novo paradigma é, dessa maneira, democrática. Ela reproduz, no campo da educação via internet, a crença na democracia como forma de organização dos indivíduos, valorizados em sua subjetividade, sem que seja desprezado "o coração", como nos termos de Oliveira (2003), capazes de criar formas alternativas de resolução de questões.

Para Fabbrini (2005), as salas de aula mantiveram-se em nossos tempos como o único espaço em que foi conservada certa semelhança com a antiga *ágora* grega. Pois, ainda é na sala de aula que:

> (...) o *ágon* – o momento crítico, de decisão, em que se vive angústia, ânsia, medo, inquietação – pode aflorar; a sala de aula é em suma o único lugar, em tempos de suposto "pensamento único", em que ainda se pode amar as discussões. (*Ibidem*, p. 18)

Nos fóruns dos cursos via internet, a discussão deixa de ser apenas uma possibilidade intrínseca à sala de aula. As novas salas imateriais, agora espraiadas no tempo e no espaço pelas TICs, têm as participações dos cursistas nas discussões como atividade institucionalizada e necessária à sua avaliação. Assim, o *ágon*, nos termos de Fabbrini (*ibidem*), deixa de ser elemento contingente e converte-se, pelo mecanismo institucional imposto pela estrutura do fórum *on-line*, em elemento fundamental da dinâmica dos cursos EaD via internet.

A dinâmica do *ágon* que aflora por esse meio remete também a um novo tipo de sociabilidade entre participantes dessa nova *ágora*. Tal sociabilidade é, como também diz Fabbrini (comunicação pessoal), controlada, monitorada, além de oximoramente, eufórica e disfórica. É eufórica pela excitação das imagens que se manifestam em ritmo vertiginoso nos ambientes virtuais; é disfórica, posto que prescinde da relação de materialidade entre os indivíduos.

Essa espécie de manifestação do *ágon*, ora convertida em expediente curricular, demanda todo um aparato tecnológico que a estimula e controla. O tutor da Redefor, o responsável pelo acompanhamento das atividades, tem a seu dispor todos os relatórios proporcionados pela nova tecnologia, permitindo-lhe saber quantas vezes o estudante acessou o fórum, em que horários, de que computador, de que cidade, quanto tempo ficou conectado, quantas vezes moveu a tela etc. Tal aparato também controla a sua atividade profissional.

Aliás, a designação dada ao profissional que efetivamente acompanha os estudantes em suas atividades é em si reveladora. O termo "tutor", derivado do verbo latino *tueri*, que significa observar, vigiar, proteger, refere-se tanto a intuir como a tutelar. No *Manual do tutor* da Redefor, suas atividades são assim determinadas:

> Nesse curso, o tutor *on-line* irá orientar e acompanhar o percurso de aprendizagem dos cursistas nas atividades a distância, ao lidar com questões específicas de conteúdo dos módulos, ao sanar dúvidas pedagógicas, ao estimular a realização das atividades e a socialização entre eles. Estas funções exigirão o gerenciamento das atividades avaliativas e dos encaminhamentos dos assuntos relativos aos aspectos normativos e tecnológicos às instâncias de suporte. (USP e Redefor 2010, p. 9)

Sendo o tutor o gerente do desenvolvimento educativo dos alunos, estão entre suas atribuições: "Acessar diariamente o AVA [ambiente virtual de aprendizagem]"; "orientar os alunos sobre a realização das atividades (esclarecimentos de dúvidas, prazos de entrega, modos de envio etc.)"; "corrigir as atividades aplicadas, atribuindo nota quando for o caso, e validá-las"; "estimular a participação de alunos com baixa frequência à plataforma"; "contatar o aluno que não apresentou algum trabalho"; "manter atualizados os registros dos alunos"; "emitir relatórios de participação dos alunos"; "manter a interação com os alunos e estimular a interação dos alunos entre si"; "auxiliar os cursistas no uso do AVA para realização das atividades"; "incentivar a leitura da bibliografia recomendada"; "responder aos comentários dos fóruns e *e-mails* no tempo previsto nas normas do curso (48 horas)"; "incentivar e encorajar a participação qualitativa nas atividades e nos fóruns";

"participar da formação do aluno"; "encaminhar dúvidas de cunho tecnológico ao sistema de suporte"; "encaminhar aos coordenadores de tutoria as dúvidas sobre os conteúdos dos módulos ou relativas a outras dificuldades"; "realizar as atividades de forma assíncrona, podendo ser desenvolvidas em qualquer local que o tutor desejar" (*ibidem*, pp. 9-10).

Todo um sistema tecnológico e gerencial de controle incorpora-se às atividades pedagógicas via internet, mas permanece o profissional humano elemento basilar da dinâmica dos cursos. O tutor corresponde ainda, de certo modo, ao professor tradicional, mas suas funções são limitadas pela própria estrutura do AVA: ele não concebe os cursos, não programa atividades, não determina prazos, não seleciona conteúdos, não conhece os alunos, somente seus avatares na plataforma virtual. Ele, sobretudo, gerencia ou, em conformidade com a etimologia, tutela o desenvolvimento das capacidades de inventividade e criatividade. O tutor é essencial ao processo de aprendizagem proposto, pois, se o sistema tecnológico direciona e fornece condições de constante vigilância das atividades pedagógicas, ele não é capaz, ainda, de mensurar o maior objetivo das atividades no fórum *on-line*: o aflorar do *ágon*.

O objetivo da educação no AVA permanece sendo a formação da autonomia dos sujeitos. Quando as capacidades cognitivas e afetivas dos indivíduos tornam-se fatores determinantes na sociedade do conhecimento, com a vigilância do tutor amparado pelos dispositivos de controle, o uso público e o uso privado da razão, nos termos de Kant (2005), convertem-se agora em uma coisa única. O livre debate, à medida que estimula a criatividade e a inventividade na rede, torna-se eficaz para que as competências sejam estimuladas, potencializadas e mensuradas.

No entanto, na sociedade da constante inovação, a educação hipercontrolada nos ambientes virtuais guarda como elemento inerente a imprevisibilidade. O que se encontra em causa é que os indivíduos possam reconstruir sentidos por meio das redes de relacionamentos que ali se estabelecem. Com isso, há sempre a possibilidade do surgimento de novas formas de convivência, novos questionamentos, novos modos de organização e lutas e, talvez, de maneiras menos opressivas de existência.

Sociedade do conhecimento: *Classificação, desclassificação, reclassificação*

Como visto anteriormente, o processo de democratização da educação conduziu à desvalorização dos conteúdos curriculares, pela valorização das competências, tendo como consequência o decréscimo de *status* do profissional docente (ver, no Capítulo 4, o item *O estatuto de legitimação das competências como processo de democratização*). Em complementaridade a esse fenômeno, a dinâmica de funcionamento da EaD altera o sentido do que tradicionalmente se entende pela atividade docente, dando novo estatuto profissional e social àqueles que direcionam as práticas pedagógicas.

Um dessas alterações é a substituição, nos ambientes *on-line*, da figura do professor pela figura do tutor, que acompanha os desenvolvimentos dos alunos, estimulando, orientando e corrigindo suas atividades, além de atribuir notas pelas avaliações de desempenho nos AVAs. Nessa configuração, o professor/tutor, como o profissional pensado por Perrenoud (2000), deixa de ser aquele que professa, posto que não há mais propriamente verdades a serem professadas na nova arena pública, somente aquelas que serão construídas dos sentidos construídos no decorrer do processo de aprendizagem. Esses sentidos, por sua vez, são sempre evanescentes, sendo a única verdade perene a da estrutura da rede.

Assim, observa-se que, embora a palavra "professor" mantenha-se, não expressa mais o mesmo significado, pois não designa mais a mesma função, não sendo, pois, a mesma palavra. É o rompimento com essa estrutura hierárquica portadora de potencial emancipatório para os defensores da educação a distância via internet, sendo fundamentação para o otimismo daqueles que veem a estrutura da *web* como promotora de relações sociais mais horizontalizadas, pois a dinâmica da educação via internet possibilita que grupos sociais que antes estavam excluídos do processo de geração de significados pela estrutura da educação tradicional, reprodutora da estrutura desigual da sociedade, possam ser elevados ao *status* de criadores de sentido. Segundo Gomez (2004, pp. 53-54), em *Educação em rede: Uma visão emancipadora*:

Da rede, que se forma ao lançar os temas, frases, situações, chega-se ao tema gerador pela curiosidade trabalhada com o professor, descobrem-se conexões com outros temas que podem tornar-se certezas quando acontece um processo de subjetivação e de estudo da literatura existente sobre o mesmo tema ou construída em colaboração com outros.

A linguagem e a tecnologia, na geração da cultura, estão relacionadas e envolvem níveis de compreensão da realidade particulares para cada grupo social. Quando a maioria das pessoas puder manipular e entender os processos para criar mensagens e distribuí-los, isto é, "escrever o mundo", as práticas de alfabetização digital trarão o máximo de benefício para o indivíduo e a comunidade.

A ressignificação do sentido de "professor" encontra sua contraparte na redefinição do sentido de "aluno", não mais aquele que se estabelece como tal por sua relação com o primeiro, mas por meio de certa relação com a aprendizagem que deve ser empreendida autonomamente por ele na rede de interconectividades. De acordo com Sibilia (2012, p. 117):

> De fato, essa redefinição dos papéis docentes e discentes não é propriamente uma novidade: a pedagogia vem pensando e lançando novas propostas há pelo menos três ou quatro décadas. Tentou-se reformular todo o dispositivo sobre o qual se assentava a transmissão: a distribuição das carteiras na sala de aula, o redesenho do mobiliário e do espaço arquitetônico, até o vocabulário relativo à situação de aprendizagem. Em vez de continuar a usar termos como mestre ou professor – o especialista que se define por sua *mestria* ou por *professar* sua sabedoria –, propuseram-se alternativas menos hierarquizadas, tais como "coordenador de atividades" ou "facilitador da aprendizagem", insinuando que sua função deveria se transformar nesse sentido. Assim, em lugar daquele que prescreve a verdade, teríamos algo bem mais modesto: um mediador ou articulador dos significados produzidos por todos, que circulam de modo mais ou menos igualitário na situação da aula, estimulando assim a construção conjunta de conhecimentos e protagonismo dos jovens nessa tarefa. Em contrapartida, portanto, o aluno também deixaria de ser um mero receptáculo de conteúdos a ele transferidos de cima para baixo, para se tornar um sujeito ativo e autônomo: um intrépido aprendiz, capaz de se lançar com força própria nas descobertas educativas.

Posto que a EaD seja considerada, como afirmado nos documentos oficiais do Estado brasileiro anteriormente citados, o novo paradigma educacional, a mesma lógica que se manifesta nos cursos de educação a distância via internet também se refere ao dever-ser da educação presencial no paradigma da sociedade do conhecimento.

A revista *Info Exame*, em sua edição de abril de 2013, traz na capa o estudante da 1ª série do ensino médio Thales Giriboni, de 15 anos. Aluno de uma das mais caras e prestigiadas escolas da capital do estado de São Paulo, o jovem desenvolveu um aplicativo que "integra a agenda virtual de todos os seus colegas" (*Info Exame* 2013, p. 60), permitindo que todos possam compartilhar tarefas e datas das provas. Esse feito foi realizado a partir das aulas nos laboratórios de robótica da escola, mas, como esclarece a reportagem:

> Aula não é o termo mais preciso para descrever as atividades do laboratório de robótica. Cercados de peças para montar e munidos de MacBooks com acesso à internet, os alunos têm liberdade para descobrir o que querem fazer e o que precisam aprender para chegar ao objetivo. Não existem temas específicos a ser abordados ou planos rígidos de estudo. "Fazemos muita pesquisa, todo mundo se ajuda e os professores estão lá para orientar e tirar dúvidas", afirma Thales. Esse modelo de estudo faz hoje todo sentido.
> Por que o professor precisa escrever na lousa se a informação já está disponível de outras formas? Não parece mais lógico que passe a maior parte de seu tempo interagindo com os alunos? (*Ibidem*)

Como observa Duarte (2003, p. 8), na nova concepção pedagógica:

> (...) as pedagogias do aprender a aprender estabelecem uma hierarquia valorativa, na qual aprender sozinho situa-se em um nível mais elevado que o da aprendizagem resultante da transmissão de conhecimentos por alguém.

No entanto, há também o problema de como classificar e qualificar os conhecimentos adquiridos pelos aprendizes por meio dessa nova hierarquia valorativa. Ao se retirar a proeminência da transmissão, solapa-se a legitimidade da avaliação do avaliador. A atribuição de notas, expressas em letras ou em números, permanece sendo o modo pelo qual as escolas sustentam sua função social de certificação dos conhecimentos adquiridos. Mas as notas, ou conceitos, partiram sempre de um referencial já dado, de um conhecimento anteriormente consolidado e julgado válido pela cultura escolar, aquilo que o docente detinha, transmitia e que o tornava apto a avaliar. Entretanto, o conhecimento produzido individualmente pode tomar outras regras de referência que não as anteriormente estabelecidas pelo próprio processo de desenvolvimento da criatividade.

Esse processo de desclassificação é hoje acompanhado de uma multiplicidade de novas teorias de avaliação. Os processos avaliativos já foram objeto de inúmeras críticas dirigidas à pedagogia tradicional, e boa parte da literatura, de Piaget (1974) a Zabala (1998), entre vários outros, deteve-se nos modos consolidados de avaliação da escola tradicional. Mas, no presente momento, parece que se consolida um aprofundamento dessa crítica que chega mesmo à sua base fundamental, o que pode ser explicitado na pergunta: "O que é a inteligência?".

É o que se pode perceber nas propostas acerca de processos de avaliação de conhecimentos do psicólogo estadunidense Howard Gardner (2000) e do filósofo francês Pierre Lévy (1993 e 2010). Embora guardem diferenças entre si, expressam uma mesma crítica relativamente à educação tradicional e a necessidade de outras formas de validação dos saberes.

Nota-se que não é possível, por um fator bastante óbvio, afirmar que a EaD constituirá factualmente o paradigma que guiará o dever-ser da educação no futuro. Kuhn (1998), quando alocou o conceito de *paradigma* para a descrição de uma estrutura básica da dinâmica do desenvolvimento das ciências, usou-o em retrospectiva, da análise do que havia sido o fazer científico até então. Assim, uma alteração de paradigma pode ser denotada *a posteriori*, não sendo justificada, dessa maneira, a afirmação de que o futuro da educação de massa derivará seus princípios da EaD, seja qual for a forma, ou formas, que ela vier a assumir futuramente. Portanto, não se justifica essa afirmação, embora os documentos oficiais do governo brasileiro intentem promulgar a educação via internet como aquela que comporta os procedimentos gerais a partir dos quais a totalidade do processo educativo deva ser organizada. Se a EaD será ou não o modelo normativo para uma padronização dos processos pedagógicos, é uma questão que ainda pertence ao porvir. Entretanto, a análise dessa questão é de suma importância para a compreensão do presente, para o maior esclarecimento de sensação generalizada de crise atual que ora vivemos.

Em uma sociedade voltada para a inovação constante, o conhecimento já produzido tende a perder seu valor muito rapidamente. Zygmunt Bauman (2009) ilustra com uma metáfora essa passagem ocorrida nos últimos anos. Se se passaram dois milênios desde que a noção de *paideia* foi criada entre os gregos, a ideia de "educação por toda vida" precisou de apenas algumas décadas para se transformar "de um oxímoro (uma contradição em termos), num pleonasmo (algo como 'manteiga amanteigada' ou 'ferro metálico'...)" (*ibidem*, p. 151). O modelo da educação tradicional pode ser comparado, segundo o sociólogo polonês, aos mísseis balísticos utilizados nas antigas guerras de trincheira, pois, quando disparados, "a direção e a distância a ser percorrida já foram decididas pela forma e posição da arma e pela quantidade de pólvora de dentro da cápsula" (*ibidem*). No entanto, essas qualidades tornam-se inúteis quando os alvos estão em constante e rápido movimento, de modo a confundir os cálculos preliminares da trajetória planejada: "Faz-se necessário então um míssil inteligente que possa mudar de direção no meio do caminho" (*ibidem*, p. 152).

As capacidades de constantemente mudar de direção e de adaptação demonstram-se hoje necessidades sociais, tanto para um mercado de trabalho que demanda o profissional pró-ativo, criativo, capaz de trabalhar em equipe e de se adequar a novas tarefas e sistemas, como para a cidadania e para o cotidiano dos indivíduos na sociedade da incerteza. Ante as constantes alterações promovidas pelo avanço tecnológico, a responsabilidade maior por tornar os indivíduos adaptáveis à volatilidade da sociedade da constante inovação recai nos processos educativos.

Essa volatilidade traz outra dificuldade para a educação no que concerne à sua atribuição social de validar institucionalmente os conhecimentos dos indivíduos. O míssil da metáfora de Bauman é chamado inteligente por ser capaz de atingir alvos, ainda que estes estejam em constante movimento. A questão torna-se sobremaneira mais pungente quando se considera o problema de saber quais são os alvos. A incapacidade de conhecer os objetivos a serem alcançados retira a base na qual se estabelece a avaliação de determinado fenômeno como mais ou menos eficiente.

Quando o psicólogo francês Alfred Binet criou sua famosa escala, que mantinha o impulso cartesiano de matematização do mundo estendido ao domínio do espírito, assim como o açambarcamento da realidade por representações em escalas numéricas, havia um ponto fixo no qual se apoiava: uma concepção racionalista do que é inteligência.

> Contrariamente aos métodos precedentes, que se destinavam a medir "faculdades" mentais específicas e independentes, a escala de Binet era uma mistura de diferentes atividades: ele esperava que a mescla de vários testes relativos a diferentes habilidades permitiria a abstração de um valor numérico capaz de expressar a potencialidade global de cada criança. Binet enfatizou a natureza empírica de seu trabalho através de um famoso aforismo: "Quase poderíamos dizer que pouco importa quais são os testes, contanto que sejam numerosos".
> Antes de sua morte, em 1911, Binet publicou três versões da escala. A edição original de 1905 simplesmente ordenava as tarefas segundo um critério de dificuldade crescente. A versão de 1908 introduziu o critério que desde então tem sido utilizado para a medição do chamado QI. Binet decidiu atribuir a cada tarefa um nível de idade, a idade mínima em que uma criança de inteligência normal seria capaz de realizar com êxito a tarefa em questão. A criança começava por realizar as tarefas que correspondiam ao primeiro nível de idade e, em seguida, ia realizando as tarefas seguintes, até que se deparasse com as que não podia realizar. A idade associada às últimas tarefas realizadas pela criança tornava-se assim a sua "idade mental", e seu nível intelectual geral era calculado subtraindo-se essa idade mental de sua verdadeira idade cronológica. (Gould 2003, p. 152)

O *quociente da inteligência* (QI) erigiu-se, principalmente, na ideia de mensuração da capacidade de raciocínio individual, entendida como a maior ou a menor aptidão de dar respostas corretas a problemas lógicos. Era ainda a racionalidade, como o fora desde os gregos, considerada a característica essencial do homem. Pela escala de Binet, era avaliada e quantificada, possibilitando que se outorgasse o título de inteligente ou estúpido a certo indivíduo.

Apesar dos usos posteriores de sua escala, o problema que Binet deveria resolver em seu tempo era bastante pontual. A missão que lhe fora confiada pelo Ministério da Educação francês era "identificar crianças cujo desempenho escolar indicasse a necessidade de uma educação especial" (*ibidem*, p. 155). O psicólogo intentava o estabelecimento de um método seguro que permitisse aos professores reconhecer com o maior grau de exatidão possível aqueles alunos com dificuldades de aprendizagem, para que fossem encaminhados a procedimentos adequados, visando à adaptação ao nível normal de inteligência mediante sua idade, segundo os padrões estabelecidos. Criados há um século, os testes de QI continuam sendo usados, mas hoje em escala menor, caindo cada vez mais em descrédito como ferramentas eficazes de avaliação das inteligências e competências individuais.

É de notar que Binet não considerava que os testes de QI tivessem validade para além da mensuração de certa situação em um momento específico do desenvolvimento de um indivíduo. No entanto, em sua utilização posterior, a reificação da inteligência como um objeto em si, como capacidade potencial inata e individual de cada ser humano, tornou possível a desqualificação de indivíduos e de populações pela asseveração de sua insuficiência cognitiva com base na escala de Binet.

A questão agora não se restringe a um problema metodológico que se coloca na utilização dos testes de QI. É a própria noção de inteligência que se amplia, envolvendo o que anteriormente estava fora do escopo da avaliação. Tal fenômeno concomitantemente coloca em xeque as anteriores escalas avaliativas, pela fragmentação do ponto fixo sobre o qual se erigiram, enquanto alarga a esfera do que pode ser avaliado como desempenho de inteligência. Nesse movimento, o conceito de inteligência mesmo volatiza-se, insere-se na ordem da fluidez da sociedade conectada em rede. Por sua vez, o processo de desclassificação do que fora anteriormente compreendido por inteligência acaba por demandar uma maior quantidade, assim como uma maior eficiência, de modos e dispositivos de mensuração.

Na década de 1980, o professor de psicologia Howard Gardner (2000, p. 3), por questões de pesquisa da Harvard Graduate School of Education sobre a natureza e realização do potencial humano, propõe uma nova interpretação do que é inteligência. Seu principal alvo era a teoria de Piaget, com sua concepção de que o objetivo último do pensamento humano é o desenvolvimento do raciocínio científico.

Para Gardner (*ibidem*, p. 13), a insuficiência dos testes de QI centra-se numa determinação muito estrita do que é inteligência, baseada em uma visão limitada advinda do modelo da educação tradicional:

> Eu gostaria de sugerir que juntamente com esta visão unidimensional de como avaliar as mentes das pessoas vem uma visão da escola correspondente, que chamarei de "visão uniforme". Na escola uniforme, existe um currículo essencial, uma série de fatos que todos devem conhecer, e muito poucas disciplinas eletivas. Os melhores alunos, talvez aqueles com QIs mais altos, podem fazer cursos em que precisam utilizar leitura crítica, cálculo e habilidades de pensamento. Na "escola uniforme" existem avaliações regulares, com o uso de instrumentos tipo papel e lápis, da variedade QI ou SAT [*Scholastic Aptitude Test*]. (...) Uma vez que esse sistema de medida e seleção é claramente meritocrático em certos aspectos, ele tem algo para recomendá-lo.
> Mas existe uma visão alternativa que eu gostaria de apresentar – baseada numa visão da mente radicalmente diferente, que produz um tipo de escola muito diferente. É uma visão pluralista da mente, reconhecendo muitas facetas diferentes e separadas da cognição, reconhecendo que as pessoas têm forças cognitivas diferenciadas e estilos cognitivos contrastantes.

Gardner (*ibidem*, p. 14) aplicou séries de testes em populações detentoras de capacidades cognitivas que não se enquadram na visão unitária de inteligência: "prodígios, idiotas, sábios, crianças autistas, crianças com dificuldades de aprendizagem, todos aqueles que apresentam perfis cognitivos muito irregulares". Para tanto, tomou, em sua pesquisa, a avaliação das inteligências de duas perspectivas: a submissão dos indivíduos a baterias de testes e os resultados das tentativas de treinamento das capacidades.

O que estava em questão era saber se o treinamento de uma pessoa em certa capacidade geraria certa habilidade a ser usada em outra: "Nesse caso, por exemplo, o treinamento em matemática aumenta as capacidades musicais de alguém, ou vice-versa?" (*ibidem*). Ao submeter uma quantidade enorme de dados ao computador, com o propósito de determinar quantos tipos diferentes de inteligência poderiam ser detectados, constatou que a informática não oferecia, naquele momento, ferramentas adequadas para essa classificação, o que o levou a optar por uma análise fatorial mais subjetiva. Assim, organizou os dados de modo que os alocasse em sete tipos de inteligência diferentes, o que denominou a "teoria das inteligências múltiplas".

Os sete tipos de inteligência catalogados por Gardner (*ibidem*, p. 15) são:

> A inteligência linguística é o tipo de capacidade exibida em sua forma mais completa, talvez, pelos poetas. A inteligência lógico-matemática, como o nome implica, é a capacidade lógica e matemática, assim como a capacidade científica. (...) A inteligência espacial é a capacidade de formar um modelo mental de um mundo espacial e de ser capaz de manobrar e operar utilizando esse modelo. (...) A inteligência musical é a quarta categoria de capacidade identificada por nós. (...) A inteligência corporal-cinestésica é a capacidade de resolver problemas ou de elaborar produtos utilizando o corpo inteiro, ou partes do corpo. (...) Finalmente, eu proponho duas formas de inteligência pessoal – não muito compreendidas, difíceis de estudar, mas imensamente importantes. A inteligência interpessoal é a capacidade de compreender outras pessoas. (...) A inteligência intrapessoal, um sétimo tipo de inteligência, é uma capacidade correlativa, voltada para dentro. É a capacidade de formar um modelo acurado e verídico de si mesmo e de utilizar esse modelo para operar efetivamente a vida.

Embora ao menos desde Pitágoras o número sete seja relacionado ao místico e à perfeição, Gardner (*ibidem*) reconhece que é essa ainda uma lista preliminar: "obviamente, cada forma de inteligência pode ser subdividida, ou a lista pode ser reorganizada. O ponto importante aqui é deixar clara a pluralidade do intelecto". Ou seja, em hipótese, o rol de Gardner pode se estender ao infinito, tanto pela incorporação de formas diferentes de inteligência como pelo surgimento de mais divisões dentro de certa divisão e de subdivisões no interior daquelas, podendo ser, por sua vez, cada uma dessas ainda infindas vezes subdivida. Por princípio, a ideia de "pluralidade do intelecto" pode converter qualquer manifestação humana em uma categoria de inteligência.

A dicotomia entre racionalidade e emotividade perde seu significado na caracterização da teoria das inteligências múltiplas, posto que a razão perdeu seu posto anterior de a mais nobre das capacidades humanas – convertendo-se em apenas mais uma capacidade entre outras –, enquanto a afetividade e a sensibilidade convertem-se em tipos próprios de inteligência. O QI vai se confrontar cada vez mais – como se tornou moda na década de 1990 – com o *quociente emocional*, que visa medir a capacidade de certo indivíduo em lidar com as próprias emoções e as dos demais nas diversas situações.

Dessa multiplicação do que pode ser denominado inteligência, Gardner (*ibidem*, p. 16) prescreve que a escola ideal do futuro deve direcionar-se em prol do desenvolvimento das capacidades individuais:

> O planejamento da minha escola ideal do futuro baseia-se em duas suposições. A primeira delas é a de que nem todas as pessoas têm os mesmos interesses e habilidades; nem todos aprendem da mesma maneira e agora nós temos os instrumentos para começar a tratar dessas diferenças individuais na escola. A segunda suposição é uma que nos faz mal: é a suposição de que, atualmente, ninguém pode aprender tudo o que há para ser aprendido. (...) Uma escola centrada no indivíduo seria rica na avaliação das capacidades e tendências individuais. Ela procuraria adequar os indivíduos não apenas a áreas curriculares, mas também a maneiras particulares de ensinar esses assuntos. E depois dos primeiros anos, a escola também procuraria

adequar os indivíduos aos vários tipos de vida e opções de trabalho existentes em sua cultura.

As novas formas de classificação multiplicam o que se encontra no âmbito avaliativo das atividades escolares. Ao mesmo tempo que são suplantadas anteriores escalas divisórias, novos e mais difusos modos de classificação são criados. Entretanto, mais uma vez, como já se viu diversas vezes no decorrer deste texto, a escola tradicional é nomeada como causadora do mal de ter afastado os indivíduos de suas potencialidades. Nessa direção, a obra citada desse autor é ainda mais um ecoar da crítica comeniana: os sistemas educacionais estabelecidos não consideraram corretamente a natureza do homem, em verdade, mantiveram-no afastado dela. Conforme a teoria das inteligências múltiplas, o modelo que serviu de base para fundamentar o que é ser inteligente já é, em si mesmo, limitado e limitador.

Essa mesma tendência pode ser encontrada também na obra de um dos maiores entusiastas das possibilidades trazidas pelas TICs, o discípulo de Michel Serres, Pierre Lévy (1993, p. 11). Lévy considera o surgimento dos ambientes virtuais da *web* como propiciador de novas *ecologias cognitivas*: "coletivos pensantes povoados por singularidades dinâmicas e subjetividades mutantes".

Para Lévy (*ibidem*), embora a consciência seja particular a cada indivíduo, o pensamento é sempre social, constituído desde várias interfaces de conexões que ocorrem nos intercâmbios nas comunidades de indivíduos e destas com outras comunidades. Por sua vez, a constituição social do pensamento repercute em cada um dos indivíduos, causando-lhes modificações em seus aparelhos cognitivos, gerando novos modos de apreensão do mundo e estabelecendo novas *tecnologias da inteligência*.

Com base nos estudos da psicologia cognitiva, o filósofo francês aduz que o desenvolvimento cognitivo individual é direcionado pelo contato com o ambiente. Nessa correlação, o surgimento das diversas técnicas criadas socialmente detém papel significativo na construção subjetiva, pois acabam por alterar a constituição física do órgão cerebral.

Dessa maneira, a criação do alfabeto em determinado momento "fez trabalhar sobretudo o cérebro esquerdo (mais analítico e linguístico), enquanto que as escritas ideográficas também utilizam o cérebro direito (mais global, ligado às imagens e ritmos)" (*ibidem*, p. 173).

Uma nova técnica que surge e tem seu uso social expandido causa alterações sociais, biológicas e cognitivas, desenvolvendo capacidades cerebrais nos indivíduos. Coletivamente, o conjunto dessas alterações torna possível que se estabeleçam modos outros de usar os conhecimentos anteriormente surgidos, assim como o aparecimento de novas técnicas e o aprimoramento das já existentes, gerando novas possibilidades de conexões.

Uma nova técnica cria ou aprimora uma tecnologia intelectual. Cada indivíduo, ao incorporar as tecnologias intelectuais existentes em seu meio ambiente, transforma-se, incorporando-as mesmo à sua subjetividade. Torna-se, além de usuário, reprodutor dessa tecnologia e agente de sua disseminação, além de mais um ponto na rede de conexões, expandindo, dessa forma, as possibilidades de interconexões, que resultarão em novas tecnologias intelectuais e assim sucessivamente.

Em retrospecto, o paradigma da rede explica o desenvolvimento da cultura humana, aliás, o próprio surgimento do humano como produto da cultura. Dessa perspectiva, a internet é o meio técnico que melhor expressa e aprimora o modo próprio pelo qual a cultura desenvolveu-se. Mais do que isso: a estrutura colaborativa das redes interligadas já se encontrava em gérmen desde o estabelecimento mesmo da comunicação entre os homens. As novas TICs, por essa perspectiva, são portadoras de um aperfeiçoamento do mesmo modo que o humano desenvolve-se em contato com o mundo transformado pelas técnicas.

Destarte, a tecnologia internet demonstra-se um culminar natural do desenvolvimento humano. Para Lévy (1993), mediante o desenvolvimento da técnica, a história pode ser dividida em "três tempos do espírito": a oralidade, a escrita e a informática. Cada uma dessas técnicas de comunicação gerou adaptações sociais e cognitivas – tipos de memória, sensibilidades, formas de representar informações etc. – que possibilitaram a fase seguinte.

A maior alteração da era da informática foi ter trazido pela primeira vez a circulação em larga escala da informação em *tempo real*. Enquanto os povos primitivos de cultura oral tinham uma temporalidade circular, por meio das mesmas narrativas que sempre se repetiam, as culturas letradas conceberam a linearidade do tempo histórico. A informática, por sua vez, faz com que a informação disponível situe-se sempre no presente, seja sempre informação em andamento (*ibidem*, p. 115). Com a rede mundial de computadores, o conhecimento encontra-se agora publicamente disponível em todos os momentos, mesmo enquanto está sendo produzido, podendo ser alterado pelo livre debate que ocorre globalmente por meio das novas TICs.

Diferentemente do tempo anterior do espírito, o da escrita, a velocidade da informação faz agora com que cada vez mais se tornem obsoletas as teorias explicativas. Suas pretensões de abrangência e fixidez não condizem mais com a era da informação em tempo real. Tornam-se mais eficazes os *modelos explicativos*. Pela aceleração da informação e pelo trabalho coletivo na cultura digital, esses modelos podem ser constantemente alterados e corrigidos.

> As explicações sistemáticas e os textos clássicos em que eles se encarnam parecem-nos hoje excessivamente fixos dentro de uma ecologia cognitiva na qual o conhecimento se encontra em metamorfose permanente. As teorias, com suas normas de verdade e com a atividade crítica que as acompanha, cedem terreno aos *modelos*, com suas normas de eficiência e o julgamento da pertinência que preside sua avaliação. O modelo não se encontra mais inscrito no papel, este suporte inerte, mas roda em um computador. É desta forma que os modelos são continuamente corrigidos e aperfeiçoados ao longo das simulações. Um modelo raramente é definitivo.
> Um modelo digital normalmente não é nem "verdadeiro" nem "falso", nem mesmo "testável", em sentido estrito. Ele apenas será mais ou menos útil, mais ou menos eficaz ou pertinente em relação a este ou aquele objetivo específico. Fatores muito distantes da ideia de verdade podem intervir na avaliação de um modelo: a facilidade de simulação, a velocidade de realização e modificação, as conexões possíveis com programas de visualização, de auxílio à decisão ou ao ensino... (*Ibidem*, p. 120)

Para Lévy (2010, p. 172), em um mundo onde se torna possível "navegar no oceano de informação e conhecimento acessível pela Internet", o novo paradigma comunicacional deve nortear os processos de aprendizagem, e a modalidade mais eficaz de processo educativo para o tempo atual é a possibilitada pela educação a distância via internet. Essa educação tem como mérito proporcionar a "aprendizagem colaborativa", considerando-se que os estudantes tenham constante acesso às últimas informações atualizadas nos bancos de dados, e a possibilidade de participar de conferências e grupos de discussão não presenciais:

> O ponto principal aqui é a mudança *qualitativa* nos processos de aprendizagem. Procura-se menos transferir cursos clássicos para formatos hipermídia interativos e "abolir a distância" do que estabelecer novos paradigmas de aquisição dos conhecimentos e de constituição dos saberes. A direção mais promissora, que por sinal traduz a perspectiva da inteligência coletiva no domínio educativo, é a da *aprendizagem colaborativa*.
> Alguns dispositivos informatizados de aprendizagem em grupo são especialmente concebidos para o compartilhamento de diversos bancos de dados e o uso de conferências e correios eletrônicos. Fala-se então em aprendizagem cooperativa assistida por computador (em inglês: *Computer Supported Cooperative Learning*, ou CSCL). Em novos "campus virtuais" [sic], os professores e os estudantes partilham os recursos materiais e informacionais de que dispõem. Os professores aprendem ao mesmo tempo que os estudantes e atualizam continuamente tanto seus saberes "disciplinares" como suas competências pedagógicas. (A formação contínua dos professores é uma das aplicações mais evidentes dos métodos de aprendizagem aberta e a distância). (*Ibidem*, p. 173)

Para Lévy (*ibidem*), nesse novo paradigma educacional, a diferença entre o professor e o aluno não é de grau, entre aquele que sabe mais e aquele que sabe menos, mas de função:

> A partir daí, a principal função do professor não pode mais ser uma difusão dos conhecimentos, que agora é feita de forma mais eficaz

por outros meios. Sua competência deve deslocar-se no sentido de incentivar a aprendizagem e o pensamento. O professor torna-se um *animador da inteligência coletiva* dos grupos que estão a seu encargo. Sua atividade será centrada no acompanhamento e na gestão das aprendizagens: o incitamento à troca dos saberes, a mediação relacional e simbólica, a pilotagem personalizada dos percursos de aprendizagem etc.

Porquanto o professor seja realocado da posição de mestre à de animador, o que denota aquilo que Batista (2012) denominou "o declínio da transmissão na educação", vê-se, porém, comprometida também a outra função social proeminente das instituições de ensino: o da certificação dos conhecimentos adquiridos.

Em atenção às necessidades impostas pela era da informática, Pierre Lévy e o matemático e sociólogo Michel Authier desenvolveram e comercializam o *software* denominado "árvores do conhecimento". Em seu livro, escrito conjuntamente, explicam as ideias centrais que norteiam seu projeto. Segundo Authier e Lévy, em *As árvores do conhecimento*, no sistema clássico de diplomas, o reconhecimento institucional dos saberes adquiridos dá-se por meio de provas que são concebidas independentemente dos indivíduos que por elas serão avaliados. Mais do que isso, os conhecimentos necessários para que se seja aprovado em determinada prova são selecionados sem a avaliação de seu valor geral como promotores de habilidades úteis à sociedade. Nesse processo, muitos conhecimentos válidos do ponto de vista social e produtivo estão excluídos de certificação institucional.

O *software*, em linhas gerais, estabelece um modelo iconográfico gerado digitalmente na forma de uma árvore que demonstra o conjunto dos saberes detidos por certo indivíduo ou comunidade. Cada um é representado por meio de um brasão que demonstra todos os saberes certificados de que é detentor naquele momento. Assim, no decorrer da existência de um indivíduo ou de uma comunidade, todos os conhecimentos socialmente úteis podem ser classificados e expostos pelo programa de computador na forma de galhos e ramos de uma árvore:

saber falar certo idioma, fazer cálculos, desenhar, conhecer literatura, cozinhar, cantar, recitar poesias etc. Além disso, no modelo iconográfico virtual, estará disposto visualmente como cada conhecimento se liga aos outros saberes detidos pelo indivíduo; de um galho que representa um saber podem brotar outros que representam outros que tenham o primeiro por base.

Na proposta de Authier e Lévy (s.d.), as certificações dos conhecimentos não se darão mais somente pelas instituições escolares, ainda que estas permaneçam ocupando importante papel, mas pelas comunidades que participam da "vida" de certa árvore. Assim, pode ser elaborada uma prova para a validação de certo saber individual que uma comunidade julgue útil, ou seja, o valor de um saber é estabelecido não por certa tradição que deva ser preservada, mas pelos próprios indivíduos, que podem considerar algum conhecimento útil em determinado momento. Constatado que certo indivíduo é capaz de demonstrar sua capacidade em um teste especialmente elaborado para o tipo específico de conhecimento que será avaliado, ocorre a certificação, constituindo um novo galho no brasão que representa as habilidades cognitivas daquele que foi avaliado.

A praticidade do modelo, segundo os autores, torna possível, de modo rápido e eficiente, que sejam estabelecidos contatos entre aqueles que necessitam de pessoas com certas capacidades e conhecimentos e aqueles que as detêm, por meio da verificação *on-line* dos brasões existentes em certa comunidade, o que se torna extremamente útil na nova economia. Ademais, o *software* é um facilitador para que pessoas que compartilham áreas de interesse comuns encontrem-se para trocar conhecimentos, enriquecendo-se de forma mútua e, consequentemente, expandido suas árvores iconográficas.

A proposta de Authier e Lévy (*ibidem*) é a constituição de uma democracia cognitiva em tempo real. O rompimento com as estruturas hierárquicas que condicionaram a validação dos conhecimentos socialmente úteis conduzirá a formas mais enriquecedoras de existência.

Esse sistema não admite nenhuma hierarquia nem classificação *a priori*. Em contrapartida, apresenta-se como uma grande máquina que visa classificar e avaliar os saberes *a posteriori*. (...) Cada comunidade, em cada instante, produz uma classificação e uma hierarquia dos saberes diferentes, exprimindo os interesses, as necessidades, os recursos, os verdadeiros percursos de aprendizagem dos seus membros. Não se trata apenas de uma simples fotografia do existente, uma vez que os pedidos, os desejos, os projetos, as tendências são igualmente tomados em consideração.

O sistema das árvores do conhecimento não ilustra uma definição particular do conhecimento. Com cada árvore a exprimir a classificação e a hierarquia dos saberes próprios a uma comunidade, torna-se possível que todas as organizações do saber se exprimam. (*Ibidem*, p. 189)

EaD, avaliação e princípio de desempenho

Embora Gardner (2000) e Authier e Lévy (s.d.) tragam propostas diferentes, o que estipulam reflete um mesmo direcionamento: a desqualificação do sistema hierárquico dos saberes por meio da pulverização das matrizes de normatividade que os sustentaram. Nesse processo, a totalidade das capacidades humanas é habilitada como potencial fonte de utilidade a ser certificada e qualificada por novos sistemas de classificação.

Nosso tempo, ao ampliar os limites do que pode ser considerado válido do ponto de vista cognitivo, democratizando o que é "ser inteligente", abarca, na perspectiva pedagógica, a totalidade da vida humana. Talvez essa característica da sociedade conectada seja o ponto fundamental para a compreensão da discursividade acerca da expansão da EaD como processo de democratização e de ser essa modalidade o novo paradigma educacional.

Como os mercadores da luz da utopia de Francis Bacon, que navegavam pelo mundo buscando tomar contato com conhecimentos de outros povos, para, então, captá-los, classificá-los e transformá-los em utilidade pelos pesquisadores da Casa de Salomão, a sociedade do conhecimento converte-se em uma gigantesca máquina captadora, classificadora da totalidade da existência humana quando a vida individual converte-se em capital no mundo do "Eu S/A". Torna-se imperativo que nada escape na Novíssima Atlântida: nela tudo é educacional, porquanto tudo pode ser convertido em utilidade.

Nessa configuração social, as atividades a serem desenvolvidas pelos processos educativos devem valorizar as singularidades dos educandos, os talentos pessoais como criatividade e a inventividade, mas também a disciplina e a força de vontade individual. Estas últimas parecem denotar um dos traços mais significativos da educação via internet: a necessidade de compromisso do indivíduo com sua constante formação.

A EaD, como visto anteriormente, é um modelo educacional que se constitui como processo de democratização, porquanto flexibiliza as limitações de tempo e espaço, tornando possível que mais indivíduos tenham acesso à educação formal. Essa liberdade acaba por demandar uma maior autonomia dos estudantes. No entanto, o maior problema detectado hoje nessa modalidade é a grande evasão de alunos (*UOL Educação* 2012). No ensino superior a distância, aparecem como motivos alegados para a desistência dos cursos pelos estudantes:

> (...) o insuficiente domínio técnico do uso do computador (principalmente da internet), falta da tradicional relação face a face entre professores e acadêmicos, dificuldade de expor ideias numa comunicação escrita a distância e a falta de um agrupamento de pessoas numa instituição física. (Jorge *et al.* 2010, p. 4)

Entretanto, o maior problema alegado pelos estudantes brasileiros evadidos é a falta de tempo para cumprir as atividades.[2] Uma das

---

2. Conforme o Censo EaD.br 2010, as taxas médias de evasão nos cursos de nível superior a distância são as seguintes: 22,1% nas universidades públicas e 15,8% nas instituições particulares. Relativamente aos cursos livres, as taxas de evasão são de 30,9% nos cursos públicos e de 20% nos particulares. Os motivos alegados, segundo o Censo,

exigências fundamentais dos cursos em EaD é a de que o estudante deve ter disciplina para realizar aquilo que é demandado. Como é explicitado no *site* Portal EaD (s.d.; grifo nosso):

> Para se dar bem sendo um aluno de algum curso EaD, é indispensável também que se tenha muita *disciplina*, seriedade e compromisso. O aluno deve ter seus horários de estudo todos pré-estabelecidos e obedecidos com pontualidade.
> A autodisciplina é um quesito fundamental para um aluno desta modalidade. Ele deve definir um local e um horário de estudo para conseguir criar o hábito e a obrigação de estudar, isso acaba virando um compromisso e o aluno cria mais seriedade com essa obrigação.

O mundo da conectividade aumenta a responsabilização dos indivíduos por seus desempenhos. É de onotar que o empenho dos estudantes em cumprir suas obrigações escolares sempre foi considerado um mérito necessário na educação presencial, porém, no mundo da formação constante, essa exigência é levada a outro nível.

Nesse sentido, pode-se encontrar certa analogia entre os esforços demandados na educação via internet e as alterações do mercado de trabalho ocorridas nos últimos anos. Como argumentam Boltanski e Chiapello (2009), desde a década de 1980, assiste-se à desregulamentação das relações de trabalho anteriormente estabelecidas, movimento que vai sendo acompanhado por um novo estatuto de legitimação do mundo do trabalho e do emprego na nova economia que surge nesse processo.

A palavra de ordem de nosso tempo, "flexibilidade", é acompanhada pelo termo "empregabilidade". Ser empregável é deter qualidades de adaptação a várias situações diversas em um mundo em constante mutação, em um mercado de trabalho cada vez mais flexível. A figura arquetípica do trabalhador fiel que se fixava por longos anos em

---

são: falta de tempo para estudar e participar, acúmulo de atividades no trabalho, falta de adaptação à metodologia, desemprego, viagens a trabalho, custo de matrícula ou mensalidade e impedimentos criados pelas chefias (*UOL Educação* 2012).

certa empresa foi sendo substituída pela figura do profissional dinâmico e criativo, sempre pronto a enfrentar novos desafios, a envolver-se em novos projetos. Embora esse novo trabalhador deva frequentemente se ligar a outros trabalhadores em projetos específicos, os vínculos criados entre eles, pela própria natureza flexível do sistema que os geram, são sempre voláteis.

Ser empregável, em um mundo em que a segurança de um trabalho fixo se encontra fora de moda, é demonstrar espírito empreendedor e ser atraente para constantemente participar de novos projetos. Assim, encontra-se, entre as características do indivíduo empregável, a de ser capaz de estabelecer uma rede de contatos que possa dar-lhe a expectativa de ser alocado em futuros projetos.

> A atividade manifesta-se na multiplicidade dos projetos de todas as ordens, que podem ser conduzidos concomitantemente e que, de qualquer modo, devem ser desenvolvidos sucessivamente, visto que, nessa lógica, o projeto constitui um dispositivo transitório. A vida é concebida como uma *sucessão* de projetos, válidos sobretudo por serem diferentes uns dos outros. A qualificação desses projetos segundo categorias pertinentes nas outras cidades (tais como familiares, afetivos, educativos, artísticos, religiosos, políticos, caritativos...) e, principalmente, sua classificação de acordo com a distinção entre o que é da alçada do lazer e o que está relacionado ao trabalho, na lógica dessa cidade, não é o que importa, a não ser de modo muito secundário. O que importa é desenvolver atividades, ou seja, nunca estar sem projetos, sem ideias, ter sempre algo em vista, em preparação, com outras pessoas cujo encontro foi ensejado pela vontade de fazer alguma coisa. (Boltanski e Chiapello 2009, p. 142)

Nesse ambiente, o esforço pessoal é valorizado, pois é ele que torna certo trabalhador empregável, sendo de sua responsabilidade sua valorização como capital humano nas redes de contatos que podem gerar possibilidades de empregos. Esses empregos, por princípio, são sempre temporários, por não se esperar mais que sejam para toda a vida, em contraposição à esperada fixidez do mundo do trabalho anterior.

As cada vez maiores exigências do mercado operam uma constante contenda do indivíduo empregável em relação a si próprio. O solapamento das bases que anteriormente estabeleciam a cisão e a diferenciação hierárquica entre os opostos racionalidade/afetividade, assim como o enfraquecimento da diferenciação mundo público/mundo privado, por suas incorporações à esfera do econômico, revela esta época como a da aglutinação e da reordenação do que fora anteriormente cindido. No entanto, ocorre agora um desacordo mais profundo no âmbito das subjetividades multifacetadas nas redes que compõem a ordem da sociedade conectada.

Como percebera Deleuze (2007, p. 219) em seu *"Post-scriptum sobre as sociedades de controle"*, as sociedades disciplinares, que teriam atingido seu apogeu no século XX, foram organizadas a partir dos "grandes meios de confinamento". Nelas, o indivíduo é constantemente realocado em novos espaços fechados, cada um com sua normatividade própria: primeiro a família, depois a escola, depois a caserna, a fábrica, às vezes o hospital ou a prisão (*ibidem*). Esse modelo teria sido gradativamente substituído pelo das sociedades do controle, nas quais o indivíduo é modulado por formas cambiantes de direcionamento que se alteram constantemente.

Enquanto, nas sociedades disciplinares, prossegue Deleuze (*ibidem*, pp. 221-222), se estava sempre recomeçando, "da escola à caserna, da caserna à fábrica", uma das características marcantes das sociedades do controle é que nunca se termina nada: "a empresa, a formação, o serviço sendo os estados metaestáveis e coexistentes de uma mesma modulação". As sociedades disciplinares constituíam o conjunto dos indivíduos confinados em um mesmo corpo "que levava suas forças internas a um ponto de equilíbrio, o mais alto possível para a produção" (*ibidem*, p. 221), perfazendo uma massa constantemente vigiada pelo patronato na fábrica. Já o modelo empresa das sociedades do controle modula as atividades pessoais, ao provocar uma cisão no indivíduo por meio de uma rivalidade em relação a si mesmo.

No tempo atual, na era do aprender ao longo de toda a vida, nunca se terá estudado o suficiente, nunca se estará suficientemente qualificado, jamais haverá um currículo adequadamente bom para a completa garantia de empregabilidade. O processo de democratização proporcionado pela educação a distância via internet coloca à disposição do estudante eterno da sociedade do controle a possibilidade de constantemente aumentar suas chances em um mundo cada vez mais competitivo. No entanto, essa possibilidade converte-se em obrigação e, se, como diz Deleuze (2007), a sociedade do controle produz cada vez menos dispositivos de confinamento, a disciplina agora é reintroduzida como qualidade fundamental subjetiva demandada pelos AVAs.[3]

Somente aqueles suficientemente compromissados e comprometidos com sua qualificação conseguirão factualmente qualificar-se no mundo do constante aprendizado telemático. Analogamente ao que ocorrera com os conteúdos estabelecidos da educação tradicional e seus critérios avaliativos de certificação de conhecimentos, os muros escolares que demarcaram o local de aprendizagem institucional são pulverizados e espraiados para além das antigas delimitações. Os muros estarão agora em todos os lugares, constituídos não mais de tijolos, mas pela eterna agonística do indivíduo contra si na interminável busca por qualificação. Esta última, por seu turno, encontrar-se-á sempre disponível em qualquer lugar e em qualquer momento, promovida pelos recursos da informática, sendo o maior empecilho para o qualificando suas eventuais faltas de disciplina e de comprometimento.

Marcuse (1999) via, no desenvolvimento histórico da civilização, a constante coerção do corpo como uma condição imposta pelas necessidades geradas pela escassez de recursos e pela organização hierárquica da sociedade. A introjeção do aparato repressivo da sociedade constituiu-se como "princípio de desempenho", a culpa converte-se em elemento fundamental do controle social em prol da maximização do uso das capacidades em um mundo em que o corpo deve ser convertido em aparelho de produção.

---

3. Agradeço a Daniele Pechuti Kowalewski por ter demonstrado a mim essa perspectiva.

Ao que parece, porém, na "sociedade da abundância", como é denominada por Litto (2006), em que o recurso econômico fundamental, o conhecimento, é inesgotável, o aparato disciplinar da sociedade da escassez parece impor-se mais fortemente. A cisão do indivíduo em constante disputa consigo próprio entroniza a necessidade de disciplina como princípio de desempenho, potencializado agora pela heterorregulação de um mercado para o qual nunca se estará suficientemente qualificado.

Nessa ordem, é o mercado o senhor que determina a utilidade dos conhecimentos. No entanto, por princípio, sendo qualquer conhecimento potencialmente útil, tudo pode ser avaliável, tudo pode ser quantificado e certificado como eventual elemento de produção de valor econômico. O mundo do aprender ao longo de toda a vida é também o da constante avaliação e classificação, de uma existência que será sempre avaliada e reavaliada em termos de índices de desempenho.

O problema de como avaliar, porém, permanece hoje uma questão importante no novo paradigma educacional. Ainda existem dificuldades para determinar quais são os modos de avaliação mais adequados para a EaD de maneira que ela não se converta em uma simples readaptação da educação tradicional transposta para os ambientes *on-line*.

Como dito anteriormente, o processo de consolidação da EaD ainda está em desenvolvimento, de modo que suas especificações técnicas e metodológicas não encontraram até o presente momento uma forma geral apropriada. Nesse sentido, a questão de como avaliar os estudantes nos AVAs é uma das mais problemáticas. Conquanto exista o forte ímpeto de elaborar maneiras mais eficientes e humanas de avaliação, ainda não há um consenso de como se conseguir fazer isso.

Segundo Ymiracy Nascimento de Souza Polak (2009), professora livre-docente da Universidade Federal do Paraná (UFPR), a avaliação em EaD deve ser diferenciada da empreendida na educação tradicional, porém ainda faltam, neste momento, os meios, tanto institucionais e metodológicos como técnicos e legais, para que isso ocorra.

Levando em conta a complexidade do tema, a legislação, a insatisfação do aluno e da comunidade acadêmica, com as formas de avaliação vigentes, faz-se necessário que haja maiores investimentos para pesquisa na área, tanto no que concerne aos aspectos pedagógicos quanto no que diz respeito às questões tecnológicas e administrativas da avaliação; e que a avaliação seja um juízo norteador da tomada de decisão. (...) Parafraseando Luckesi, destaca-se a importância de "a pedagogia do exame" e da "domesticação" dar lugar à *pedagogia da autonomia, do compromisso e da humanização*, só assim se poderá ter uma avaliação integral na qual sejam considerados não apenas os aspectos formais do desempenho acadêmico, mas também os informais. (Polak 2009, pp. 158-159; grifos nossos)

Assim, no presente momento, um dos impeditivos para uma avaliação mais completa, segundo essa pesquisadora, é o atual estágio da tecnologia. No entanto, com o seu desenvolvimento futuro, será, então, possível estabelecer avaliações mais justas que sejam capazes de apreender o indivíduo em sua totalidade, "não apenas os aspectos formais do desempenho acadêmico, mas também os informais".

Em relação a isso, sobra-nos como questão saber qual será o direcionamento futuro da sociedade do conhecimento quando esses meios pedagógico-tecnológicos, por fim, ganharem existência: estaremos no limiar de uma sociedade mais democrática por meio da educação, pela "pedagogia da autonomia, do compromisso e da humanização", da utopia da sociedade dos homens esclarecidos? Ou terá chegado, enfim, a consolidação do totalitarismo tecnológico na era da informática, em que nada mais escapará dos bilhões de olhos avaliadores de uma sociedade do controle constituída, então, como um multipanóptico global?

EPÍLOGO: UTOPIA E POLÍTICA

Utopia, identidade e a ordem do tempo

Segundo Musso (2013, pp. 34-35):

> Para além de seus jogos metafóricos, a rede absorve, atualmente, a questão da mudança social, ela é prótese técnica da utopia social. As verdadeiras revoluções são, hoje, as rupturas oferecidas pela internet, que realiza a associação universal pelas redes de comunicação. (...) A rede indica um futuro libertador, ela é uma promessa de uma circulação generalizada e libertadora de fluxos de informação e das ondas econômicas. Esboço de uma utopia planetária, igualitária e autorregulada, este mito, cópia fiel da associação saint-simoniana, restabeleceu-se nos anos 1990. Com a "sociedade da informação" e suas "autoestradas da informação", a política desenha a sociedade mundial futura graças à mutação técnica das redes de comunicação.

Cioran (2011b), em um texto de 1960, percebe as semelhanças entre a Idade do Ouro descrita por Hesíodo e o relato bíblico do paraíso terrestre, o Éden. Tanto os genitores da humanidade da narrativa judaica quanto os habitantes de Mecona, no período anterior ao do reinado de Zeus, vivem com o coração livre de preocupações, "longe do trabalho e da dor" (Hesíodo *apud* Cioran 2011b, p. 108). Em ambos os casos, a ausência de sofrimento matiza um eterno presente refletido na imagem de um mundo estático, o que não deixa de ocultar, considera o ensaísta romeno, um temor do peso do tempo, uma detestação ao devir e o desejo de dele separar-se a qualquer preço. Tal impulso brotaria de uma covardia ante o fardo da história, do terror do desfile de misérias que a constitui e da consequente perspectiva, que assume as proporções de um pesadelo, de a humanidade ter ainda que se debater por séculos no transcorrer histórico (Cioran 2011b, p. 109).

Os paraísos, por sua condição, situam-se ou em um momento em que o tempo ainda não havia começado a ser contado ou em que já parara de passar; assim, sempre em um não tempo. As visões paradisíacas perfazem-se como espaços em que a identidade, em sua plenitude, contempla-se eternamente: a não diferenciação do ente em relação a si está imbricada na gratificação do gozo de um não tempo sem trabalho e sem dor.

Conquanto esteja, em vários sentidos, em um polo oposto ao de Cioran (2011b), Marcuse (1999, p. 152) alude a uma imagem similar, retomando a idílica figura de Narciso, contemplando eternamente seu reflexo no lago: ali a admiração da beleza eterniza-se e a existência é vivida como prazer. Para esse autor, a negação do tempo constitui-se como a revolta dos instintos ante a brutalização do homem em um mundo em que o devir se estabelece como fardo, como reificação e ausência de gratificação. Tal revolta, não encontrando eco em uma realidade que aparece sem sentido, refugia-se na fantasia, na possibilidade, ainda que onírica, de um mundo diferente.

Nos paraísos, o peso do tempo esvanece-se: o bom, o belo e o justo não são percebidos como exterioridades parciais do real, como meras aspirações ou ideias reguladoras, mas unicidade convertida em prazer.

> E disse Deus: Eis que vos tenho dado toda erva que dá semente e que está sobre a face de toda a terra e toda árvore em que há fruto de árvore que dá semente; ser-vos-ão por mantimento.

E todo animal da terra, e a toda ave dos céus, e a todo réptil da terra, em que há alma vivente, toda erva verde lhes será para mantimento. E assim foi. (*Gênesis*, 1: 28-29)

Aquilo que Freud (1978) descreve como o infindo embate entre princípio de prazer e princípio de realidade não poderia encontrar lugar no Éden. Ali a realidade é vivida por Adão em um mundo que constantemente o ampara, o acalanta e a ele serve. Não poderia haver no paraíso bíblico aquela que é a dicotomia fundadora da civilização segundo a concepção freudiana: a necessidade de contenção dos impulsos em prol da sobrevivência em um mundo teluricamente hostil. Todos os paraísos, em suas irrealidades, como criações meramente imaginárias, parecem refletir a realidade do desejo de escapar à condição tipicamente humana, da labuta, do absurdo da existência e da inexorabilidade do tempo. Se há algum parâmetro pelo qual se possa julgar o que há de verdadeiro neles, este certamente é o da aspiração por negar a ordem da existência como se apresenta, impulso que parece ser perceptível em todos os momentos e em todos os lugares da história de todas as civilizações, sendo, assim considerado, elemento trans-histórico dos anseios humanos.

"Utopia" é a antonomásia criada na modernidade para os paraísos em referência ao seu não lugar terrestre. Tais invenções de mundos outros, engenhos da fantasia e da racionalidade, mesmo em tempos em que, cada vez mais aceleradamente, tudo que é sólido se dissolve no ar, insistem em não deixar de existir. Apesar de a morte das utopias já ter sido muitas vezes alardeada, com tristeza ou alegria dependendo do mensageiro, parecem ainda sobreviver como uma realidade situada em um nível mais profundo do que o da concretude da inópia humana. Existem, porquanto há ainda a necessidade de justificação para a ordem do tempo, e, possivelmente, permanecerão existindo mesmo que se alterem infindáveis vezes as configurações sociais, posto que enraizadas numa perene insatisfação do homem quanto à realidade percebida como algo de miserável.

A miséria é, efetivamente, a grande auxiliar do utopista, a matéria sobre a qual trabalha, a substância com que nutre seus pensamentos, a providência de suas obsessões. Sem ela estaria desocupado, mas ela o ocupa, o atrai ou o molesta, conforme seja rico ou pobre; por outro lado, ela não pode prescindir dele, tem necessidade desse teórico, desse entusiasta do futuro, sobretudo porque ela mesma, a meditação interminável sobre a possibilidade de escapar a seu próprio presente, não suportaria sua desolação sem a obsessão por uma *outra* terra. (Cioran 2011a, p. 91)

Assim pensada, a coexistência entre utopia e miséria constitui uma relação inelutável e dialética, posto que a primeira se tornaria sem sentido sem a última, dado que não mais seria utopia, e a segunda, por sua vez, se demonstraria insuportável sem a primeira. No entanto, se as utopias perfazem-se negativamente como contraparte reativa à penúria da história humana, sendo, por esse prisma, diferentes expressões de uma denúncia contra a vida tal como se apresenta, positivamente, as utopias pretendem ser a afirmação da *ipseidade* mesma do humano, uma vez que são denúncias da história em prol de um mundo a ele mais próprio, mais aprazível à *natureza humana*, ao homem considerado em si mesmo.

Dessa maneira, certa ideia de conformidade é inerente a toda visão de um mundo melhor: essa realidade não é desejável, visto ser incongruente ao tipo de vida que pode ser considerada propriamente humana. Não pode existir paraíso sem uma ideia de identidade, ou natureza, do homem e de um tipo de vida que lhe seja mais conforme, pois o mais perfeito dos mundos só pode ser assim considerado se o homem a ele se adequar perfeitamente. Um paraíso que não seja percebido como tal é uma contradição em termos. Como diz Adorno (2006, p. 143) em outro contexto, "a realidade sempre é simultaneamente uma comprovação da realidade, e esta envolve continuamente um movimento de adaptação". Nesse sentido, toda utopia, em sua irrealidade, intenta ser, de certa maneira, a própria realidade do real, pelo seu escopo de postular ser a demonstração da falsidade da vida como se apresenta, de que o real, em sua atualidade, é ontologicamente deficitário em contraste com o dever-ser da plenitude do existir, da adaptabilidade plena.

Na modernidade, não sendo mais o homem mero títere dos desígnios divinos, a utopia será sempre amiga da crítica: o real do homem é percebido em contraposição ao ordenamento existente do que pode e deve ser mudado. Reside aqui a contradição permanentemente imbricada na relação entre o ideal e o efetivo, entre o dever-ser e o ser. Idealidade e efetividade, por essa perspectiva, são querelantes perpétuos em uma disputa em torno do ajuizamento do real: embora o efetivamente existente seja o real na concretude presente, o idealmente almejado perfaz-se como o índice de valoração a partir do qual a existência efetiva pode ser considerada mais ou menos autêntica, mais ou menos adequada à realidade própria do humano. Disso se segue que subjaz em toda denúncia contra a atualidade do mundo em seu desenvolvimento histórico a proposição de uma resposta à pergunta fundante da própria concepção de humanidade: "O que é o homem?".

A crítica do jovem Marx (*ibidem*), em seus *Manuscritos econômico-filosóficos*, estabelecia-se nestas bases: o problema primordial do sistema capitalista seria sua inconformidade com a essência humana. As contradições advindas do capitalismo, como modo de produção econômica, têm, em seu princípio, a dicotomia fundamental, ontológica, entre o homem e um mundo, que, ainda que ele construa e seja por ele historicamente construído, permanece como realidade de sua alienação, do apartamento de sua essencialidade, da permanência da diferenciação do homem em relação a si. Para o jovem Marx, o comunismo é melhor do que o capitalismo desde que seja o fim do alheamento do homem.

Malgrado a obviedade da constatação de que a sociedade comunista de Marx diverge substancialmente do Éden bíblico, uma vez que este seja obra divina e aquela realização histórica do homem, os dois mundos projetam um mesmo desejo de uma existência não arredada entre a realidade essencial do homem e sua existência concreta: ideal e efetivo devem ser um só. Por tal critério taxionômico, poder-se-ia fazer desfilar aqui toda gama das utopias criadas até agora no Ocidente, da República de Platão à Cocanha medieval, incluindo a de Thomas Morus, a Cidade do Sol do Tomaso Campanella, a Nova Atlântida de Francis Bacon, os Falanstérios de Charles Fourier, a sociedade industrial e o novo cristianismo pensados por Saint-Simon, podendo-se, ainda, fazer constar aqui também a nova utopia de nossos tempos: a da sociedade do conhecimento, habitada por homens esclarecidos e cooperativos convivendo democraticamente em uma *ágora* tecnológica.

Decerto, as aspirações dos homens alteram-se, porquanto se alteram as condições de existência, o efetivamente existente permanece sendo a matéria de que são feitos os sonhos de realidades outras. As ideias acerca de um mundo eternamente conforme também são condicionadas pela volatilidade dos desejos humanos no desenvolvimento do tempo. Note-se, no entanto, que a aspiração por outro mundo subjaz existente, resta sempre algo do que poderia ser denominado *espírito utópico* inerente à humanidade.

Bloch (2005) caracteriza esse ímpeto especificamente humano como uma espécie de sonho em que, contrariamente àqueles que ocorrem durante o sono, manifestações do inconsciente segundo a teoria de Freud, o sonhador não perde seu "eu" durante o processo de sonhar. O "sonho diurno", diferentemente do "sonho noturno" – que tem sempre uma relação privilegiada com o passado –, é orientado para o futuro, e, enquanto este detém sempre um conteúdo confuso, aquele remete a uma potência do humano que permanece ainda recalcada na atual ordem do mundo, na manutenção da inautenticidade do homem.

A permanência dessa característica, seja por temor ao peso do tempo como queria Cioran, seja como denúncia dos instintos contra um mundo opressor segundo Marcuse, constitui ainda traço especificamente humano, mesmo que os últimos séculos tenham trazido uma diferença substancial relativamente ao *status* da condição a partir da qual são projetados os mundos melhores: se os paraísos e as idades de ouro anteriores ao período moderno eram engendrados pelos deuses, não estando mais o divino no centro da ordem das representações, caberá ao homem, abandonado à sua própria sorte – com tudo o que isso implica de melhor e de pior –, construir o mundo de sua conformidade essencial. Na modernidade, surgirá a percepção de que tal mundo pode e deve ser formado agora pelos próprios esforços humanos. A projeção de como as coisas deveriam ser é convertida em um dever-ser, em imperativo orientador da ação humana. A derradeira alteração na ordem da existência das coisas, gerada no interior do decorrer histórico, virá à luz pelas mãos do homem por meio de um golpe no ordenamento do tempo ocorrido até aqui, por meio de uma "revolução".

Toda revolução, real ou sonhada, econômica, social, cultural, educacional ou tecnológica – mesmo hoje quando o termo está presente em vários contextos diferentes daquele no qual foi situado no século XVIII, quando foi deslocado da astronomia para a política –, encerra ainda a pretensão de rompimento da ordem do tempo. O estabelecimento de uma nova ordem para o tempo insere-se na programática da efetivação de um novo começo para o homem.

Considerando-se que uma utopia não deve ser uma ucronia, é o tempo que tem que ser apropriado para fazer valer a possibilidade de o não lugar converter-se no concretamente existente da idealidade efetivada. A realização da utopia será, então, o fim da história. Sendo o passado a representação da irrealidade do humano, pois fundado nas dicotomias entre homem e mundo e entre homem e homem, todas as organizações sociais até aqui existentes eram falsas: tendiam naturalmente ao fracasso, pois, em desacordo com o real da natureza humana, sempre promoveram a geração de insatisfações e a propagação de distúrbios que conduzem inexoravelmente à dissolução social. Disso se segue que, sendo possível construir uma sociedade em que não haja a divergência entre o ser e o dever-ser, ela perdurará eternamente, o homem terá, enfim, ganho seu embate com o tempo, e a história encontrar-se-á, então, selada.

> O revolucionário pensa que a mudança que ele prepara será a última; o mesmo pensamos todos na esfera de nossas atividades: o *último* é a obsessão da pessoa viva. Nos agitamos porque acreditamos que nos cabe concluir a história, fechá-la, porque a consideramos nosso domínio, assim como a "verdade", que sairá finalmente de sua reserva para revelar-se a nós. O erro será apanágio dos outros; só nós teremos compreendido tudo. (Cioran 2011b, p. 115)

Mas, se a história é a antagonista da utopia, uma vez que é esta que deve ser superada pela ordem social vindoura, ela é também sempre sua condição de possibilidade. O apoderamento do tempo realizar-se-á pelo desenvolvimento humano no tempo e, ao final, revelar-se-á o sentido da história; uma sociedade futura conforme ao humano será, então, a redenção da história: tudo fez sentido até aqui.

> E vi um novo céu e uma nova terra. Porque já o primeiro céu e a primeira terra passaram, e o mar já não existe. (...) E Deus limpará de seus olhos toda lágrima, e não haverá mais morte, nem pranto, nem clamor, nem dor, porque já as primeiras coisas são passadas. (*Apocalipse*, 21: 1-4)

Foi o cristianismo, como lembra Fukuyama (1992), que introduziu o conceito da finitude da história. É o encerramento da história que tornará compreensível tudo o que passou anteriormente, todos os eventos particulares ocorridos não interessam por si próprios, mas na perspectiva do fechamento que é a efetivação do objetivo último da existência do tempo: a dissolução da cisão do homem em relação a si, de seu apartamento seja do Pai celeste ou de sua verdadeira essencialidade.

Dicotomia do humano e o tópos da política

Agamben (2002, p. 35) alude ao fato de que o homem sempre foi pensado na cultura ocidental como articulação e conjunção: de um corpo e uma alma, de um vivente e de um *logos*, de um elemento natural e um sobrenatural, social ou divino. No pensamento de Aristóteles, como exemplifica o filósofo italiano, pode ser percebida a tensão constante na especificação do humano: o problema de identificar o ser de uma coisa é tratado pelo Estagirita por meio da pergunta: "Através de que coisa uma coisa pertence a outra?" (*ibidem*, p. 32). Em *De anima*, tratando da questão de saber o que torna um ser vivente o que é – ou, de que maneira algo que é vivente pode ser compreendido como tal –, não estabelece uma definição do que seja "vida", mas limita-se a decompor o que se entende por "vida" em várias especificações diferentes. "Viver se diz de muitas maneiras", já que basta subsistir uma única ação em determinado ente para que se afirme que pertence à classe dos viventes: o pensamento, a sensação, o movimento e o repouso segundo o lugar, o movimento segundo a nutrição, a destruição e o crescimento (Aristóteles *apud* Agamben 2002, p. 31). No entanto, os vários modos de ser do que é vivo são suportados na função da nutrição: tudo o que é vivo se nutre. O isolamento dessa função como elemento mínimo e mais abrangente estabelece o fundamento a partir do qual se erige um sistema classificatório para a determinação de tudo aquilo que é vivente e, consequentemente, daquilo que não é.

Essa estratégia do pensamento de Aristóteles complementa-se com outra, a da hierarquização dos modos de ser: a função nutritiva, sendo aquela característica que possibilita a compreensão de todos os entes que são vivos como pertencentes a uma mesma classe de seres, constitui-se, necessariamente, como a atividade menos específica dos tipos determinados de vida, dado que nela possa ser incluída toda uma gama de entes muito diferentes entre si, desde formas de vida que podem ser consideradas mais simples até as mais complexas. O processo de determinação dos muitos tipos de viventes conduz à especificação de várias subclasses dentro da classe maior, e de subclasses menores no interior de subclasses, cada qual, ao receber certa adjetivação, torna-se mais restritiva: as das plantas, as dos insetos, as dos animais e assim por diante, incluindo um modo próprio de vida que determina aquilo que é o homem.

Entretanto, no pensamento aristotélico, mesmo na caracterização do gênero humano, existem ainda diferentes especificações no seu modo próprio de vida, e, portanto, segundo o procedimento por ele estabelecido, uma hierarquia nos modos determinados desse tipo de ser. E é a clássica especificação de Aristóteles do que é o homem, acrescida de sua defesa da escravidão, reveladora da constante tensão relativa à compreensão ocidental do homem como disjunção conflitante.

Em sua metafísica, deitando esforços na problemática da identidade do ser no corrente fluxo do devir, afirmará que o ser é dito de várias maneiras. No entanto, para certo ente, ser de modo próprio é a realização de sua *natureza*, entendida como o que faz com que ele não subsista como algo diferente de si mesmo. Assim, por exemplo, uma semente é compreendida como tal, porquanto é o gérmen de uma planta, ainda que, factualmente, nem todas as sementes tornem-se plantas. A semente é potencialmente planta, e a planta é a perfeição da semente, e a compreensão acerca da primeira somente pode se estabelecer de sua finalidade, da atualização de sua potência, de que ela se torne o que realmente é em conformidade com sua natureza. Sendo assim, uma semente que eventualmente não se torne planta é deficitária relativamente à sua essência, ou seja, considerando que seja um gérmen que não germine, não o é em sentido próprio, embora possa ser classificada como tal por essencialmente ter a possibilidade de germinar.

A dinâmica da ontologia aristotélica transferida para o campo da política não deixa de gerar embaraços, uma vez que deva incorporar a essencialidade do homem, como categoria fundamental de todos os indivíduos que pertencem ao gênero, conquanto a ordem social vigente negue a especificidade humana na concretude existente. Os indivíduos humanos diferenciam-se entre si pelas suas características individuais, mas são identificáveis como pertencentes a um mesmo gênero, porquanto, necessariamente, enquadram-se todos em uma mesma definição. Diferenciam-se, por essa perspectiva, por serem materialmente diferentes, porém, abstraída a matéria que os compõe, compartilham todos de uma mesma forma: a de "animal racional".

Surge, porém, um problema da compreensão da especificidade do humano, uma vez tomada essa definição: como afirmar que o homem é animal racional, sendo essa caracterização o elemento universal que torna possível compreender os diversos entes desse tipo como pertencentes a uma mesma classe, uma vez que não é possível que a essência do humano se efetive a menos que outros entes, que embora, por princípio, sejam participantes da mesma definição, não possam exercer sua racionalidade por estarem com os afazeres necessários à existência do corpo? É necessário estabelecer uma hierarquização interior na especificação do ser-homem para acomodar a tensão existente entre racionalidade e animalidade, resguardando sua identidade. É necessário estabelecer uma relação de complementaridade entre o homem livre e o escravo, buscando salvaguardar a essencialidade do homem como ser eminentemente livre.

Essa tensão fundante, constitutiva do pensamento aristotélico, define o campo do embate entre o dever-ser e o ser. Não é factível, em seu tempo, que todos os homens exerçam sua racionalidade, visto que a racionalidade pressuponha a liberdade. A ordem do mundo demanda indivíduos que trabalhem por outros, para que os últimos possam ser propriamente racionais, a fim de que, dessa maneira, sejam homens em sentido próprio. A condição para a liberdade é sua negação, pois ancorada na escravidão: alguns devem ser escravos para que outros possam ser livres. A definição da liberdade como característica essencial do gênero humano torna-se legitimação para uma ordem de dominação. No entanto, concomitantemente, como observa Marcuse (2001), essa definição acaba por ser uma denúncia dessa mesma ordem, uma vez que estabelece na idealidade um padrão para o ajuizamento da concretude da realidade do homem: o homem é diferente de si mesmo, pois a ordem do mundo não fornece as condições necessárias para que ele seja o que é em sentido próprio.

Existe, assim, o problema da relatividade do efetivo imposto pela possibilidade. A efetividade do ser está em algum lugar em uma fronteira entre o que *dever-ser* e o que *pode ser*, entre aquilo que é, embora deficitário relativamente à especificação própria do humano, e aquilo que deveria ser, mas que é impossível dadas as condições concretas de existência, sendo meramente utópico, no sentido de não poder encontrar lugar no ordenamento terrestre tal como se apresenta.

O limite entre o dever-ser e o ser é aquilo que se denomina "possível". É em nome do possível que se restringe a ordem do desejo, mas também é em nome do desejo que a fronteira do possível é constantemente colocada em questão pela demonstração de sua tenuidade ou de sua flexibilidade ou, ainda, da perversidade e dos processos de dominação que ela esconde.

O campo em que se delimita a extensão da fronteira onde se separam o possível e o impossível é justamente aquilo que se denomina "política". E é pelo crivo desta, entendida aqui como o campo de lutas para a determinação do possível, que se estabelece, no decorrer do tempo, a exequibilidade do idealmente desejado mediante as condições históricas que determinam certo modo de vida em detrimento de outro.

Destarte, porquanto o poder precede o dever na determinação do exequível nos embates políticos, é também na ordem da temporalidade que se estabelece o lugar de cada um, pois ainda há sempre o elemento temporal como fator de determinação da efetividade do humano. Assim, se não era crível nos tempos de Aristóteles extinguir a escravidão, o campo do possível hoje se alarga: não deve haver escravos – embora saibamos que ainda haja –, posto que a ordem do possível abarca a efetivação da não escravidão. O dever-ser e o ser resvalam-se, chocam-se, mas também confluem, mesmo que, neste último caso, ainda sempre de modo parcial, enquadrado na ordem do possível, o que faz com que restem sempre outros modos de vida a serem desejados, outra utopia a ser aspirada.

A época atual, seja ela qual for, é sempre de transição. A faculdade desiderativa, ou espírito utópico, ao se estabelecer como denúncia da ordem perversa do tempo, pressupõe esse mesmo tempo como espaço de ordenação da realidade efetiva inautêntica para o prosseguimento em direção ao melhor. Nesse sentido, a utopia assume o *status* de "promessa", palavra que, tendo em sua origem etimológica "missa", assume ao mesmo tempo a ideia de rogação às forças superiores e a esperança na realização daquilo que é almejado. A política nessa ordem constitui-se como elemento regulador, pois, compreendida como dinâmica de lutas de desejos diferentes ante a concretude do efetivo, deve constar, em suas atribuições, a separação entre aquilo que pode e deve ser mantido e aquilo que pode e deve ser alterado sob a ideia de uma promessa de que as coisas convergem para o melhor, ou já estão nele, mediante a ordem do possível.

Crítica e política na sociedade do conhecimento

Várias são as especificações contraditórias entre si surgidas no decorrer da história que revelam o homem como ser dual: ao mesmo tempo um corpo submetido à ordem do mundo e uma alma de natureza extramundana; um ser intelectual encerrado na condição de animalidade; um ser racional e livre que deve ser também instrumento na ordem de produção social. A determinação do humano encerra o antagonismo de sua condição de perspectivas diferentes.

Neste espaço, intentei pensar como essa questão se apresenta hoje, com os desenvolvimentos tecnológicos e o novo estatuto que a educação passa a assumir na sociedade global, ambiente no qual a educação a distância via internet expande-se como democratização do acesso ao ensino. No entanto, concomitantemente, parece ser essa modalidade educacional reveladora de uma nova narrativa em relação às possibilidades do porvir, porquanto é anunciadora da sociedade do conhecimento.

Hoje, em nosso presente altamente tecnológico, a promessa da sociedade do conhecimento é a da superação da dicotomia fundante do humano, de sua duplicidade e descompasso em relação a si, de sua característica de ser compreendido como articulação e conjunção conflitante. Na promessa da sociedade do conhecimento, razão e emoção, ócio e trabalho, o produtivo e o lúdico fundamentam uma ordem em que os homens poderão ser livres como geradores dos meios de existência e de criação de riquezas cada vez maiores. A superação da hierarquia que se estabeleceu ao longo do desenvolvimento da civilização conduzirá a uma existência mais autêntica dos homens.

Tal hierarquia, que constituiu as sociedades desiguais da modernidade, norteou também os modos de funcionamento da educação tradicional. No novo tempo, deverá ser superada pela estrutura da rede, pela democratização e pela realocação dos papéis de professor e aprendiz no mundo das identidades nômades. Conforme a crítica ao sistema hierárquico estabelecido no desenvolvimento da cultura ocidental, a instituição que ainda representa o apartamento dos homens de suas verdadeiras possibilidades é a escola tradicional, agora considerada a mantenedora de uma ordem desigual.

No entanto, ainda é a escola aquela que poderá conduzir a uma existência mais autêntica dos homens. Todavia, para tanto, a forma que assumira nos últimos séculos deverá ser superada. Sua suplantação, assim, remete à possibilidade de maior igualdade, de um futuro em que as capacidades humanas não sejam valoradas pelo estreito viés da limitada concepção de inteligência que marcou os sistemas educativos. O homem poderá, por fim, ser apreendido em sua integralidade, dotado de valor tanto potencial como intrínseco. O sobrepujamento da educação tradicional, aliado ao desenvolvimento dos novos meios de comunicação hipervelozes, conduzirá à unidade final entre a espécie humana em um mundo interligado em rede, realizando a democracia cognitiva global.

Como, porém, também argumentei neste texto, a sociedade do conhecimento, ao mesmo tempo que encerra a promessa de emancipação, porta também a ameaça do surgimento de formas mais aprofundadas de dominação, pois pode acarretar o mundo da vigilância constante e da reificação completa do humano, agora convertido em capital, quando a heterorregulação do mercado impõe-lhe a obrigação do aprender ao longo de toda a vida ou a danação eterna da não empregabilidade no mercado flexível.

Sopesada essa dupla possibilidade, é de considerar que o que a sociedade do conhecimento efetivamente será permanece uma questão em aberto. Sendo assim, seu desenvolvimento mantém-se ainda como questão política, pois o problema acerca das possibilidades da sociedade do conhecimento é o problema da técnica como questão política. Tal questão, por seu turno, revela mais do que nunca o problema da educação também como questão política. É o problema da capacidade humana de criação, de sua constituição como humano em um mundo por ele transformado.

O problema político acerca das possibilidades e dos riscos do futuro incide diretamente no campo educacional também pelo fato de este ser o campo privilegiado da preparação dos homens para o amanhã. Mesmo que não saibamos ainda quais serão os direcionamentos futuros, certamente caberá às gerações mais jovens a efetivação do possível e do desejável que germinam no tempo hodierno, processo no qual a educação que receberem desempenhará papel fundamental.

Que novas relações surgirão do recrudescimento cada vez maior das novas tecnologias de informação e comunicação? Como serão as relações de sociabilidade no futuro próximo? Qual será a extensão do impacto das inovações tecnológicas e das novas formas de sociabilidade nos processos educativos? Até que ponto se revelará verdadeira a consideração de que a EaD será o novo paradigma educacional?

Por meu lado, tentei, neste espaço, pensar essas questões por meio de suas relações com o tempo atual, pois o que esteve colocado em causa neste texto foi o nosso presente, no qual a imagem de um futuro estabelece normatividades e altera concepções antes arraigadas. Com esse desígnio, busquei relacionar certos discursos de extrações teóricas diferentes que se prestam como fundamento de uma nova ordem que se anuncia. Porquanto essa discursividade espraia-se por várias áreas diferentes do conhecimento, como argumentei ao longo do texto, guarda sempre certa relação com alguma ideia de democracia. Dessa forma, intentei estabelecer similaridades entre representantes de várias áreas que, de alguma maneira, tocam no tema das possibilidades do presente, buscando, com isso, encontrar analogias em seus discursos.

Nesse conjunto de correlações, penso que seja possível ainda pensar uma dialética em nosso tempo. Ela se perfaz pela averiguação da coexistência intrínseca das possibilidades de emancipação e de dominação na ordem do capitalismo que ora se erige. É nesse presente que são vistos também novos direcionamentos para o sistema democrático, que certamente repercutirão no futuro, embora ainda não saibamos de que maneira.

Seguindo a tendência atual, termino este texto com mais perguntas do que respostas, pois assim o é no tempo em que o vínculo entre conhecimento e verdade está inextricavelmente abalado. Mas, mesmo assim, ainda é possível afirmar uma última certeza, tão geral e vaga quanto indubitável e importante. É de considerar, por fim, que, sendo o futuro incerto e a sociedade do conhecimento uma questão política, é um imperativo da *práxis* ainda a manutenção da fé em que, por meio do rigoroso trabalho crítico e das ações dos homens, a tendência atual incutida no presente possa culminar, de alguma maneira, em algum futuro possível, em uma sociedade mais livre, justa e solidária.

REFERÊNCIAS BIBLIOGRÁFICAS

ADORNO, T.W. (2006). *Educação e emancipação*. Trad. Wolfgang Leo Maar. 4ª ed. São Paulo: Paz e Terra.

ADORNO, T.W. e HORKHEIMER, M. (1985). *Dialética do esclarecimento*. Trad. Guido Antonio de Almeida. Rio de Janeiro: Jorge Zahar.

AGAMBEN, G. (2002). *Lo abierto*. Trad. Flavia Costa e Edgardo Castro. Córdoba: Adriana Hidalgo.

AHLERT, A. (s.d.). Educação, ética e cidadania em Johann Amos Comenius: Aproximações com Paulo Freire. [Disponível na internet: http//www3.est.edu.br/publicações/estudos_teologicos/vol4602_2006/et2006-2f_aahlert.pdf, acesso em 30/6/2012.]

ALMEIDA, F.J. (coord.) (2001). *Projeto nave. Educação a distância: Formação de professores em ambientes virtuais e colaborativos de aprendizagem*. São Paulo. [s.n.]

ALVES, L. e NOVA, C. (2003). *Educação a distância: Uma nova concepção de aprendizado e interatividade*. São Paulo: Futura.

ANTUNES, R. e BRAGA, R. (orgs.) (2009). *Infoproletários: Degradação real do trabalho virtual*. São Paulo: Boitempo.

ARAUJO, U.F. e SASTRE, G. (orgs.) (2009). *Aprendizagem baseada em problemas no ensino superior.* São Paulo: Summus.

ARCE, A. (2010). "Educação a distância: 'Cavalo de tróia' na formação do pedagogo?". *In*: SOUZA, D.D.L.; SILVA JR., J.R. e FLORESTA, M.G.S. (orgs.). *Educação a distância: Diferentes abordagens críticas.* São Paulo: Xamã, pp. 77-87.

ARENDT, H. (2007). *A condição humana.* Trad. Roberto Raposo. 10ª ed. Rio de Janeiro: Forense Universitária.

ARISTÓTELES (1985). *Órganon.* Trad. Edson Bini. Bauru: Edipro.

_____ (1996). *A política.* Trad. Ivan Lins. 15ª ed. São Paulo: Escala.

ASSANGE, J. et al. (2013). *Cypherpunks*: Liberdade e o futuro da internet. Trad. Cristina Yamagami. São Paulo: Boitempo.

AUTHIER, M. e LÉVY, P. (s.d.). *As árvores do conhecimento.* Trad. Rosa Maria Diniz. Lisboa: Instituto Piaget.

AZANHA, J.M.P. (1992). *Uma idéia de pesquisa educacional.* São Paulo: Edusp.

BACON, F. (1997a). *Nova Atlântida.* Trad. José Aluysio Reis de Andrade. São Paulo: Nova Cultural. (Os Pensadores)

_____ (1997b). *Novum Organum ou verdadeiras indicações acerca da interpretação da natureza.* Trad. José Aluysio Reis de Andrade. São Paulo: Nova Cultural. (Os Pensadores)

BARROS, J.N. da S. (2009). "Herbert Marcuse: Utopia e dialética da libertação". Dissertação de mestrado. São Paulo: PUC.

BARROWS, H.S. (s.d.). "A specific problem-based, self directed learning method designed to teach medical problem-solving skills, and enhance knowledge retention and recall". *In*: SCHIMDT, H.G. e DE VOLDER, M.L. (orgs.). *Tutorial in problem based learning.* Assen: Van Gorcum & Comp. B.V., pp. 16-32.

BATISTA, D.E. (2012). *O declínio da transmissão na educação*: Notas psicanalíticas. São Paulo: Annablume/Fapesp.

BAUDRILLARD, J. (2000). *O sistema dos objetos.* Trad. Zulmira Ribeiro Tavares. São Paulo: Perspectiva.

_____ (2007). *A sociedade do consumo*. Trad. Artur Mourão. Lisboa: Ed. 70.

BAUMAN, Z. (2009). *Vida líquida*. Trad. Carlos Alberto Medeiros. 2ª ed. Rio de Janeiro: Jorge Zahar.

BECK, U. (2010). *Sociedade de risco*: Rumo a uma outra modernidade. Trad. Sebastião Nascimento. São Paulo: Ed. 34.

BEHRENS, M.A. (s.d.). "Tecnologia interativa a serviço da aprendizagem colaborativa num paradigma emergente". *Tecnologias na escola*. Brasil: MEC, pp. 74-78. [Disponível na internet: http://portal.mec.gov.br/seed/arquivos/pdf/2sf/pdf, acesso em 27/12/2012.]

BÉLANGER, P. (2005). "Sociedades educacionais em formação". *In*: DELORS, J. (org.). *A educação para o século XXI*: Questões e perspectivas. Trad. Fátima Murad. Porto Alegre: Artmed, pp. 192-205.

BELL, D. (1977). *O advento da sociedade pós-industrial: Uma tentativa de previsão social*. Trad. Heloysa de Lima Dantas. São Paulo: Cultrix.

BELLONI, M.L. (2002). "Ensaio sobre educação a distância". *Educação & Sociedade*, ano XXIII, n. 78, abr.

BENJAMIN, W. (1996a). "A obra de arte na era de sua reprodutibilidade técnica". *In*: BENJAMIN, W. *Obras escolhidas: Magia e técnica, arte e política*, v. 1. Trad. Sergio Paulo Rouanet. 7ª ed. São Paulo: Brasiliense, pp. 165-196.

_____ (1996b). "Sobre o conceito de história". *In*: BENJAMIN, W. *Obras escolhidas: Magia e técnica, arte e política*, v. 1. Trad. Sergio Paulo Rouanet. 7ª ed. São Paulo: Brasiliense, pp. 222-234.

BITTAR, E.C.B. (2003). *Curso de filosofia aristotélica*: Leitura e interpretação do pensamento aristotélico. Barueri: Manole.

BLOCH, E. (2005). *O princípio esperança*, v. I. Trad. Nélio Schneider. Rio de Janeiro: Contraponto.

BOLTANSKI, L. e CHIAPELLO, È. (2009). *O novo espírito do capitalismo*. Trad. Ivone C. Benedetti. São Paulo: Martins Fontes.

BULCÃO, R. (2009). "Aprendizagem por *m-learning*". *In*: LITTO, F. e FORMIGA, M. (orgs.). *Educação a distância*: O estado da arte. São Paulo: Pearson Education do Brasil, pp. 81-86.

BURCH, S. (2006). Sociedade da informação/sociedade do conhecimento. [Disponível na internet: http://vecam.org/spip.php?page=auteur&id_auteur=220&lang=pt&nemo=edm, acesso em 9/7/2012.]

CARTA CAPITAL (2013). O Velho Modelo disfarçado de novo. [Disponível na internet: http://www.cartacapital.com.br/educacao/o-velho-modelo-disfarcado-de-novo, acesso em 13/9/2013.]

CARTA MAIOR (2012). A redução da desigualdade na América Latina, segundo o Banco Mundial. 11 de nov. [Disponível na internet: http://cartamaior.com.br/?/Editoria/Internacional/A-reducao-da-desigualdade-na-America-Latina-segundo-o-Banco-Mundial/6/26068, acesso em 22/10/2013.]

CARVALHO, J.S.F. (2004). "'Democratização do ensino' revistado". *Educação e Pesquisa*, v. 30, n. 2, maio-ago. São Paulo, pp. 327-334. [Disponível na internet: http://www.scielo.br/pdf/ep/v30n2/v30n2a11.pdf, acesso em 2/11/2012.]

CASTELLS, M. (2007). *A galáxia internet: Reflexões sobre internet, negócios e sociedade*. Trad. Rita Espanha. 2ª ed. Lisboa: Fundação Calouste Gulbenkian.

_____ (2011). *A sociedade em rede*. Trad. Ronei Venâncio Majer. São Paulo: Paz e Terra.

CHAUI, M. (2003). A universidade pública sob nova perspectiva. [Disponível na internet: http://www.scielo.br/pdf/rbedu/n24/n24a02.pdf, acesso em 17/1/2014.]

CIORAN, E. (2011a). "Mecanismo da utopia". *In*: CIORAN, E. *História e utopia*. Trad. José Thomas Brum. Rio de Janeiro: Rocco, pp. 89-107.

_____ (2011b). "A idade de ouro". *In*: CIORAN, E. *História e utopia*. Trad. José Thomas Brum. Rio de Janeiro: Rocco, pp. 108-127.

COCCO, G. (2001). *Trabalho e cidadania*: *Produção e direitos na era da globalização*. 2ª ed. São Paulo: Cortez.

_____ (2009). *Mundobraz: O devir-mundo do Brasil e o devir-Brasil do mundo*. Rio de Janeiro: Record.

COCCO, G. e HOPSTEIN, G. (orgs.) (2002). *As multidões e o império: Entre globalização da guerra e universalização dos direitos*. Rio de Janeiro: DP&A. (Política das Multidões)

COCCO, G.; GALVÃO, A.P. e SILVA, G. (orgs.) (2003). *Capitalismo cognitivo*: *Trabalho, redes e inovações*. Rio de Janeiro: DP&A.

COCCO, G.; PACHECO, A. e VAZ, P. (2002). *O trabalho da multidão*: *Império e resistências*. Rio de Janeiro: Gryphus/Museu da República.

COMARELLA, R.L. (2009). "Educação superior a distância: Evasão discente". Dissertação de mestrado em Engenharia e Gestão do Conhecimento. Florianópolis: Universidade Federal de Santa Catarina. [Disponível na internet: http://btd.egc.ufsc.br/wp-content/uploads/2010/06/Rafaela-Lunardi-Comarella.pdf, acesso em 3/1/2015.]

COMÊNIO, J.A. (1954). *Didática magna*. Trad. Nair Fortes Abu-Merhy. Rio de Janeiro: Reus.

CORSANI, A. (2003). "Elementos de uma ruptura: A hipótese do capitalismo cognitivo". *In*: COCCO, G.; GALVÃO, A.P. e SILVA, G. (orgs.). *Capitalismo cognitivo: Trabalho, redes e inovações*. Rio de Janeiro: DP&A, pp. 15-32.

CORTELAZZO, I.B.C. (2003). "Redes de comunicação e educação: Mudanças no paradigma". *Revista Brasileira de Aprendizagem Aberta e a Distância*, abr. São Paulo. [Disponível na internet: http://www.abed.org/revistacientifica/revista_pdf_doc/2003_redes_comunicacao_educacao_iolanda_cortelazzo.pdf, acesso em 23/7/2013.]

DAHOUI, A.P. (s.d.). A jornada do herói. [Disponível na internet: http://www.roteirodecinema.com.br/manuais/jornadadoheroi.pdf, acesso em 13/9/2013.]

DARNTON, R. e DUHAMEL, O. (orgs.) (2001). *Democracia*. Trad. Clóvis Marques. Rio de Janeiro: Record.

DEBORD, G. (1997). *A sociedade do espetáculo: Comentários sobre a sociedade do espetáculo*. Trad. Estela dos Santos Abreu. Rio de Janeiro: Contraponto.

DELEUZE, G. (2007). "Post-Scriptum sobre as sociedades de controle". *In*: DELEUZE, G. *Conversações*. Trad. Peter Pál Pelbart. 6ª reimp. São Paulo: Ed. 34.

DELEUZE, G. e GUATTARI, F. (1976). *O anti-Édipo: Capitalismo e esquizofrenia*. Trad. Georges Lamazière. Rio de Janeiro: Imago.

_____ (1992). *O que é a filosofia?*. Trad. Bento Prado Jr. e Alberto Alonso Muñoz. Rio de Janeiro: Ed. 34.

DELORS, J. (org.) (2005). *A educação para o século XXI*. Trad. Fátima Murad. São Paulo: Artmed.

_____ (org.) (2010). *Educação: Um tesouro a descobrir. Relatório para a Unesco da Comissão Internacional sobre Educação para o Século XXI*. Trad. José Carlos Eufrázio. São Paulo: Cortez.

DEMASI, D. *et al.* (2003). *A sociedade pós-industrial*. Trad. Anna Maria Capovilla *et al.* 4ª ed. São Paulo: Senac.

DERRIDA, J. (2003). *A universidade sem condição*. Trad. Evando Nascimento. São Paulo: Estação Liberdade.

DEWEY, J. (1978). *Vida e educação*. Trad. Anísio Teixeira. 10ª ed. São Paulo: Melhoramentos; Rio de Janeiro: Fundação Nacional do Material Escolar.

DINIS, N. (2010). "Educação a distância, desconstrução e alteridade". *In*: SOUZA, D.D.L.; SILVA JR., J.R. e FLORESTA, M.G.S. (orgs.). *Educação a distância*: *Diferentes abordagens críticas*. São Paulo: Xamã, pp. 125-138.

DREYFUS, H. (2011). *A internet*: *Uma crítica filosófica à educação a distância e ao mundo virtual*. Trad. Luana Ribeiro Carvalho. Belo Horizonte: Fabrefactum.

DUARTE, N. (2003). *Sociedade do conhecimento ou sociedade das ilusões? Quatro ensaios crítico-dialéticos em filosofia da educação*. Campinas: Autores Associados.

DUBET, F. (2011). "Mutações cruzadas: A cidadania e a escola". Trad. Ione Ribeiro Valle. *Revista Brasileira de Educação*, v. 16, n. 47, maio-ago., pp. 289-307.

DURKHEIM, É. (2002). *A evolução pedagógica*. Trad. Bruno Charles Magne. São Paulo: Artmed.

_____ (2008). *A educação moral*. Trad. Raquel Weiss. Petrópolis: Vozes.

DUSEK, V. (2009). *Filosofia da tecnologia*. Trad. Luis Carlos Borges. São Paulo: Loyola.

ÉPOCA (2013). "Fronteiras da educação". Ed. 804, 21 de out., São Paulo, pp. 63-65.

ESTEVES, A.A. Sociedade administrada em Herbert Marcuse. [Disponível na internet: http://www.sapientia.pucsp.br/tde_busca/arquivo.php?codArquivo=12335, acesso em 9/2/2012.]

EXAME (2013). "A diferença começa na escola". Ano 47, ed. 1.052, 30 de out., São Paulo, pp. 36-40.

FABBRINI, R.N. (2005). "O ensino de filosofia: A leitura e o acontecimento". *Trans/Form/Ação*, v. 28, n. 1, São Paulo, pp. 7-27.

FEENBERG, A. (s.d.a). O que é filosofia da tecnologia? Trad. Agustín Apaza, com revisão de Newton Ramos-de-Oliveira. [Disponível na internet: https://www.sfu.ca/~andrewf/books/Portug_O_que_e_a_Filosofia_da_Tecnologia.pdf, acesso em 15/2/2009.]

_____ (s.d.b). Olhando para trás, olhando para a frente: Reflexões sobre o século XXI. [Disponível na internet: http://www.sfu.ca/~andrewf/, acesso em 15/2/2009.]

_____ (s.d.c). Racionalização subversiva: Tecnologia, poder e democracia. Trad. Anthony T. Gonçalves. [Disponível na internet: http://www.sfu.ca/~andrewf/demratport.doc, acesso em 15/2/2009.]

_____ (s.d.d). A tecnologia pode incorporar valores? A resposta de Marcuse para a questão da época. Trad. Carlos Alberto Jahn. [Disponível na internet: http://www.sfu.ca/~andrewf/portA%20tecnologia%20pode%20incorporar%20valores.htm, acesso em 15/2/2009.]

_____ (s.d.e). Teoria crítica da tecnologia. [Disponível na internet: https://www.sfu.ca/~andrewf/critport.pdf, acesso em 15/2/2009.]

_____ (s.d.f). A teoria crítica da tecnologia: A crítica da racionalidade tecnocientífica. Trad. Carlos Alberto Jahn. [Disponível na internet: http://www.sfu.ca/~andrewf/portChapter7.htm, acesso em 15/2/2009.]

_____ (s.d.g). As variedades de teoria: Tecnologia e o fim da história. Trad. Carlos Alberto Jahn. [Disponível na internet: https://www.sfu.ca/~andrewf/books/Portug_Chapter_1_Transforming_Technology.pdf, acesso em 15/2/2009.]

_____ (1994). "The technocracy thesis revisited: On the critique of power". *Inquiry*, v. 37, n. 1, mar., pp. 85-102.

_____ (1995). *Alternative modernity*: The technical turn in philosophy and social theory. Londres: Routledge.

_____ (1996). "Marcuse ou Habermas? Duas críticas da tecnologia". *Inquiry*, v. 39, pp. 45-70. Trad. Newton Ramos-de-Oliveira. [Disponível na internet: http://www.sfu.ca/~andrewf/marhabportu.htm, acesso em 15/2/2009.]

_____ (2000a). Introduccion: El parlamento de las cosas. Trad. do inglês Miguel Banet. [Disponível na internet: https://www.sfu.ca/~andrewf/books/Span_El_Parlamento_de_las_Cosas.pdf, acesso em 15/2/2009.]

_____ (2000b). "The ontic and the ontological in Heidegger's philosophy of technology: Response to Thomson". *Inquiry*, v. 43, n. 4, dez., pp. 445-450.

_____ (2004a). *Questioning technology*. Londres/Nova York: Routledge.

_____ (2004b). Heidegger and Marcuse: The catastrophe and redemption of technology. [Disponível na internet: http://www-rohan.sdsu.edu/faculty/feenberg/heimar.htm, acesso em 15/2/2009.]

_____ (2005). Teoría crítica de la tecnología. Trad. do inglês Claudio Alfaraz. [Disponível na internet: http://www.sfu.ca/~andrewf/theoriacritica.htm, acesso em 15/2/2009.]

FOUCAULT, M. (2005). *Vigiar e punir*. Trad. Raquel Ramalhete. Petrópolis: Vozes.

_____ (2008a). *Nascimento da biopolítica*. Trad. Eduardo Brandão. São Paulo: Martins Fontes.

_____ (2008b). "O que são as luzes?". *In*: FOUCAULT, M. *Arqueologia das ciências e história dos sistemas de pensamento*. Org. e seleção de textos Manoel Barros da Motta. Trad. Elisa Monteiro. 2ª ed. Rio de Janeiro: Forense Universitária, pp. 335-351.

_____ (2010). *O governo de si e dos outros. Curso no Collège de France (1982-1983)*. Trad. Eduardo Brandão. São Paulo: Martins Fontes.

FRANK, J. (1975). "A sociedade pós-industrial e seus teóricos". *In*: DREITZEL, H.-P. *et al. Tecnocracia e ideologia*. Trad. Gustavo F. Bayer. Rio de Janeiro: Tempo Brasileiro, pp. 85-120.

FREIRE, P. (1996). *Pedagogia da autonomia: Saberes necessários à prática educativa*. São Paulo: Paz e Terra. (Leitura)

FREITAS, H.C.L. de (2007). "A (nova) política de formação de professores: A prioridade postergada". *Educação e Sociedade*, v. 28, n. 100, out. Campinas, pp. 1.203-1.230. [Disponível na internet: http://www.scielo.br/pdf/es/v28n100/a2628100.pdf, acesso em 17/1/2014.]

FREUD, S. (1978). *O mal-estar na civilização*. Trad. José Octávio de Aguiar Abreu. São Paulo: Abril Cultural. (Os Pensadores)

FUKUYAMA, F. (1992). *O fim da história e o último homem*. Trad. Auly de Soares Rodrigues. Rio de Janeiro: Rocco.

GALVÃO, R.C.S. (2007). "Educação, cidadania e trabalho". *Revista HISTEDBR On-line*, n. 25, mar. Campinas, pp. 171-191. [Disponível na internet: http://www.histedbr.fae.unicamp.br/revista/edicoes/25/art12_25.pdf, acesso em 21/10/2013.]

GARDNER, H. (2000). *Inteligências múltiplas: A teoria na prática*. Trad. Maria Adriana Veríssimo Veronese. Porto Alegre: Artes Médicas.

GARDNER, H.; CHEN, J. e MORAN, S. (orgs.) (2010). *Inteligências múltiplas ao redor do mundo*. Trad. Roberto Cataldo Costa. São Paulo: Artmed.

GATES, B. (1999). *A empresa na velocidade do pensamento: Com um sistema nervoso digital.* Trad. Pedro Maia Soares e Gabriel Tranjan Neto. São Paulo: Companhia das Letras.

GATES, B. e RINEARSON, P. (1995). *A estrada do futuro*. Trad. Beth Vieira *et al.* São Paulo: Companhia das Letras.

GENTILI, P. (s.d.). Neoliberalismo e educação: manual do usuário. [Disponível na internet: http://www.cefetsp.br/edu/globalizacao/manualusuario.html, acesso em 20/12/2013.]

GHANEM, E. (2004). *Educação escolar e democracia no Brasil*. Belo Horizonte: Autêntica/Ação Educativa.

GLOCK, H.J. (1998). *Dicionário Wittgenstein.* Trad. Helena Martins. Rio de Janeiro: Jorge Zahar.

GOMEZ, M.V. (2004). *Educação em rede: Uma visão emancipadora.* São Paulo: Cortez/ Instituto Paulo Freire. (Guia da escola cidadã, v. 11)

GONÇALVES, V.H.P. (2011). "Inclusão digital como direito fundamental". Dissertação de mestrado em direito. São Paulo: Universidade de São Paulo.

GONZÁLES, I.S. (2007). "Cibernética y sociedad de la información". *Signo y Pensamiento*, v. XXVI, n. 50, jan.-jun., pp. 84-99. [Disponível na internet: http://www.redalyc.org/pdf/860/86005007.pdf, acesso em 29/5/2013.]

GORENDER, J. (1999). *Marxismo sem utopia*. São Paulo: Ática.

GORZ, A. (org.) (2001). *Crítica da divisão do trabalho*. Trad. Estela dos Santos Abreu. São Paulo: Martins Fontes.

_____ (2005). *O imaterial*: Conhecimento, valor e capital. Trad. Celso Azzan Jr. São Paulo: Annablume.

_____ (2007). *Metamorfoses do trabalho: Crítica da razão econômica*. Trad. Ana Montoia. 2ª ed. São Paulo: Annablume.

GOULD, S.J. (2003). *A falsa medida do homem*. Trad. Valter Lellis Siqueira. São Paulo: Martins Fontes.

GOUVÊA, G. e GORZ, A. (2004). *Misérias do presente, riqueza do possível*. Trad. Ana Montoia. São Paulo: Annablume.

HABERMAS, J. (s.d.). *Técnica e ciência como "ideologia"*. Trad. Artur Morão. Lisboa: Ed. 70.

HARAWAY, D.; KUNZRU, H. e SILVA, T.T. (2000). *Antropologia do ciborgue*: As vertigens do pós-humano. Trad. Tomaz Tadeu da Silva. Belo Horizonte: Autêntica.

HARDT, M. e NEGRI, A. (2005). *Multidão: Guerra e democracia na era do império*. Trad. Clóvis Marques. Rio de Janeiro: Record.

_____ (2006). *Império*. Trad. Berilo Vargas. 8ª ed. Rio de Janeiro: Record.

HARGREAVES, A. (2004). *O ensino na sociedade do conhecimento*: Educação na era da insegurança. Trad. Roberto Cataldo Costa. São Paulo: Artmed.

HARVEY, D. (1992). *Condição pós-moderna*. Trad. Adail Ubirajara Sobral e Maria Stela Gonçalves. São Paulo: Loyola Jesuítas.

HAWKING, S. (2002). *O universo numa casa de noz*. Trad. Ivo Korytowski. 6ª ed. São Paulo: Arx.

HEGEL, G.W.F. (1999). *Filosofia da história*. Trad. Maria Rodrigues e Hans Harden. 2ª ed. Brasília: Ed. UnB.

HEIDEGGER, M. (1995). *Língua de tradição e língua técnica*. Trad.: Mário Botas. Lisboa: Veja. (Passagens)

_____ (2007). "A questão da técnica". *SCIENTLE Studia*, v. 5. São Paulo, pp. 375-398.

HINKELAMMERT, F.J. (1986). *Crítica à razão utópica*. Trad. Álvaro Cunha. São Paulo: Paulinas.

HUWS, U. (2011). "Mundo material: O mito da economia imaterial". Trad. Cristina Mott Fernandez. *Mediações*: Revista de Ciências Sociais, v. 16, n. 1. Londrina, pp. 24-54.

INEP (2013). Brasil teve mais de 7 milhões de matrículas no ano passado. [Disponível na internet: http://portal.inep.gov.br/visualizar/-/asset_publisher/6AhJ/content/brasil-teve-mais-de-7-milhoes-de-matriculas-no-ano-passado, acesso em 13/1/2013.]

INFO EXAME (2013). "Sob medida". 1º de abr, São Paulo. [Disponível na internet: http://planetasustentavel.abril.com.br/noticia/educacao/modernizar-educacao-ensino-personalizado-tecnologia-745918.shtml, acesso em 1/2/2014.]

INSTITUTO BRASILEIRO DE OPINIÃO PÚBLICA E ESTATÍSTICA (2013). Número de pessoas com acesso à internet no Brasil chega a 105 milhões. 3 de out. [Disponível na internet: http://www.ibope.com.br/pt-br/noticias/paginas/numero-de-pessoas-com-acesso-a-internet-no-brasil-chega-a-105-milhoes.aspx, acesso em 30/12/2013.]

JORGE, B.G. *et al.* (2010). Evasão na educação a distância: Um estudo sobre a evasão em um instituição de ensino superior. [Disponível na internet: http://www.abed.org.br/congresso2010/cd/252010220450.pdf, acesso em 14/1/2014.]

KANDEL, E.R. (2009). *Em busca da memória*: O nascimento de uma nova ciência da mente. Trad. Rejane Rubino. São Paulo: Companhia das Letras.

KANT, I. (2005). *Resposta à pergunta: Que é "Esclarecimento"? Textos seletos*. Trad. Floriano de Sousa Fernandes. Petrópolis: Vozes, pp. 63-71.

KENSKI, V.M. (2004). *Tecnologias e ensino presencial e a distância*. Campinas: Papirus.

KHAN, S. (2013). *Um mundo, uma escola*. Trad. George Schlesinger. Rio de Janeiro: Intrínseca.

KOWALEWSKI, D.P. e SCHILLING, F. (2011). "Diversidade cultural, pluralidade, diferença: Qual é a questão?". *Mediações*, v. 16, n. 1, jan.-jun. Londrina, pp. 275-291. [Disponível na internet: http://www.uel.br/revistas/uel/index.php/mediacoes/article/view/6025/8505, acesso em 19/5/2013.]

KRASILCHIK, M.; ARANTES, V.A. e ARAÚJO, U.F. (2005). *Universidade de São Paulo Leste: Princípios gerais e o ciclo básico*. São Paulo: Universidade de São Paulo. (Mimeografado)

KUHN, T. (1998). *A estrutura das revoluções científicas*. Trad. Beatriz Vianna Boeira e Nelson Boeira. 5ª ed. São Paulo: Perspectiva.

LAKATOS, I. (1979). *O falseamento e os programas de pesquisa científica*. São Paulo: Cultrix.

LAZZARATO, M. (2003). "Trabalho e capital na produção dos conhecimentos: Uma leitura através da obra de Gabriel Tarde". *In*: COCCO, G.; GALVÃO, A.P. e SILVA, G. (orgs.). *Capitalismo cognitivo: Trabalho, redes e inovações*. Trad. Eliana Aguiar. Rio de Janeiro: DP&A, pp. 61-82.

_____ (2006). *As revoluções do capitalismo*. Trad. Leonora Corsini. Rio de Janeiro: Civilização Brasileira.

LAZZARATO, M. e NEGRI, A. (2001). *Trabalho imaterial*. Trad. Mônica Jesus. Rio de Janeiro: DP&A.

LEIBNIZ, G.W. (1982). *Escritos filosóficos*. Ed. de Ezequiel de Olaso. Trad. Roberto Torretti, Tomás E. Zwanck e Ezequiel de Olaso. Buenos Aires: Charcas.

LÉVY, P. (1993). *As tecnologias da mente: O futuro do pensamento na era da informática*. Trad. Carlos Irineu da Costa. São Paulo: Ed. 34.

_____ (1996). *O que é o virtual?*. Trad. Paulo Neves. São Paulo: Ed. 34.

_____ (2010). *Cibercultura*. Trad. Carlos Irineu da Costa. 3ª ed. São Paulo: Ed. 34.

_____ (2013). "O ciberespaço e a economia da atenção". *In*: PARENTE, A. (org.). *Tramas da rede: Novas dimensões filosóficas, estéticas e políticas da comunicação*. Trad. Marcos Homrich Hickman. Porto Alegre: Sulina, pp. 174-188.

LIPOVETSKY, G. e SERROY, J. (2011). *A cultura-mundo: Resposta a uma sociedade desorientada.* Trad. Maria Lúcia Machado. São Paulo: Companhia das Letras.

LITTO, F.M. (2006). "A nova ecologia do conhecimento: Conteúdo aberto, aprendizagem e desenvolvimento". *Inclusão Social*, v. 1, n. 2. Brasília, pp. 60-65. [Disponível na internet: http://www.abed.org.br/site/pt/midiateca/textos_ead/708/2007/07/, acesso em 1/6/2013.]

_____ (2010). *Aprendizagem a distância.* São Paulo: Imprensa Oficial do Estado de São Paulo.

LOCKE, J. (1973). *Ensaio acerca do entendimento humano.* Trad. Anoar Aiex. São Paulo: Abril Cultural. (Os pensadores)

LOPES, R.S. (2008). *Informação, conhecimento e valor.* São Paulo: Radical Livros.

LYOTARD, J.-F. (2002). *A condição pós-moderna.* Trad. Ricardo Corrêa Barbosa. 7ª ed. Rio de Janeiro: José Olympio.

MARCUSE, H. (1967). *O homem unidimensional: A ideologia da sociedade industrial.* Trad. Giasone Rebuá. Rio de Janeiro: Jorge Zahar.

_____ (1998). "Sobre os fundamentos filosóficos do conceito de trabalho da ciência econômica". *In*: MARCUSE, H. *Cultura e sociedade*, v. II. Trad. Wolfgang Leo Maar. Rio de Janeiro: Paz e Terra.

_____ (1999). *Eros e civilização – Uma interpretação filosófica do pensamento de Freud.* Trad. Álvaro Cabral. Rio de Janeiro: LTC – Livros Técnicos e Científicos.

_____ (2001). "Sobre o caráter afirmativo da cultura". *In*: MARCUSE, H. *Cultura e psicanálise.* Trad. Wolfgang Leo Maar. São Paulo: Paz e Terra, pp. 7-77.

MARX, K. (1980). *O capital: Crítica da economia política*, v. II. Trad. Reginaldo Sant'Anna. 5ª ed. Rio de Janeiro: Civilização Brasileira.

_____ (1983). *Contribuição à crítica da economia política.* Trad. Maria Helena Barreiro Alves. 2ª ed. São Paulo: Martins Fontes.

_____ (2004). *Manuscritos econômico-filosóficos.* Trad. Jesus Ranieri. São Paulo: Boitempo.

_____ (2011). *Grundisse*. Trad. Mario Duayer e Nélio Schneider. São Paulo: Boitempo; Rio de Janeiro: Ed. da UFRJ.

MARX, K. e ENGELS, F. (1999). "O Manifesto do Partido Comunista". *In*: MARX, K. e ENGELS, F. *O Manifesto Comunista 150 anos depois*. Trad. Victor Hugo Klagsbrunn. 2ª ed. Rio de Janeiro: Contraponto.

_____ (2002). *A ideologia alemã*. Trad. Luis Claudio de Castro e Costa. São Paulo: Martins Fontes.

MASUDA, Y. (s.d.). *A sociedade da informação como sociedade pós-industrial*. Trad. Kival Chaves Weber e Angela Melim. Rio de Janeiro: Embratel.

MATTELART, A. (2002). *História da utopia planetária: Da cidade profética à sociedade global*. Trad. Caroline Chang. Porto Alegre: Meridional.

McLUHAN, M. (1971). *Os meios de comunicação como extensões do homem*. Trad. Décio Pignatari. São Paulo: Cultrix.

MENDES, V. (2010). A expansão do ensino a distância no Brasil: Democratização do acesso? [Disponível na internet: http://www.anpae.org.br/simposio2011/cdrom2011/PDFs/trabalhosCompletos/comunicacoesRelatos/0526.pdf, acesso em 17/1/2014.]

MÉSZÁROS, I. (2005). *A educação para além do capital*. Trad. Isa Tavares. São Paulo: Boitempo.

MIZUKAMI, M.G.N. (1986). *Ensino: As abordagens do processo*. São Paulo: EPU.

MOORE, M. e KEARSLEY, G. (2007). *EaD: Uma visão integrada*. São Paulo: Thomson Learning.

MUMFORD, L. (1987). *Técnica y civilización*. Trad. Constantino Aznar de Acevedo. Madri: Alianza.

MÜNSTER, A. (1993). *Filosofia da práxis e utopia concreta*. São Paulo: Ed. da Unesp.

MUSSO, P. (2013). "A filosofia da rede". *In*: PARENTE, A. (org.). *Tramas da rede: Novas dimensões filosóficas, estéticas e políticas da comunicação*. Trad. Marcos Homrich Hickman. Porto Alegre: Sulina, pp. 17-38.

NEGRI, A. (2003). *Cinco lições sobre império*. Trad. Alba Olmi. Rio de Janeiro: DP&A.

OCKHAM, W. de (1973). *Problemas epistemológicos*. Trad. Carlos Lopes de Matos. São Paulo: Abril Cultural. (Os Pensadores)

O ESTADO DE S. PAULO (2009). "Desempenho de alunos no ensino a distância é semelhante ao presencial". 18 de jul., São Paulo. [Disponível na internet: http://www.estadao.com.br/noticias/impresso.desempenho-de-alunos-no-ensino-a-distancia-e-semelhante-ao-presencial.404934.0.htm, acesso em 20/8/2009.].

OFFE, C. (1975). "O dilema da tecnocracia". *In*: OFFE, C. *Tecnocracia e ideologia*. Trad. Gustavo F. Bayer. Rio de Janeiro: Tempo Brasileiro, pp. 70-84.

OLIVEIRA, B.J. de (2002). "A ciência nas utopias de Campanella, Bacon, Comenius e Glanvill". *Kriterium*, pp. 42-59, n. 106, dez. Belo Horizonte. [Disponível na internet: http://www.scielo.br/scielo.php?pid=S0100-512X2002000200004&script=sci_artext, acesso em 28/6/2012.]

OLIVEIRA, C.I. (2006). *Educação a distância na formação de professores: Viabilidades, potencialidades e limites*. Rio de Janeiro: Vieira & Lent.

OLIVEIRA, E.G. (2003). *Educação a distância na transição paradigmática*. Campinas: Papirus.

PARTIDO PIRATA DO BRASIL (2013). O que é democracia direta. 23 de jun. [Disponível na internet: http://partidopirata.org/o-que-e-democracia-direta/, acesso em 27/12/2013.]

PATTO, M.H.S. (2013). "O ensino a distância e a falência da educação". *Educação e Pesquisa*, v. 39, abr.-jun., pp. 303-318.

PERRENOUD, P. (2000). *Dez novas competências para ensinar*. Trad. Patrícia Chittoni Ramos. Porto Alegre: Artes Médicas Sul.

_____ (2002). *A prática reflexiva no ofício de professor: Profissionalização e razão pedagógica*. Trad. Cláudia Schilling. Porto Alegre, São Paulo: Artmed.

PESCE, L. (2007). "As contradições da institucionalização da educação a distância, pelo Estado, nas políticas de formação de educadores: Resistência e superação". *Revista HISTEDBR On-line*, n. 26, jun. Campinas, pp. 183-208. [Disponível na internet: http://www.histedbr.fae.unicamp.br/revista/edicoes/26/art11_26.pdf, acesso em 17/1/2014.]

PETERS, O. (2002). *A EaD em transição*. São Leopoldo: Unisinos.

PIAGET, J. (1974). "O direito à educação no mundo atual". *In*: PIAGET, J. *Para onde vai a educação?* Trad. Ivette Braga. Rio de Janeiro: José Olympio.

PLATÃO (1997). *A república.* Trad. Enrico Corvisieri. São Paulo: Nova Cultural. (Os pensadores)

POLAK, Y.N. de S. (2009). "A Avaliação do aprendiz em EaD". *In*: LITTO, F. e FORMIGA, M. (orgs.). *Educação a distância*: O estado da arte. São Paulo: Pearson Education do Brasil, pp. 153-160.

PORTAL EaD (s.d.). O que é preciso ter para estudar EaD? [Disponível na internet: http://www.ead.com.br/o-que-e-preciso-ter-para-estudar-ead/, acesso em 13/1/2013.]

POZO, J.I. (org.) (1998). *A solução de problemas*: Aprender a resolver, resolver para aprender. Trad. Beatriz Affonso Neves. Porto Alegre: Artes Médicas Sul.

RANCIÈRE, J. (2007). *O mestre ignorante*: Cinco lições sobre a emancipação intelectual. Trad. Lílian do Valle. 2ª ed. Belo Horizonte: Autêntica. (Educação: experiência e sentido)

RAWLS, J. (2002). *Uma teoria da justiça.* Trad. Almiro Pisetta e Lenita Maria Rímoli Esteves. 2ª ed. São Paulo: Martins Fontes. (Justiça e Direito)

RIFKIN, J. (1995). *O fim dos empregos*: O declínio inevitável dos níveis de empregos e a redução da força global de trabalho. Trad. Ruth Gabriel Bahr. São Paulo: Makron Books.

_____ (2001). *A era do acesso*: A transição de mercados convencionais para networks e o nascimento de uma nova economia. Trad. Maria Lucia G.L. Rosa. São Paulo: Makron Books.

RODOTÁ, S. (1999). "Para uma cidadania eletrônica: A democracia e as novas tecnologias da informação". *In*: CARDOSO, G. et al. *Os cidadãos e a sociedade da informação*. Lisboa: Imprensa Nacional Casa da Moeda, pp. 121-142.

ROSINI, A.M. (2007). *As novas tecnologias da informação e a educação a distância*. São Paulo: Thomson Learning.

ROSSI, P. (1992). *A ciência e a filosofia dos modernos*: Aspectos da revolução científica. Trad. Álvaro Lorencini. São Paulo: Ed. da Unesp.

SAFATLE, V. (2012). "Amar uma ideia". *In*: HARVEY, D. *et al. Occupy: Movimentos de protesto que tomaram as ruas.* Trad. João Alexandre Peschanski *et al*. São Paulo: Boitempo/Carta Maior, pp. 45-56. (Tinta Vermelha)

SANTO AGOSTINHO (1996). *Confissões*. Trad. J. Oliveira Santos e A. Ambrósio de Pina. São Paulo: Abril Cultural. (Os Pensadores)

SANTOS, A.I. dos (2009). "O conceito de abertura em EaD". *In*: LITTO, F. e FORMIGA, M. (orgs.). *Educação a distância: O estado da arte*. São Paulo: Pearson Education do Brasil, pp. 209-296.

SANTOS, L.G. dos (2003). *Politizar as novas tecnologias: O impacto sociotécnico da informação digital e genética*. São Paulo: Ed. 34.

SATURNINO, R. (2012). "Os piratas no poder: Algumas considerações sobre a proposta política do Partido Pirata". *Atas VII Congresso Português de Sociologia*. Porto: Universidade do Porto.

SAVIANI, D. (2004). "Transformações do capitalismo, do mundo do trabalho e da educação". *In*: LOMBARDI, J.C. *et al*. (orgs.). *Capitalismo, trabalho e educação*. 2ª ed. Campinas: Autores Associados/HISTEDBR. (Educação Contemporânea)

SCHAFF, A. (1992). *A sociedade informática*. Trad. Carlos Eduardo Jordão Machado e Luiz Arturo Obojes. 3ª ed. São Paulo: Brasiliense.

SCHILLING, F. (2004). *A sociedade da insegurança e a violência na escola*. São Paulo: Moderna.

_____ (2012). "Direitos, violência, justiça: Reflexões". Tese de livre-docência. São Paulo: Faculdade de Educação/Universidade de São Paulo.

SCHULTZ, T. (1967). *O valor econômico da educação*. Trad. P.S. Werneck. Rio de Janeiro: Jorge Zahar.

_____ (1973). *O capital humano: Investimentos em educação e pesquisa*. Trad. Marco Aurélio de Moura Matos. Rio de Janeiro: Jorge Zahar.

SCHUMPETER, J.A. (1988). *A teoria do desenvolvimento econômico*. Trad. Redevers Opie. 3ª ed. São Paulo: Nova Cultural.

SECRETARIA DA EDUCAÇÃO A DISTÂNCIA (2013). Diretora da SEaD foi eleita presidente da UniRede. [Disponível na internet: http://www.sead.

furg.br/index.php/noticias/440-diretora-da-sead-foi-eleita-presidenta-da-unirede, acesso em 17/1/2014.]

SECRETARIA GERAL DE EDUCAÇÃO A DISTÂNCIA DA UNIVERSIDADE FEDERAL DE SÃO CARLOS (s.d.). Educação a distância. [Disponível na internet: http://www.sead.ufscar.br/ead, acesso em 17/1/2014.]

SEN, A. (2010). *Desenvolvimento como liberdade.* Trad. Laura Teixeira Mota. São Paulo: Schwarcz.

SIBILIA, P. (2008). *O show do eu: A intimidade como espetáculo.* Rio de Janeiro: Nova Fronteira.

_____ (2012). *Redes ou paredes: A escola em tempos de dispersão.* Rio de Janeiro: Contraponto.

SILVA, T.T. da (2007). *Documentos de identidade: Uma introdução às teorias do currículo.* Belo Horizonte: Autêntica.

SILVA JR., J.R. e MARTINS, T.B. (2013). "Formação e certificação em massa e abordagens do multiculturalismo e das competências na educação a distância: Implicações ao trabalho docente". *Revista HISTEDBR On-line*, n. 51, jun. Campinas, pp. 238-251. [Disponível na internet: http://www.fe.unicamp.br/revista/index.php/histedbr/article/view/5357/4438, acesso em 17/1/2014.]

SMITH, A. (1996). *A riqueza das nações: Investigação sobre sua natureza e suas causas.* Trad. Luiz João Baraúna. São Paulo: Nova Cultural. (Os economistas)

SMOLIN, L. (2004). *A vida do cosmos.* Trad. Leila Mendes. São Leopoldo: Unisinos.

SOUZA, D.D.L.; SILVA JR., J.R. e FLORESTA, M.G.S. (orgs.). (2010). *Educação a distância: Diferentes abordagens críticas.* São Paulo: Xamã.

STEWART, T.A. (1998). *Capital intelectual: A nova vantagem competitiva das empresas.* Trad. Ana Beatriz Rodrigues e Priscila Martins Celeste. Rio de Janeiro: Campos.

SZACKI, J. (1972). *As utopias ou a felicidade imaginada.* Trad. Rubem César Fernandes. Rio de Janeiro: Paz e Terra.

TEDESCO, J.C. (1998). *O novo pacto educativo.* Trad. Otacílio Nunes. São Paulo: Ática.

TOURAINE, A. (2005). *Un nouveau paradigme*: *Pour comprendre le monde d'aujourd'hui*. Paris: Librairie Arthème Fayard.

UNESCO (2013). Novas estatísticas da Unesco comprovam que a educação transforma o desenvolvimento. 23 de set. [Disponível na internet: http://www.unesco.org/new/pt/brasilia/about-this-office/single-view/news/new_unesco_data_proves_education_transforms_development-1/#.Un9Xh3DryO4, acesso em 10/11/2013.]

UOL EDUCAÇÃO (2012). Evasão é o maior problema do ensino a distância, aponta estudo. 2 de ago. [Disponível na internet: http://educacao.uol.com.br/noticias/2012/08/02/evasao-e-o-maior-obstaculo-ao-ensino-a-distancia-para-instituicoes-diz-estudo.htm, acesso em 13/1/2013.]

VALENTE, J.A. (2003). "Curso de especialização em desenvolvimento de projetos pedagógicos com o uso das novas tecnologias: Descrição e fundamentos". *In*: VALENTE, J.A.; PRADO, M.E.B.B. e ALMEIDA, M.E.B. de. *Educação a distância via internet: Formação de educadores*. São Paulo: Avercamp, pp. 23-56.

VALOR (2013). IDH sugere melhoria constante no desenvolvimento humano mundial. 14 de mar. [Disponível na internet: http://www.valor.com.br/brasil/3045434/idh-sugere-constante-no-desenvolvimento-humano-mundial, acesso em 22/10/2013.]

VEJA (2013). Khan Academy firma acordo global com fundação brasileira, 17 de jan. São Paulo. [Disponível na internet: http://veja.abril.com.br/noticia/educacao/khan-academy-firma-acordo-global-com-fundacao-brasileira, acesso em 13/9/2013.]

VERGER, J. (2001). *Cultura, ensino e sociedade no ocidente nos séculos XII e XIII*. Trad. Viviane Ribeiro. Bauru: Edusc.

VERMEREM, P.; CORNU, L. e BENVENUTO, A. (2003). "Atualidade de *O mestre ignorante*: Entrevista com Jacques Rancière". *Educação & Sociedade*, v. 24, n. 82, abr., Campinas, pp. 185-202. [Disponível na internet: http://www.cedes.unicamp.br, acesso em 19/12/2013.]

VIANA, G. e LIMA, J.F. de (2010). "Capital humano e crescimento econômico". *Interações*, v. 11 n. 2, jul.-dez. Campo Grande. [Disponível na internet: http://dx.doi.org/10.1590/S1518-70122010000200003, acesso em 7/10/2013.]

VIRILIO, P. (2000). *Cibermundo*: *A política do pior.* Trad. Francisco Marques. Lisboa: Teorema.

WEBER, M. (2001). *A ética protestante e o espírito do capitalismo.* Trad. M. Irene de Q.F. Szmrecsányi e Tamás J.M.K. Szmrecsányi. 2ª ed. São Paulo: Pioneira Thomson Learning.

WERLE, F.O.C. (2011). Políticas de avaliação em larga escala na educação básica: Do controle de resultados à intervenção nos processos de operacionalização do ensino. [Disponível na internet: http://dx.doi.org/10.1590/S0104-4036201100050003, acesso em 11/7/2013.]

WERTHEIN, J. (2000). "A sociedade da informação e seus desafios". *Ciência da Informação*, v. 29, Brasília: maio-ago., pp. 71-11. [Disponível na internet: http://www.scielo.br/pdf/ci/v29n2/a09v29n2.pdf, acesso em 10/6/2012.]

WIENER, N. (1968). *Cibernética e sociedade: O uso humano dos seres humanos.* Trad. José Paulo Paes. São Paulo: Cultrix.

WITTGENSTEIN, L. (1991). *Investigações filosóficas.* Trad. José Carlos Bruni. São Paulo: Abril Cultural. (Os pensadores)

ZABALA, A. (1998). *A prática educativa*: *Como ensinar.* Trad. Ernani F. da Rosa. Porto Alegre: Artmed.

ZAGO, N.; CARVALHO, M.P. de e VILELA, R.A.T. (orgs.) (2003). *Itinerários de pesquisa*: *Perspectivas qualitativas em sociologia da educação.* Rio de Janeiro: Lamparina.

ZIMRING, F. (2010). *Carl Rogers.* Trad. e org. Marcos Antônio Lorieri. Recife: Fundação Joaquim Nabuco/Massangana. [Disponível na internet: http://www.usjt.br/cursos/lacce/pedagogia/noticias/2011/educadores/MEC_Carl_Rogers.pdf, acesso em 29/12/2013.]

Documentos oficiais

BRASIL (1988). *Constituição da República Federativa do Brasil*, Brasília.

_____ (1998). *Diretrizes Curriculares Nacionais para o Ensino Médio.* Parecer CNE/CEB n. 15/98; Resolução CNE/CEB n. 03/98. Brasília: MEC.

_____ (2000). *Sociedade da informação no Brasil: Livro Verde.* Org. Tadao Takahashi. Brasília: Ministério da Ciência e Tecnologia.

_____ (2001). Lei Federal n. 10.172, de 9 de janeiro de 2001, que estabelece o Plano Nacional de Educação – PNE, Brasília.

_____ (2002). *Relatório final da Comissão Assessora para Educação Superior a Distância* (Portaria Ministerial n. 335/2002). Brasília: MEC, Secretaria de Educação Superior.

_____ (2005a). Decreto Federal n. 5.622, de 19 de dezembro de 2005, que regulamenta o artigo 80 da Lei n. 9.394, de 20 de dezembro de 1996, artigo 1º.

_____ (2005b). *Exame nacional do ensino médio (Enem): Fundamentação teórico-metodológica.* Brasília: MEC/Inep.

_____ (2007). *Referenciais de Qualidade para Educação Superior a Distância.* Brasília: MEC, Secretaria da Educação a Distância.

BRESSER PEREIRA, L.C. (1997). "A reforma do Estado nos anos 90: Lógica e mecanismos de controle". *Cadernos Mare da reforma do Estado*, v. I. Brasília: Ministério da Administração Federal e Reforma do Estado.

OCDE (2001). *Connaissances et compétences*: Desatoutspourlavie. Premiers résultats Du programme international de l'OCDE pour Le suivi des acquis des eleves (Pisa) 2000.

_____ (2008). Tertiary education for the knowledge society. [Disponível na internet: http://www.oecd.org/dataoecd/20/4/40345176.pdf, acesso em 15/9/2011.]

ORGANIZAÇÃO DAS NAÇÕES UNIDAS PARA A EDUCAÇÃO, A CIÊNCIA E A CULTURA (2005). Vers les sociétés du savoir. [Disponível na internet: http://unesdoc.unesco.org/images/0014/001419/141907f.pdf, acesso em 10/7/2012.]

PARECER CEB n. 11/2000, de 10 de maio de 2000, que estabelece as Diretrizes Curriculares Nacionais para a Educação de Jovens e Adultos. [Disponível na internet: http://portal.mec.gov.br/cne/arquivos/pdf/pceb011_00.pdf, acesso em 1/2/2014.]

SECRETARIA DA EDUCAÇÃO DO ESTADO DE SÃO PAULO (2008). *Proposta Curricular do Estado de São Paulo.* São Paulo: SEE.

USP e REDEFOR (2010). *Manual do tutor*. São Paulo: Universidade de São Paulo.

WORLD BANK (2005). Learning to teach in the knowledge society. Final report. [Disponível na internet: http://siteresources.worldbank.org/EDUCATION/Resources/278200-1126210664195/1636971-1126210694253/Learning_Teach_Knowledge_Society.pdf, acesso em 16/9/2011.]

_____ (2009). Concept note for the World Bank Education Strategy 2020. [Disponível na internet: http://siteresources.worldbank.org/EDUCATION/Resources/ESSU/Concept_Note_ESS2020_Feb8.pdf, acesso em 16/9/2011.]